臨床心理学21-5（通巻125号）

［特集］自殺学入門──知っておきたい自殺対策の現状と課題

[特集] 自殺学入門──知っておきたい自殺対策の現状と課題

自殺対策の是非と未来の自殺対策のあり方に関する試論

特集の意図と問題点を中心に

末木 新 Hajime Sueki

和光大学現代人間学部

Ⅰ　特集のコンセプト──本音と建前

本号の特集テーマは,「自殺学入門──知っておきたい自殺対策の現状と課題」とした。通常,研究という営みでは,特定の事象に関する先行研究でわかっていることをまとめ,その問題点を抽出し,改善した上で,わかっていないことを明らかにし,わかっていることの領域を広げていく。当たり前のことである。これを,「自殺対策」という事象に当てはめ,まずは先行研究の(これまでの対策の)現状と課題をまとめてみようというのが,今回の基本的なコンセプトである。それこそが未来の対策の充実につながるからである。

コロナ禍にあえぐ日本では11年ぶりに年間の自殺者数が増加に転じた。逆に言えば,近年の(自殺対策基本法以後の)自殺対策は(いろいろな批判や問題はあったかもしれないが)まがりなりにも良い方向へ向かっていたということである。そして,そのような自殺者数の増減のトレンドが変化したということは,既存の自殺対策が,コロナ禍にあえぐ世界においては十分ではないということを意味している。この国の自殺対策の根幹をなしている自殺対策基本法の理念は,「国民が健康で生きがいを持って暮らすことのできる社会の実現」である。こうした社会をどうすれば実現することができるのか,今一度考えてみたい。

以上,堅苦しく建前上のコンセプトを述べたが,特集記事の依頼にあたっては,編者が,「ぶっちゃけ,今後の自殺対策って,どうしたらいいんですか?」という質問をぶつけてみたい識者の方々を選ばせていただいた(お忙しくて,それが叶わなかった方もいらっしゃりましたが)。編者は,2020年春の1回目の緊急事態宣言の頃には,その後の自殺者数が増加すると予想していた(末木,2020a)。そして,正直に申し上げれば,その上で,どうしたら良いのかよく分からなかった。全く同時期に(2020年5月に),『自殺学入門』(末木,2020b)などという偉そうな本を出版させていただいてはいたが,どうすればその後に予想される自殺者の増加を防ぐことができるのかは,編者には全く分からなかった。そして,(非常に残念なことに)見事にその予想は的中し,夏を過ぎた頃から自殺者数の増減のトレンドが変化した。というわけで,今後の自殺対策についてどうすればいいのか自分で分からないので,この機会に,編者自身が知りたい領域の専門家の方々の意見を聞いてみようと,特集案を企画した。

II　自殺は対策すべきか？

　「自殺対策の現状と課題」についての特集を始める前に，そもそも自殺は予防するために対策を立てるものだという前提が正しいのか，という点について編者の見解を述べておきたい。というのも，自殺を防ぐべきか否かということに関して必ずしもコンセンサスは得られていないし，頭ごなしに自殺を予防すべきと盲信した状態から議論をスタートするとシラケる人がいるだろうと予想されるからだ（といっても，本誌を読んでいるのは専門職の方が多いだろうし，少なくとも職務上は自殺を予防することは当たり前だと考え，そこに疑問を感じる人は少ないかもしれないが）。

　この問題については，編者は「国家の視点」と「個人の視点」を分けると議論がクリアになるだろうと考えている。結論から言えば，「国家の視点」から考えれば自殺は間違いなく予防すべきものであるし，「個人の視点」から考えれば自殺は必ずしも予防すべきものとは言えないということになる。どちらの視点をどの程度内面化しているのかということが人によって異なるため，この辺りの議論は混乱しがちである。このような結論に至った道筋を，以下に詳述する。

　まずは，「国家の視点」についてである。国家の維持や繁栄の根本はマンパワーの確保にある。そのため，我々の構成する国家は人の死を防ぐような仕組みをせっせと組み上げてきた。まず，他殺を防ぐために暴力を独占し，警察機構を発展させた。そして，病死を防ぐために医療制度を発展させた。医学研究には現在でも多額の税金が投入されている。続いて，事故死についても，さまざまな形で対策が実施されてきた。日本の戦後を見ると，代表的な事故死亡である交通事故死亡者数は，1970年頃がピークであり，その後に道路や車体の改善を重ねることで（それに，医療技術の発達もあるだろう），現在の年間死者数はピークの4〜5分の1の水準にまで減少している。

　そして，最後に残された死の予防のフロンティアこそが自殺対策である。自殺予防が国家的事業となったのは，世界的に見てもここ数十年のことであり，日本では自殺対策基本法（2006年公布）以後ということになる。アリストテレスにせよトマス・アクィナスにせよ（あるいはそれらの言説を後世に伝えたさまざまな知識人にせよ），自殺を禁じることを是とした者はそのコミュニティ内の支配者階級に近い存在であり，こうした視点から見れば，自殺という行為は国家の有する財産（＝人間）の勝手な毀損に該当するため，当然，禁じられるべきものとなる。現代風にもう少しマイルドに言い換えるならば，自殺は予防すべきものとなる。

　このような「国家の視点」は，程度の差はあれ個々人のなかにインストールされており，時折その実態が見え隠れする。例えば，昨年のコロナ禍では女性の自殺が増加したことが顕著に注目された。年単位で見ると，前年比で女性の自殺率が上昇したにもかかわらず男性の自殺率が減少したのは，東日本大震災のあった2011年以来のことである（厚生労働省自殺対策推進室・警察庁生活安全局生活安全企画課，2021）。ただし，増加したといっても，女性の自殺率は男性のそれよりも遥かに低い。仮に昨年程度の女性の自殺率が問題視されるのであれば，毎年毎年「『男性の』自殺率が高い！」と絶叫する必要があるが，そんなことはまず起こらない。なぜ女性の自殺にニュースバリューがあるのかと言えば，それは女性の方が国家にとって（マンパワーを確保するという意味において）価値が高いからだろう。若者／女性の自殺に我々が否が応でも反応してしまう一方で，高齢者／男性の自殺が顧みられることは少ない。国家がマンパワー（人口）を維持するという点で，（私を含め）中高年男性の価値が低くなるのは（ヒトという動物の構成するコミュニティの維持繁栄という観点から見れば）至極当然である。国家の視点に立てばこうした者の自殺対策の優先度は低くなる（中高年男性の一員としては残念であるが……）注1)。

次に，「個人の視点」についてである。「国家の視点」とは異なり，個人の幸福と自由の追求を尊重する立場からは，自殺は必ずしも予防すべき事象とはならない（この辺りの詳細な議論は，『自殺学入門』（末木，2020b）の第2部を参照のこと）。そもそも，個人にとって死は必ずしも悪いものではないため（死がなければ永遠の退屈を生きることになるため耐え難い），「国家の視点」とは異なり，どのような死でも予防しマンパワーを確保することは，活動の目的にはなりえない。我々にとっての最良の人生とは，自分自身が望むだけ生き，やりたいことをやりたいだけやって，それがなくなり人生に飽いたので（これ以上生きていても良いことよりも悪いことの方が多いので）死ぬ，というもののはずであり，自殺は最良の人生を実現

するための手段となる場合もある。もちろん，他者の財産を毀損するようなタイプの自殺（例：電車への飛び込み）は予防されるべきものだとしても，そうでなければ個人の視点に立った場合，自殺は必ずしも予防されるべきものにはならない（もちろん，こちらの視点では人命の価値は平等ということになるだろう）[注2]。ただし，自殺をするか否かの意志決定において人間がただ一人で合理的に決断できるとは限らないので，意志決定のための補助は必要となるだろう。その補助こそが，結果として自殺を予防することにつながる可能性はあり，それが「自殺対策」と呼ばれる可能性はあるにせよ，どのような形であれ自殺対策は善であるという前提は成り立たない。

　実際には，個人の幸福と自由の追求のためには国家の存在が必要という可能性もあるが，今は詳細には立ち入らない（というよりも，立ち入るだけの知識が編者にはないし，立ち入らなくても議論は進められる）。重要なことは，少なくとも「国家の視点」に立てば，自殺は対策を打って予防すべき事象になるということである（そのような視点に立つことを前提とするのであれば，自殺予防を目的とした最低限度のパターナリズムも許容されるのかもしれない）。

注1）この段落については，全般的にやや刺激の強い表現となったが，それは，我々が自然に「動物」（ヒト）としてコミュニティを運営していると生じてしまう価値観こそが，特定の人間を苦しめる構造を維持するとの認識が編者にあるが故である。我々は「動物」（ヒト）としてコミュニティを運営していると，自然と若者や女性へと注意が向き，メディアが取り上げる問題も偏ったものとなる。例えば，私自身はもう何年も「自殺学」という授業を所属校で開講しているが，受講する大学生は，受講当初は，自殺が中高年に多いことを知らず，若者の問題だと思っている。もっと言えば，若者のいじめの問題だと思っている。そもそも，実際に自殺で亡くなる若者は，進学や勉学の不振を苦にし親や家族との不和のなかで亡くなる場合が多いが（文部科学省，2021），メディアは（我々大衆は）このような問題で「盛り上がる」ことはない。そのため，より注意を引き付ける問題こそがメディアで扱われることになる。この偏りこそが，自殺で亡くなっても注目されない（≒社会から大事にされていない）人々自身の価値観に埋め込まれることによって，彼ら／彼女らを死に追いやっているという側面もあるだろう。中高年男性の高い自殺率への無関心こそが，中高年男性の高い自殺率を維持しているのである。ただし，このような構造は，中高年男性という属性だけの問題ではなく，それ以外の属性の人々にも同様のことが生じている（例：勉強不振の学生への心理的ケアがどれほどなされているだろうか？）。このような構造を認識することこそが重要である。また，例えば，iPS細胞技術の発展と人口子宮の開発が進み，オスとメスが揃わなくとも生殖が完了するようになれば（そんな社会が到来すればであるが），中高年男性の自殺率が恒常的に高いという状況は大きく変わっていくであろう（性の概念そのものが大きく変わるので）。

注2）この部分についても，違和感を感じる方もいるかもしれない。繰り返しになるが，自殺あるいは自殺予防に対する態度の問題については，拙著『自殺学入門』（末木，2020b）の第2部で丁寧に議論をした上でこのように論じているものである。なお，本論の議論の責任は全て編者にあるが，昨今の風潮では，このような議論（自殺予防の是非に関する議論）を誌面上ですることそのものが難しくなっている。一方で，多くの国民は自殺予防活動に重大な（経済的）価値を感じていない（その数字上の根拠は，拙著『自殺対策の新しい形』（末木，2019）の第3部「自殺予防への態度と啓発活動——主に金銭的観点から」を参照のこと）。建前でのコミュニケーションではなく，丁寧な議論こそが国民全体の自殺予防的態度を形成することにつながるものと編者は信じている。また，本誌がそのような「本音」の丁寧な議論を喚起する場となればと考えている。

III　特集で扱えていること／扱えていないこと

それでは，本特集の内容について，簡単に説明したい。第 1 部では，総論的な立場から，自殺の問題を論じていただいた。自殺対策基本法の施行に合わせて設立された自殺予防総合対策センターの初代センター長であった竹島正先生からは，自殺対策の全体像について俯瞰いただいた。そして，日本自殺予防学会の常務理事で機関誌編集委員長でもある影山隆之先生に，自殺予防研究の現状と課題について論じていただいた。また，これは他の自殺予防に関する特集にはほとんど見られない論考であろうが，関西福祉科学大学心理科学部の島井哲志・荒木敏宏の両先生に，「自殺をせずに幸せに充実した人生を送る方法」と題した原稿をお願いした。自殺を予防することに加え，自殺を思いとどまった経験のある多くの人々が（再企図をせずに）その後の長い人生を幸福に／充実して過ごすことができるようにしていくために，我々に何ができるのかを考えていくことは，今後の自殺対策の大きな課題になると編者が考えているからである。

第 2 部は各論であり，自殺予防に関わる各領域の専門家の先生方に，さまざまなテーマについて論じていただいた。定番となった非常に重要度の高いテーマから（例：自殺予防教育やいじめ対策などの教育・学校関連，過労・ハラスメントなどの労働問題，自死遺族支援），昨年から続くコロナ禍で話題となった自殺と関連のあるトピック（例：コロナ下における自殺・自殺対策，孤独・孤立対策），他誌では見られないややユニークなテーマまでさまざまな論考をいただいた（お願いした）。いくつか，その内容を簡単に紹介したい。

札幌医科大学の河西千秋先生からは，保健・医療領域における自殺対策のなかで心理職に期待される役割について，河西先生らの主導した「自殺対策のための戦略研究・ACTION-J 研究」の実践経験に基づいて論じていただいた。自殺予防実践に根差した心理職への具体的な期待（と苦言）

をいただけたことは非常に貴重である。

東京都立大学の勝又陽太郎先生には，自殺予防のための地域支援という論考をいただいた。河西先生同様，こちらも執筆者が主導する自殺予防実践に根差した貴重な論考である。ここでは，個人相談モデルに偏重した自殺対策のあり方の問題点を指摘いただくとともに，具体的な地域支援のあり方が提案されている。個人相談モデルの代表でもあるインターネットの活用について論じた髙橋あすみ先生（北星学園大学文学部／特定非営利活動法人 OVA）の論考と比較することで，各地域／コミュニティにおける自殺対策のデザイン全体を考える上での示唆が得られるだろう。

また，精神保健福祉士であり自殺予防の実践活動を推進することを目的に設立された NPO の代表である伊藤次郎先生からは，10 年弱の団体での活動経験をもとに，「なぜ，自殺予防を目的とした民間団体が育たないのか？」について丁寧に説明をいただいた。この論考からは，自殺予防のための民間活動の活性化のヒントが得られるだけでなく，我々心理職がどのようにしてその職域を広げ，社会に貢献することが可能かを考えることができるものと思われる。

一方，特集の冒頭で書くことではないかもしれないが，編者が思うこの特集の問題点（編者の至らなかったところ）をあらかじめ述べて，言い訳をしておきたい。『臨床心理学』という雑誌／その読者を想定して編集を組んだということもあるが，各論考のなかで扱われる内容はおそらく個人に焦点をあてたものが多くなり，社会レベルでの対策の現状や課題については，やや薄い扱いにならざるを得ないだろう。例えば，労働／雇用，格差，テクノロジーの発達，学歴，家族，恋愛，文化，宗教／スピリチュアリティ，死生観などなどといったテーマは，自殺について考える上でいずれも重要なテーマであるが，この特集だけでは十分に扱うことはできていない。このようなよりマクロな現象を含めた視点と，個人レベルのミクロな視点を結びつけながら，未来の自殺対策のあり

方について論じていくことは，重要な課題である。

　そこで，力不足は否めないが，上述の問題を少しでも軽減するために，未来の社会と自殺対策のイメージを，ごく簡単に描写し，本特集をさらなる考察へつなげる補助線を引いておきたい。

Ⅳ　自殺対策の未来（試論）

　新型コロナウイルスおよびその対策の影響はさておくとしても，この社会が今後，多かれ少なかれ「Society 5.0」と呼ばれる方向性に進んでいくことは間違いないだろう。「Society 5.0」とは，第5期科学技術基本計画において我が国が目指すべき未来社会として提唱された概念である（内閣府，2016）。これは，サイバー空間とフィジカル空間を高度に融合させた社会の未来像であり，情報社会（Society 4.0）をさらに発展させたものとして提唱された。そのイメージにはさまざまなものが含まれるが，フィジカル空間のセンサーから入力されサイバー空間上に蓄積された情報がAIによって解析され，フィジカル空間にフィードバックされるといった事象は，その典型例だろう。本特集との関わりで述べると，NPO法人OVAの行うインターネット・ゲートキーパー事業は（活動の詳細は，『自殺対策の新しい形』（末木，2019）の第2部を参照のこと），ウェブ検索や広告閲覧といったフィジカル空間の事象の結果として蓄積される情報を解析し，検索／閲覧者の自殺リスクを推定した上で（現状ではAIが行っているわけではないが），メールでの相談を促す広告を提示し，相談を介して対面での支援につなげていくというものである。こうした事象は，現在でも，自殺対策に限らず，さまざまな心理学的問題への支援に広がっており，その流れが変わることはないだろう。

　現在でもその予兆はそこかしこに見られるが，こうした高度な技術を扱う社会においては，ロボットやICTシステムをデザインする高度な知識に支えられた高スキル労働と，それらに置き換えることが困難な低スキル労働とに仕事は分裂し

ていき，中スキル労働が消失することで（あるいは，現在のように非正規労働に置き換えられることで），労働や雇用の形は大きく変わるであろう。また，これにともない，高スキル労働に就労するために教育期間がより長期間するため，学歴も二分化し，経済格差はより大きくなる。こうした格差の拡大により未婚率が上昇するため，恋愛観／家族観は当然変化をせざるをえないであろう。低スキル／低学歴で家族や友人などの対人資源を得ることも難しい状況に追い込まれる者と，高スキル／高学歴で対人資源にも恵まれた一部の者とが分裂していく世界において，前者の自殺をどのようにすれば食い止められるのか，という点は今以上に重要な論点になると予想される。この10年ほどの間に，中高年の自殺率が減少する一方で，若者の自殺率が高止まりをし，自殺率の世代間格差がほとんどなくなってきていることの一端には，このような社会全体の構造的変化が影響していると編者は考えている（格差の拡大は，若者に人生早期での絶望をもたらすだろう）。

　少々話が飛躍したかもしれないので，改めて，上述の未来予想と，自殺に関する理論との接合を図っておきたい。自殺の対人関係理論では（Van Orden et al., 2010），自殺念慮が所属感の減弱（≒孤独感）と負担感の知覚（≒自分が迷惑をかけている感覚）から発生することを想定している。また，かつて，Freudは，人生における重要事項は「Lieben und Arbeiten（Love and work）」であると述べた。これらはいずれも，我々人間が生きていくためには（自殺をしないで生き抜いていくためには），他者の役に立ちながら他者との関係性を築いていく必要があることを示している。「他者との関係性」とやや控え目な表現をしたが，社会の持続可能性を考えれば，当然それは異性との愛情関係が中核となる。

　それでは，「Society 5.0」で，愛と仕事には何が起こるだろうか。高スキル／高学歴で対人資源にも恵まれた一部の者は，愛にも仕事にも困らないだろう。というよりも，仕事のやりがいも有用

感も，愛情関係もソーシャルキャピタルも，これらの者が独占していくだろう。一方で，残された者がこうした幸せに生きていくための資源にありつける可能性は，あらゆるものの格差が広がる高度知識化社会において，より小さくなっていくだろう。もちろん，個人の認知に介入することで，低スキル労働に喜びや有用感を得られるようにすることは不可能ではないかもしれないが，国家やコミュニティ全体にそれを適用するのは無理があり，そんなヒトが異性との愛情関係や繁殖機会を獲得できる可能性は，やはり低いだろう。この予測が正しければ，自殺の問題はより深刻になるとともに，低年齢化することになる。もしかすると，それすらもテクノロジーの発展が解消すると主張する人もいるかもしれないが……少なくとも編者には，こうした幸福な人生を生み出すための資源分配が単にテクノロジーの発展によって解消するとはどうしても思えない。

そして，こうした問題の解消に向けては，（臨床）心理学的（あるいは（精神）医学的）な個人ベースの視点のみならず，より広範な人文社会科学（例：社会学，経済学）と融合したマクロな視点も必要となってくる。個人に対してどのようにアプローチするか，という視点だけでは足らず，例えば，所得税の（特に，労働に起因するものというよりは資本に起因する所得に対しての）累進性の強化や（特に，児童を対象とした）ベーシックインカムの導入のような政策レベルでのよりマクロな介入が必要になるだろう。ただし，この特集号では（編者の力量では）ここまでの問題を扱うことはできていない。その点については，今後の課題としたい。

それでは，特集の前提となる疑問を解消し，編者の特集方針の問題点を理解いただいたところで，本論に進んでいただきたい。上述のような特集方針の限界はあるものの，各論は素晴らしい識者の方々が執筆されており，編者も含め，学ぶところの多いものとなっているはずである。

▶ 文献

厚生労働省自殺対策推進室・警察庁生活安全局生活安全企画課（2021）令和2年中における自殺の状況（https://www.npa.go.jp/safetylife/seianki/jisatsu/R03/R02_jisatuno_joukyou.pdf［2021年5月17日閲覧］）．

文部科学省（2021）コロナ禍における児童生徒の自殺等に関する現状について（https://www.mext.go.jp/content/20210216-mxt_jidou01-000012837_003.pdf［2021年8月25日閲覧］）．

内閣府（2016）第5期科学技術基本計画（https://www8.cao.go.jp/cstp/kihonkeikaku/index5.html［2021年5月11日閲覧］）．

末木新（2019）自殺対策の新しい形——インターネット，ゲートキーパー，自殺予防への態度．ナカニシヤ出版．

末木新（2020a）我々の心と心が離れていくのはこれからだろう——自殺研究に見る人間のこころの動き［特集：こころのディスタンス］．金子書房Note（https://www.note.kanekoshobo.co.jp/n/nb108c4d27e0b［2021年5月17日閲覧］）．

末木新（2020b）自殺学入門——幸せな生と死とはなにか．金剛出版．

Van Orden KA, Witte TK, Cukrowicz KC et al.（2010）The interpersonal theory of suicide. Psychological Review 117-2 ; 575-600.

🐟 [特集] 自殺学入門──知っておきたい自殺対策の現状と課題

自殺対策の現状と課題

自殺対策の振り返りとコロナ禍の経験をもとに

竹島 正 Tadashi Takeshima

川崎市総合リハビリテーション推進センター

I　はじめに

　本特集の企画者の問いは「ぶっちゃけ，今後の自殺対策どうしたらいいんですか？」であり，それはコロナ禍における自殺の増加を背景にしている。「急がば回れ」という諺もある。本稿では，はじめにわが国の自殺対策の経緯を振り返る。次に The Lancet Psychiatry に掲載されたコメント「COVID-19 の世界的流行にともなう自殺リスクの軽減のための公衆衛生的対応」（以下，「コメント」と略す）（Gunnell et al., 2020）を参考に，わが国の自殺対策の現状と課題を検討する。これらを通じて企画者の問いにすこしでも答えたい。

II　わが国の自殺対策の振り返り

　筆者は『精神科治療学』の特集「その後の自殺対策 I──社会的な自殺問類と対策の現在」に総説「自殺対策のこの 10 年の経験から学ぶこと──精神保健と公衆衛生の狭間で」を執筆した(竹島，2021)。この総説をベースに，この 50 年のわが国の自殺対策の経緯を 4 期にまとめる。

1　1998 年の自殺死亡急増前まで（第 1 期）

　1970 年の「自殺予防行政懇話会」の発足は「日本自殺予防学会」（1983）に発展した。1971 年の「いのちの電話」の発足は「日本いのちの電話連盟」（1977）に発展した。1975 年に日本医科大学救命救急センターにおいて始まった救急患者の精神的な問題の治療（主に自殺企図）（黒澤，1987）は救急医療における自殺未遂者支援に広がっていった。1985 年には新潟県松之山町で松之山方式による保健医療福祉介入が始まり（勝又・竹島，2009），地域介入のモデルとして広がっていった。1993 年にはカナダのカルガリで国際連合（UN）／世界保健機関（WHO）による自殺予防の包括的戦略ガイドラインの策定のための専門家会議に高橋祥友が参加し，そこでまとめられたガイドラインが，自殺対策基本法（2006）の内容に反映された。第 1 期には，現在に続く自殺対策の基礎がつくられた。

2　自殺死亡急増（1998）から自殺対策基本法前まで（第 2 期）（内閣府，2007）

　1998 年に自殺死亡者数は 2.3 万人から 3.2 万人に急増した。これに対して厚生労働省は 2000 年に「健康日本 21」の目標項目に「自殺者の減少」を組み入れ，2001 年に自殺防止対策事業を開始し，2002 年に報告書「自殺予防に向けての提言」

をまとめた。民間では，2000年に「あしなが育英会」は自死で遺された子ども・妻の文集「自殺って言えない」をまとめ，2001年に平山正実はNPO法人グリーフケア・サポートプラザを設立した。2005年にはNPO法人自殺対策支援センターライフリンクや日本いのちの電話連盟などの民間12団体は「自殺総合対策の実現に向けて──自殺対策の現場から『国への5つの提言』」を行った。これらに対応して参議院厚生労働委員会は「自殺に関する総合対策の緊急かつ効果的な推進を求める決議」を行った。また政府は自殺予防に向けての総合的な対策を取りまとめた。第2期には，社会の自殺問題への関心が高まり，さまざまなステークホルダーがそれぞれの視点から自殺問題を論じる状況となった。

3　自殺対策基本法公布後の自殺対策の発展期（2006〜2015年）（第3期）

　自殺対策基本法は2006年6月に公布，10月に施行された。自殺対策は多くの府省に関係することから内閣府の所管となった。法の施行に合わせて，国立精神・神経医療研究センター（NCNP）に自殺予防総合対策センター（以下，「CSP」と略す）が設置された。2007年には政府の自殺対策の指針である自殺総合対策大綱（以下，「大綱」と略す）が定められた。CSPは，大綱を踏まえ，心理学的剖検の手法を用いた「自殺予防と遺族支援のための基礎調査」を開始した。民間では，「自死遺族支援全国キャラバン」が2007年から2008年にかけて行われた。また2007年には自死遺族の自助グループによる「全国自死遺族連絡会」が発足した。政府は2009年に地域自殺対策緊急強化基金を造成した。これによって自治体への自殺対策の普及が急速に進んだ。自殺者数は2009年から減少に転じ，2012年には15年ぶりに3万人を下回った。第3期には，自殺死亡が3万人を超える状態が続く緊張感と，自殺対策基本法，地域自殺対策緊急強化基金などの後押しにより，それぞれのステークホルダーの活発な活動が続いた。

4　自殺対策基本法改正と厚生労働省移管後（2016年〜）（第4期）

　2015年頃から，わが国の自殺対策に変化が生じた。そのきっかけは，2015年1月に内閣官房および内閣府の業務の見直しが閣議決定されたことである。自殺対策基本法は，2016年4月に厚生労働省に移管され，これに重なるように自殺対策基本法の改正が進んだ。この改正によって，都道府県・市町村は自殺対策についての計画を定めることとされた。また，国および地方公共団体は，調査研究等の推進および体制の整備を行うものとされた。これらはCSPの組織や業務に影響することになる。2015年5月に発足した厚生労働省の「自殺予防総合対策センターの業務の在り方等に関する検討チーム」は7月に報告書をまとめ（厚生労働省社会・援護局障害保健福祉部，2016），CSPの名称を「自殺総合対策推進センター（仮称）」に変更し，組織を見直すこととした。そして2016年4月にCSPは自殺総合対策推進センター（JSSC）に改組され，CSPにおいて取り組まれていた自殺の心理学的剖検研究は中止となった。また大綱は2017年に改訂となった。この改訂において，2012年大綱の「段階ごと，対象ごとの対策を効果的に組み合わせる」の中にあった「全体的予防介入」「選択的予防介入」「個別的予防介入」の記述は削除された。さらに2019年には「自殺対策の総合的かつ効果的な実施に資するための調査研究及びその成果の活用等に関する法律」が公布された。この法律は，自殺対策の総合的かつ効果的な推進のための体制整備として指定調査研究等法人の指定その他必要な事項を定めるものである。公募選考の結果，2020年2月，一般社団法人いのち支える自殺対策推進センターが指定された。第4期には，多様なステークホルダーによって担われてきた自殺対策は，特定の団体・個人を中心にした体制となり，それ以外は周辺化した。

　さて第2期から第4期にまたがるが，自殺リス

クと関係する多くの法律ができたことは，自殺対策の厚みを増した（Takeshima et al., 2014）。例えば，児童虐待防止法（2000），配偶者暴力防止法（2001），がん対策基本法（2006），貸金業法改正（2006），アルコール健康障害対策基本法（2013），生活困窮者自立支援法（2013），いじめ防止対策推進法（2013），過労死等防止対策推進法（2014），ギャンブル等依存症対策基本法（2018）である。

そして，まとめとして，自殺対策の発展には，多様な主体の独立性を尊重した円卓的な話し合いの場を構築する必要があると述べた。

III　コロナ禍の自殺対策を考える

前述の「コメント」は，国際自殺予防学会，米国自殺予防財団，国際自殺研究アカデミーによって支持されていることから，これを参考にわが国の課題を検討することは意味があるだろう。

「コメント」は，COVID-19 のパンデミックの長期的な影響として，自殺は差し迫った問題になるとして，学際的かつ効果的な対応のための選択的，個別的，全体的な介入をまとめている（図 1）。以下，この図を参考に，わが国の課題を検討する。

選択的介入と個別的介入（自殺リスクの高い状態にある人を対象）には，精神疾患と自殺の危機が挙げられている。パンデミックが精神疾患のある人や市民の精神健康におよぼす影響は大きい。実際，川崎市では，2020 年度以降，精神保健福祉法による警察官通報が増加している。また 2020 年 4 ～ 5 月の緊急事態宣言の期間中に実施された「川崎市こころの健康に関する意識調査」を市民の精神的健康への影響の観点から検討したところ，2017 年の調査との比較で，精神的健康の悪化の状態にある者の割合が倍増していた。また精神的健康の悪化の状態にない者と比較して，精神的健康の悪化の状態にある者では，家族や友人・知人への相談や援助希求が少ない，収入・人間関係・病気関連のストレッサーの報告が多い，社会的つながりや地域活動への参加が少ない，心理的・物理的なサポートを受けることが少ない，

COVID-19 感染症に関する不安が強い，単独世帯が多いなどの相違点がみられた（川崎市，2020）。

自殺の危機については自殺企図を取り上げたい。成人 1 人の自殺による死亡には 20 人以上の自殺企図があるという（WHO, 2014）。「令和 2 年版 救急・救助の現況」（総務省消防庁）によると，2019 年中における自損行為による救急自動車の出動件数は 52,286 件，搬送人員は 35,545 人であって，2018 年中とほとんど差がなく，2020 年中の状況はまだ報告されていない。COVID-19 のパンデミックの中で自殺企図の実態にはどのような変化が起こっているのだろうか。筆者の聞いた範囲では，自殺企図による救急搬送の増加，COVID-19 感染症患者受け入れによる自損患者受け入れの減少，生きづらさを抱えていた人が自殺企図に至るなどである。しかし，その実態の変化を迅速に把握・分析できるようにはなっていないようだ。自殺企図のモニタリングの弱体は COVID-19 のパンデミックのもとで顕在化している。

「コメント」は，選択的介入と個別的介入において，オンラインリソースや介入策を柔軟に利用できるようにすることはメンタルヘルスに有益であると述べているが，その開発も課題である。コロナ禍のもと，50 年の歴史をもつ「いのちの電話」にもさまざまな対応するべき課題が生じている（堀井，2021）。1970 年代から先駆的な取り組みを行ってきた「いのちの電話」などの直面している課題を共有し，その解決に協働していくことは，時代を開くきっかけになるかもしれない。

全体的介入（全人口を対象。特定の危険因子に焦点を当てるが，特定の個人ではない）には，財政的困難，DV，アルコール消費，孤立・閉塞感・孤独感・死別，手段へのアクセス，無責任なメディアの報道が挙げられている。

財政的困難について，「コメント」は政府が失業や経済的なストレスに経済的なセーフティーネットを提供すべきと述べているが，これに関しては，生活困窮者自立支援制度による包括的な相談支援（仕事，住まい，家計，こころの健康，法

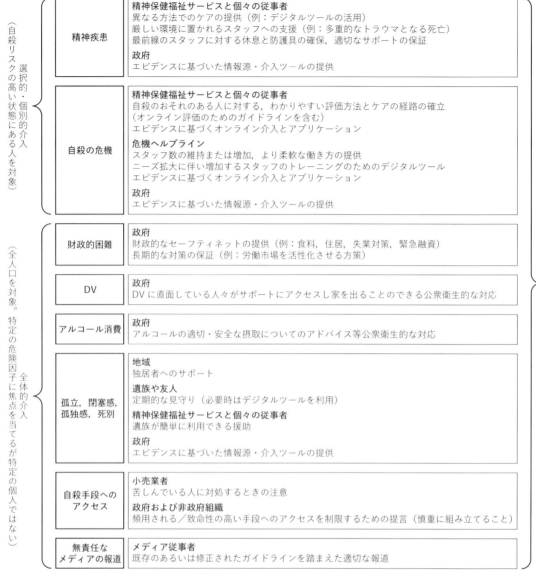

図1　COVID-19 の世界的流行にともなう自殺リスクの軽減のための公衆衛生的対応
Gunnell et al.（2020）から引用改変（日本語訳：川崎市総合リハビリテーション推進センター　石井美緒，竹島正）

律），生活福祉資金の特例貸付，住居確保給付金
などが行われ，多重債務や消費生活相談事業など
とも連携していることは大きい（厚生労働省生活
支援特設ページ：https://corona-support.mhlw.
go.jp/index.html［2021 年 8 月 19 日閲覧]）。
　DV については，配偶者暴力防止法（2001）に
基づく DV 相談を補完する形で，24 時間対応の
電話相談，オンライン・チャット（SNS）や電子

メールを活用した相談，外国語による相談等の実
施に加え，被害者の安全を確保し社会資源につな
げるための同行支援や緊急保護等の支援を総合的
に提供するために「DV 相談＋（プラス）」が行
われている（内閣府男女共同参画局 DV 相談＋：
https://www.gender.go.jp/policy/no_violence/
dv_navi/index.html［2021 年 8 月 19 日 閲 覧]）。
その報告書は，潜在化していた DV の問題がコロ

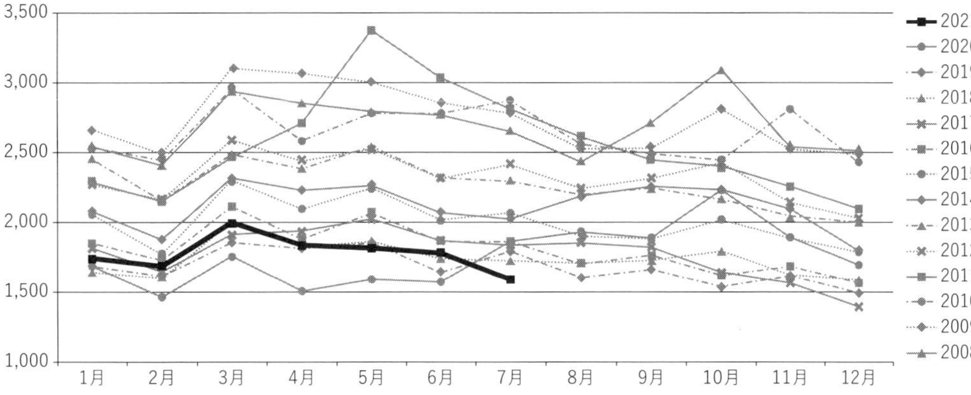

図2　月別の自殺者数の推移（2008年1月〜2021年7月）
内閣府自殺対策推進室，厚生労働省自殺対策推進室の公表資料をもとに作成

ナ禍の影響から顕在化した一方で，24時間対応の電話相談，オンライン・チャット（SNS）相談などが相談を広げたと述べている。

　アルコール消費については，アルコール健康障害対策基本法（2013）をもとに基本計画が立てられ，アルコール関連問題のモニタリングが行われるようになった。第2次基本計画は，COVID-19のパンデミックにおいては，従来の回復のためのミーティング活動の継続が困難となっているとして，自助グループや民間団体と連携して必要な支援を行っていくことが求められると述べている（第2期アルコール健康障害対策推進基本計画：https://www.mhlw.go.jp/stf/seisakunitsuite/bunya/0000176279.html［2021年8月19日閲覧］）。これらを見ると，自殺リスクと関係する多くの法律ができたことは，自殺対策の厚みを増し，実際，自殺予防にも役立っていると思われる。

　孤立・閉塞感・孤独感・死別については，結果として自殺予防にも役立つことになる各種相談支援があり，その一部は本稿でも紹介した。これらはわが国の進める地域共生社会（厚生労働省地域共生社会のポータルサイト：https://www.mhlw.go.jp/kyouseisyakaiportal/［2021年8月19日閲覧］）の構築ともつながるものであり，その視点からもとらえる必要があるだろう。自死遺族支援については，全国自死遺族連絡会のウェブサイト

に紹介された5つの活動（「つながりあう」「支えあう」「経験を伝える」「声をあげる」「生きて，と願う」）は大きなヒントになる（一般社団法人全国自死族連絡会ウェブサイト：https://www.zenziren.com/［2021年8月19日閲覧］）。

　手段へのアクセスについては，「コメント」には，特定の殺傷手段（銃器，殺虫剤，鎮痛剤など）が家庭内に備蓄されることや商品として販売することへの注意が述べられている。わが国の自殺対策の経験では，2008年に硫化水素自殺の群発が発生した時，東京都23区内に発生するすべての異状死の検案をおこなう東京都監察医務院が警鐘を鳴らし，硫化水素自殺が収束に向かったことは忘れてはならない。

　無責任なメディアの報道について，「コメント」は，危機に関する記事を繰り返し目にすることで恐怖心が高まり自殺のリスクを高めると述べ，報道関係者はガイドラインに沿った報道を心がけなければならないと述べている。筆者が最も気にするのは，女性の自殺の増加や若者の自殺の増加について，ステレオタイプなイメージを提供する「支援者」とメディアの連携である。このような安易なイメージの提供が，生きづらさを抱えた若者や女性へのスティグマを強め，相談へのアクセスを遠ざけるというリスクはないのだろうか。さらに言えば，丁寧な事例分析のない中で，有名人の自

殺のイメージがつくられ，それがメディアに報道され，結果として連鎖を引き起こすおそれはないか。連鎖を防止するためには，どういう自殺であるかという検討が必要であり，そのためにも自殺の心理学的剖検の再開が望まれる。

　ここで内閣府，厚生労働省の資料をもとに 2008 年以降の月別の自殺者数を見てみたい（図2）。この 1 〜 2 年をクローズアップすれば COVID-19 は自殺を急増させたように見えるかもしれないが，長期的な経過の中では，それほど増加は明確ではない。筆者は，わが国における 50 年の自殺対策の積み上げ，そして自殺対策基本法以外の法制度による支援も含めて，COVID-19 のパンデミックによる自殺予防の素地はあると考える。その積み上げに自信と信頼を持ちつつ，慎重にモニタリングを進めるのがよいのではないか。

　「コメント」は COVID-19 関連の危険因子のモニタリングを強化することにより，公衆衛生上の対応をタイムリーに行うことが可能となると述べている。2014 年に発行された WHO 世界自殺レポートは，国の戦略の典型的な構成要素として，サーベイランス，手段の制限，メディア，サービスへのアクセス，トレーニングと教育，治療，危機介入，ポストベンション，意識，スティグマの減少，監督と調整を挙げている。これらを，多様な主体の独立性を尊重した円卓的な話し合いの場で論じ，それをレポートにまとめることも，わが国の自殺対策を発展させるきっかけになるかもしれない。

Ⅳ　まとめ

　COVID-19 のパンデミックは，わが国の自殺対策の成長の機会となっている。

　（1）自殺死亡の急増という事態がわが国の自殺対策の発展の契機となったが，そのような不幸な事態の起こらないように，水面下で静かに進む自殺対策が大事であることは言うまでもない。そのためにも，多様な主体の独立性を尊重した円卓的な話し合いの場は重要である。

　（2）自殺に至るプロセスモデルは，しばしば，最後にメンタルヘルスの問題を置いてきたが，それは本当に正しいのか。COVID-19 のパンデミックの市民への影響を見ると，初期のメンタルヘルスの悪化が，種々の対処行動に影響を与え，それがさらに苦境を引き寄せるという図式があるように思えてならない。自殺に至るプロセスモデルの見直しも上記の円卓的な話し合いの場で行うとよいと思う。

　（3）すでに述べたが，わが国の 50 年の自殺対策の積み上げを思い起こし，それらを信頼し，大切にしながら，取り組んでいきたい。ただし，自殺関連行動のモニタリングは慎重に行うことが必要で，警察統計に偏りすぎない，バランスの取れた充実が望まれる。

▶文献

Gunnell D, Appleby L, Arensman E et al. (2020) Suicide risk and prevention during the COVID-19 pandemic. The LANCET Psychiatry 7-6 ; 468-471. https://www.thelancet. com/journals/lanpsy/article/PIIS2215-0366(20)30171-1/fulltext

堀井茂男（2021）いのちの電話の活動のこれまでとコロナ禍からのこれから．自殺予防と危機介入 41-1 ; 8-17.

勝又陽太郎, 竹島正（2009）新潟県松之山町における自殺予防活動．こころの健康 24-2 ; 82-87.

川崎市（2020）川崎市こころの健康に関する意識調査（https://www.city.kawasaki.jp/350/page/0000100851. html［2021 年 8 月 19 日閲覧］）.

厚生労働省社会・援護局障害保健福祉部（2016）自殺予防総合対策センターの業務の在り方等に関する検討チーム報告書．

黒澤尚（1987）捨てるな！ 命—自殺予防への対話と握手．弘文堂.

内閣府（2007）平成 19 年版自殺対策白書.

竹島正（2021）自殺対策のこの 10 年の経験から学ぶこと—精神保健と公衆衛生の狭間で．精神科治療学 36-8 ; 863-868.

Takeshima T, Yamauchi T, Inagaki M et al. (2014) Suicide prevention strategies in Japan : A 15-year review (1998-2013). Journal of Public Health Policy 36-1 ; 52-66.

WHO (2014) Preventing suicide : A global imperative.（日本語訳「自殺を予防する—世界の優先課題」）

🗨 [特集] 自殺学入門──知っておきたい自殺対策の現状と課題

日本の自殺予防研究の現状と課題

影山隆之 Takayuki Kageyama

大分県立看護科学大学看護学部精神看護学研究室／日本自殺予防学会常務理事

I　近年の日本国内の自殺予防研究

　国際自殺予防学会に加盟している日本自殺予防学会では，その学会誌を『自殺予防と危機介入』と題している。予防という語が入っているのは，自殺がある程度まで予防可能な死であり，可能な限り予防すべきである，と考えるからである。こう考える場合，自殺予防研究とは予防医学的研究の一種で（ただし医療の研究に限らない，対人援助や保健福祉全般の研究を含む），国内で発表された論文のほとんどは医学系データベース「医学中央雑誌」で検索できる。

　「医学中央雑誌」で「自殺」をキーワードに2016年以降の原著論文を検索すると987件がヒットし（2021年6月現在），その3割はもっぱら身体医学的な研究である。キーワードを「自殺＆予防」にすると209件に絞られ（このうち身体医学的研究は1割に満たない），除外された文献の4割は身体医学的研究，2割近くは症例報告である。この間，PubMedで"suicide & prevention"をキーワードに検索すると，日本の研究論文は約200件ヒットする（外国との比較研究も含む）。本稿では日本における近年の自殺予防研究のトピックスを紹介するために，身体医学的研究と症例報告を除く研究を概観し，とくに和文論文を優先して紹介する。すべての研究を網羅したわけではないことに留意されたい。

II　コミュニティ全体に関する自殺予防研究

　地域・学校・職場の自殺予防研究には，（a）マクロ統計による自殺の促進因子／予防因子の検討（例えば，Nakanishi et al.（2020）），（b）成員全体の精神健康度を高める全体的予防介入，（c）多機関・多職種連携に関する研究，などがある。自殺対策ゲートキーパー（GK）の養成は本来，（d）ハイリスク群への選択的予防介入なのだが，日本では一般市民の間でもこれを養成しようとしている。これらの研究のアウトカムとしては，自殺死亡よりも，最近1年以内の自殺念慮などに注目することが多い。

　近年の研究によれば，地域住民のなかでも若年者，無配偶者，失業・無職者に自殺念慮が多い一因はストレス・健康問題・孤立であり（大畑・影山，2021），自殺念慮とソーシャル・キャピタルの弱さとの関連（朴・岡田，2018）は自殺企図者の特徴（宮崎ほか，2020）と共通する。中卒者は学歴が高い人に比べ，自殺死亡リスクが高い（Kimura et al., 2016）。高齢者のレジリエンスの

低さ（備前・佐々木，2016）や，一般住民や日勤労働者における睡眠問題（朴・岡田，2017；Matsumoto et al., 2016）も，自殺念慮と関係する。注目すべき研究として，健診を受けない人（野里ほか，2016）や，抑うつに関する問診票に記入漏れがある人（平光，2020）こそ，抑うつや自殺念慮を有するリスクが高いという報告がある。

大学生に関する研究は多いが，新しい着眼点としては，休学・退学・留年との関係の検討（布施，2018）や，ピア・エデュケーションの試み（大類ほか，2016）がある。学生・生徒の援助希求行動に関連して，相談したくない大人（支援者）は「態度が変わる人」「余裕のない人」「気分にムラのある人」だとする研究（埜崎，2020）があり，教員向け研修のあり方が検討されている（武田ほか，2018；松田ほか，2019）。

GK研修を一般市民向けに行った結果，受講者の自殺対策への理解が深まり（田渕ほか，2018），認知的ソーシャル・キャピタルも高まる（Park et al., 2017）ことや，受講者の自己効力感と自己洞察・傾聴スキル・困っている人からの相談回数などが関連すること（播摩・佐々木，2018）が報告されている。GK自身の精神健康が低ければ，時には自殺もやむなしという考えに傾きやすいとの指摘もある（Midorikawa et al., 2020）。しかし，GK養成によって自殺率が低下したかどうか，という検証はまだない。

地域コミュニティ全体として全体的予防介入を中心に包括的な自殺対策を進めたNOCOMIT-J（Ono et al., 2013）では，農村地域においてある程度の効果が報告された。これ以降，同様の実践例としては大分県豊後大野市の包括的な自殺対策（影山ほか，2015），茨城県笠間市と筑波大のモデル事業（遠藤ほか，2016）などの報告があるが，まだ多くはない。その特徴は地域診断，多機関連携，啓発活動，人材づくりなどで，コミュニティづくりとして有意義な活動であったことは明らかだが，報告されている自殺減少効果はまだ限定的である。この種の活動が成果を挙げるためには，

一般市民の援助希求志向性の背景（平光，2019），自殺に対するスティグマの背景（Sasaki et al., 2019），自殺対策に対する見方の背景（末木，2017）などの研究をさらに深めて応用することも重要であろう。

III　ハイリスク群についての自殺予防研究

自殺リスクがより高い人々に焦点を当てた研究（数としては前節IIの研究に比べ多い）としては，(d) 自殺のハイリスク群に対する選択的予防介入のほか，(e) コミュニティのなかで新たなハイリスク群を特定するための研究，(f) いっそう大きく自殺に傾いた人への個別的予防介入の研究，などがある。これらの場合にはアウトカムとして，自殺念慮だけでなく，自殺死亡，自殺企図またはその再発に注目していることが多い。

東日本大震災と原発事故の被災者は自殺のハイリスク群と目されてきたが，被災県でその後2年間は自殺が増えなかったこと（眞崎ほか，2018），避難解除や（大類ほか，2019）経済的支援終了（大類ほか，2020）に伴い増え始めたこと，福島県の自殺へのインパクトは性・年齢で異なること（Takebayashi et al., 2020）などが報告されており，やはりソーシャル・キャピタルの重要性が示唆される。このことは，失業求職中の人の精神健康には経済問題の影響が強い（Suzue et al., 2016），一般住民のなかでも孤立傾向にある人では自殺念慮有症率が高い（大畑・影山，2021）という報告と通じるものがある。

いわゆる「産後うつ病」は自殺と関係が強いため，妊娠中あるいは産科退院時の情報からこれを予測する研究も増えている（Wakamatsu et al., 2016；和田ほか，2019；松長ほか，2020）。そのリスクファクターは初産婦と経産婦で異なるという（平光，2018）。これらを考慮に入れつつ要支援事例を地域保健福祉と産科・精神科の連携で包括的に支えようとする，長野県の活動は注目すべき試みである（Tachibana et al., 2020）。

アディクションの領域では，ギャンブル障害を

もつ人の GA 参加が自殺予防に資すること（芦沢ほか，2017）のほか，（e）の研究として，アルコール依存症男性の妻への支援（羽田，2018）が自殺予防として重要だと指摘されている。

他に（e）のタイプの研究では，家族を自殺で亡くした人は自殺念慮を抱きやすいだけでなく，援助希求行動に抵抗感を抱きやすく（平光，2019），自殺対策を不要と考えがちである（末木，2017）という報告がある。自死遺児を児童相談所で把握・支援する必要性も指摘されている（白神ほか，2016）。LGBT の集団で自殺念慮の経験率が高いことも示唆されている（藤井，2016）。

（f）いっそう大きく自殺に傾いた人への個別的予防介入として，かつては電話相談が重視されたが，近年は ICT を用いた方法論の研究が大きく進歩している。インターネットで「死にたい」と検索する人を相談に誘導するための広告の方法（高橋ほか，2020）や，その後のオンライン相談の方法（伊藤ほか，2018；Ito et al., 2019）について，エビデンスが集積されつつある。ツール開発という点では，自殺念慮を評価する尺度も開発されつつある（末木，2019）。

地域の精神保健医療福祉では自殺企図者（未遂者）の研究が多く，（d）または（f）のタイプに属する。自殺関連行動で救急搬送された患者では，行動の再発を防ぐために 1～3 カ月以内の介入が必要で（松原ほか，2017），その方法については国際的に多くの研究がある（米本ほか，2019）。ことに日本では，ACTION-J（Kawanishi et al., 2014）の研究成果として，適切なケースマネジメントの有効性についてのエビデンスがある。ただし，三次救急病院で身体治療と精神科診療を並行して行う「並列モデル」（古郷ほか，2019）では，その病院に自殺企図患者が集中しやすくなるため精神科スタッフの充実が必要であり（松川ほか，2020），総合病院に搬送された自殺企図患者を精神科病院に転院させてから支援する「縦列型連携」でも，退院後の行動再発は減少する可能性が示されている（白鳥ほか，2017）。これらに携わる医療従事者の研修プログラムが開発・検証されており（三好ほか，2020；Kawashima et al., 2020），多機関・多職種連携のための研修会やカンファレンスのあり方も検討されている（篠原ほか，2019）。また，救急病院や消防・警察から自殺未遂者にリーフレットを手渡し，精神科受療勧奨や市の精神保健支援への導入を試みる動きもある（川瀬ほか，2018）。

Ⅳ　まとめ

自殺予防研究は，1990 年代までは数が少なく方法論も限定されていたが，2000 年代に入ってからは "市民権" を得たかのごとく，数が増え方法論も幅広くなっている。これは健康リスク論で言えば，自殺予防論が risk identification や risk characterization の段階を過ぎつつあり，さまざまの現象解明（エビデンス収集）を進めつつ，risk assessment や risk regulation の段階に向かおうとしている，ということである。ただし，未遂者支援のように研究が比較的進んだ領域と，そうでない領域で，研究の厚みに濃淡がある。研究対象の絞り方やリスク要因の評価方法に工夫をしたり，自殺企図や自殺念慮以外の中間アウトカム指標を開発したりすることが，今後ますます必要である。

▶文献

芦沢健，橋本省吾，白石将毅ほか（2017）ギャンブル依存症の自殺リスクは GA 参加で予防できるか？．精神科治療学 32；1517-1524.

備前由紀子，佐々木久長（2016）高齢者における希死念慮と二次元レジリエンス要因との関連．秋田大学大学院医学系研究科保健学専攻紀要 24-1；53-65.

遠藤剛，太刀川弘和，相羽美幸ほか（2016）地域ネットワーク強化を意識した自殺対策研究「笠間を元気にするネットワーク作り」について．日本社会精神医学会雑誌 25；221-230.

藤井ひろみ（2016）LGBT（レズビアン，ゲイ，バイセクシュアル，トランスジェンダー）の暴力被害とケア—日本における LGBT に関する調査を活用した検討．日本フォレンジック看護学会誌 2-2；67-73.

布施泰子，梶谷康介，平井伸英ほか（2018）大学における

休学・退学・留年学生に関する調査（第 38 報）（平成 27 年度分集計結果）より─死亡学生実態調査についての結果と考察．CAMPUS HEALTH 55-2 ; 180-184.

羽田有紀（2018）アルコール依存症の夫を持つ妻の自殺関連事象の実態と精神的健康への関連要因．アディクション看護 15-2 ; 23-30.

播摩優子，佐々木久長（2018）メンタルヘルスサポーターの自己効力感と活動による意識・態度・行動の変化に関する自己評価．秋田大学大学院医学系研究科保健学専攻紀要 26 ; 79-85.

平光良充（2018）出産経験別にみた「産後うつ」の妊娠期における危険因子．自殺予防と危機介入 38-2 ; 26-32.

平光良充（2019）周囲の自殺者の有無と援助希求行動に対する抵抗感の関連．厚生の指標 66-15 ; 16-21.

平光良充（2020）自記式うつ病スクリーニングテストの回答に欠損がある者の自殺念慮経験リスク．自殺予防と危機介入 40-2 ; 75-81.

伊藤次郎，末木新，高橋あすみ ほか（2018）ICT を用いた自殺対策の新たな方向性の検討．自殺総合政策研究 1-1 ; 48-58.

Ito J, Sueki H, Takahashi A et al.（2019）Exploring new directions in suicide countermeasures that make use of ICT. Suicide Policy Research 2-2 ; 28-39.

影山隆之ほか（2015）地域自殺予防介入を行った農村部における自殺率の低下および住民のソーシャルサポートと意識の変化．自殺予防と危機介入 36-1 ; 32-44.

Kawanishi C, Aruga T, Ishizuka N et al.（2014）Assertive case management versus enhanced usual care for people with mental health problems who had attempted suicide and were admitted to hospital emergency departments in Japan（ACTION-J）: A multicentre, randomised controlled trial. Lancet Psychiatry 1-3 ; 193-201.

川瀬惇史，木内邦明，片山順也ほか（2018）堺市「いのちの応援係」による自殺未遂者対策の現状について（第 4 報）．堺市こころの健康センター研究紀要 10 ; 14-19.

Kawashima Y, Yonemoto N, Kawanishi C et al.（2020）Two-day assertive-case-management educational program for medical personnel to prevent suicide attempts : A multicenter pre-post observational study. Psychiatry and Clinical Neurosciences 74 ; 362-370.

Kimura T, Iso H, Honjo K et al.（2016）Educational levels and risk of suicide in Japan : The Japan Public Health Center Study（JPHC）Cohort I. Journal of Epidemiology 26 ; 315-321.

古郷央一郎，武田龍一郎，三好良英ほか（2019）宮崎大学医学部附属病院および宮崎県立宮崎病院における自殺関連行動症例の後方視的検討─「並列モデル」が可能な医療機関での調査．精神神経学雑誌 121 ; 177-186.

眞崎直子，橋本修二，川戸美由紀ほか（2018）人口動態統計に基づく東日本大震災後の自殺死亡数─岩手県・宮城県・福島県の沿岸部と沿岸部以外の推移．日本公衆衛生雑誌 65 ; 164-169.

松原敏郎，松田敦子，松尾幸治ほか（2017）自殺関連行動を呈した患者の救急外来退室 3 カ月後の電話調査．自殺予防と危機介入 37-2 ; 51-56.

松田康裕，上田淳哉，岸本年史（2019）自殺予防教育の方向性を探る─多様な取り組みの可能性と課題：奈良県における教員向けメンタルヘルス・リテラシー教育プログラムの実践について．自殺予防と危機介入 39-1 ; 73-76.

松川幸英，井田逸朗，齊藤良ほか（2020）救命救急センター新規開設が自殺企図患者の精神科紹介にもたらす変化─自殺未遂者支援におけるリエゾン精神科医の役割と支援の質への示唆．総合病院精神医学 32 ; 393-402.

Matsumoto Y, Uchimura N, Ishida T et al.（2016）Day workers suffering from a wider range of sleep problems are more likely to experience suicidality. Sleep and Biological Rhythms 14 ; 369-376.

松長麻美，藤井千代，北村俊則（2020）産後女性における希死念慮の評価，頻度，関連要因─システマティックレビュー．日本社会精神医学会雑誌 29 ; 314-325.

Midorikawa H, Tachikawa H, Nemoto K et al.（2020）Mental health of gatekeepers may influence their own attitudes toward suicide : A questionnaire survey from a suicide-prevention gatekeeper training program. Asian Journal of Psychiatry 47. doi:10.1016/j.ajp.2019.101842.

宮崎秀仁，長谷川花，野田寿恵ほか（2020）自殺行動と関連する要因について．精神科救急患者レジストリを用いた臨床特徴の解析．精神医学 62 ; 1149-1158.

三好良英，松尾寿栄，日高弘登ほか（2020）小林保健所圏域における PEEC コースを介した救急医療と精神科医療の連携（第一報）．宮崎県医師会医学会誌 44-1 ; 51-57.

Nakanishi M, Endo K, Ando S et al.（2020）The Impact of Suicide Prevention Act（2006）on suicides in Japan. Crisis 41 ; 24-31. doi:10.1027/0227-5910/a000599.

野里夕佳，近藤真理子，工藤希真恵ほか（2016）自殺予防対策における特定健康診査未受診者への訪問活動から見えた現状．岩手看護学会誌 10-2 ; 47-53.

埜﨑健治（2020）若者の援助希求能力向上のために支援者ができること─高校・大学における自殺予防対策事業としての出前授業から．精神科看護 47-3 ; 68-71.

大畑江里，影山隆之（2021）日本の一都市における成人住民の自殺念慮有症率とその関連要因─地域自殺対策のための標的集団とその背景．看護科学研究（印刷中）.

Ono Y, Sakai A, Otsuka K et al.（2013）Effectiveness of a multimodal community intervention program to prevent suicide and suicide attempt : A quasi-experimental study. PLoS One 8-10 ; e74902.

大類真嗣，原田修一郎，佐伯涼香ほか（2020）東日本大震災後8年間の宮城県沿岸部の自殺死亡率の動向．精神神経学雑誌 122；573-584.

大類真嗣，黒田佑次郎，安村誠司（2019）福島第一原子力発電所事故による避難指示解除後の自殺死亡率モニタリングと被災自治体と協働した自殺・メンタルヘルス対策の実践．日本公衆衛生雑誌 66；407-416.

大類真嗣，渡邉みゆき，高橋悠佳ほか（2016）ストレス対処方法に関する若年層向けの普及啓発ツールの作成とツールを活用したピアエデュケーションの成果．自殺予防と危機介入 36-2；18-26.

朴相俊，岡田真平（2017）長野県東御市における心の健康状態及び自殺念慮の要因に関する実態調査．信州公衆衛生雑誌 11-2；107-117.

朴相俊，岡田真平（2018）長野県東御市における心の健康状態及び自殺念慮の要因に関する実態調査—ソーシャル・キャピタル指標との関連性を考える．自殺予防と危機介入 38-1 1 28-39.

Park SJ, Soyano A, Okada S et al.（2017）Effects of a gatekeeper training for suicide prevention in changing of cognitive social capital of participant. ストレス科学 31-3；237-244.

Sasaki H, Iwata T & Maeda E（2019）An analysis of factors associated with personal and perceived stigma against talking about suicide in a rural Japanese community. 秋田医学 45-3, 4；113-120.

篠原純史，若林チヒロ，梅崎薫（2019）急性期病院における自殺未遂者情報の把握に関する実態と地域連携プログラムの改善点の評価．日本臨床救急医学会雑誌 22；680-688.

白神敬介，竹島正，川野健治ほか（2016）児童相談所で把握される自殺の実態と自死遺児支援の状況．厚生の指標 63-6；8-14.

白鳥裕貴，太刀川弘和，山田典子ほか（2017）縦列型精神科・身体科連携による自殺企図患者の企図後フォローアップ効果に関する予備的研究．精神神経学雑誌 119；227-237.

末木新（2017）自殺対策の推進を不要と考える者は自殺のリスクとなるデモグラフィック要因を有している—インターネット横断調査の二次解析．自殺予防と危機介入 37-2；35-41.

末木新（2019）短縮番自殺念慮尺度の作成．自殺予防と危機介入 39-2；94-101.

Suzue T, Hoshikawa Y, Katayama H et al.（2016）The structure and effect of socio-psychological factors on mental health among job seekers in Kagawa, Japan under long-term economic stagnation. 地域環境保健福祉研究 19-1；1-8.

田渕紗也香，谷本芳美，加藤美幸ほか（2018）高槻市におけるゲートキーパー養成研修の効果について．厚生の指標 65-2；10-14.

Tachibana Y, Koizumi N, Akanuma C et al.（2019）Integrated mental health care in a multidisciplinary maternal abd child health service in the community : The findings from the Suzaka trail. BMC Pregnancy Childbirth. doi.org/10.1186/s12884-019-2179-9.

Tachibana Y, Koizumi N, Mikami M et al.（2020）An integrated community mental healthcare program to reduce suicidal ideation and improve maternal mental health during the postnatal period : The findings from the Nagano trial. BMC Psychiatry 20-1；389. doi:10.1186/s12888-020-02765-z.

高橋あすみ，土田毅，末木新ほか（2020）「死にたい」と検索する者の相談を促進するインターネット広告の要素は何か？．自殺予防と危機介入 40-2；67-74.

高井美智子，川本静香，山内貴史ほか（2019）自殺発生から間もない遺族に求められる支援の探索的検討—心理学的剖検研究における自死遺族の語りから．自殺予防と危機介入 39-1；124-131.

Takebayashi Y, Hoshino H, Kunii Y et al.（2020）Characteristics of disaster-related suicide in Fukushima prefecture after the nuclear accident. Crisis 41-6；475-482. doi:10.1027/0227-5910/a000679.

武田弘子，齋藤暢一朗，川島るいほか（2018）教員に対する自殺予防研修の内容に関する考察　効果測定結果の予備調査に基づいて．CAMPUS HEALTH 55-1；362-364.

和田清恵，野浪裕子，川瀬恵美里ほか（2019）産後1カ月健診時のエジンバラ産後うつ病自己評価票得点に影響する要因．滋賀母性衛生学会誌 19-1；15-21.

Wakamatsu M, Nakamura M, Kasugai M et al.（2016）Predictive validity of the Japanese version of Postpartum Depression Predictors Inventory-Revised（PDPI-R）during pregnancy and the postpartum period. 鹿児島大学医学雑誌 68-1, 2, 3；9-19.

米本直裕，川島義高，稲垣正俊ほか（2019）未遂者介入のエビデンスとこれからの可能性．自殺予防と危機介入 39-2；56-60.

[特集] 自殺学入門——知っておきたい自殺対策の現状と課題

自殺をせずに幸せに充実した人生を送る方法

ポジティブ心理学の立場から

島井哲志 Satoshi Shimai
関西福祉科学大学心理科学部

荒木敏宏 Toshihiro Araki
関西福祉科学大学心理科学部

　本稿のタイトルを見て，なんと能天気な，と思う人もいるだろう。言い訳ではないが，このタイトルは編集部からいただいたご提案であり，その期待に応えたいと考えて，そのままのタイトルでこの原稿を書いている。自分でタイトルをつけるなら，2018 年に Springer 社から出版された「自殺へのポジティブ心理学的アプローチ」というタイトルのほうが私の好みといえる。ここで紹介する内容はこの本のなかで詳しく展開されており，是非こちらを見ていただきたいが，ここではご興味をもっていただけるように概要を紹介したい。

　もっとも，その本のはじめには，編者の Rabon 自身が，「ポジティブ心理学と自殺とについては，多くの人たちは全く関係なさそうだと思われるだろう」と述べている (Rabon et al., 2018)。つまり，自殺といえば，絶望や死に関わるものであり，これに対して，ポジティブ心理学は幸福と人生の充実に関わるものとして発展してきたので，両者はかなりかけ離れたもので，その２つがつながるものなのかと疑問に思われるのは当然だ，というわけである。

　個人的にはペンシルヴァニア大学の Seligman 先生のもとでポジティブ心理学を学んでいた時にまとめていたのが，死別経験の論文 (Shimai,

2004) だったこともあり，自分のなかでは全く矛盾がない。自殺が絶望や抑うつ気分に関連するなら，そのような人たちにこそ，ポジティブ心理学で取り上げる希望やポジティブ感情が大切であるはずであり，自殺予防が，単に絶望感がなくなることをめざすのでなく，希望に満ちる充実した生活・人生につながってほしい。そして，このちょっと大げさな願いこそ，ポジティブ心理学をスタートさせ，それを推し進めている原動力ともいえる。

　ただし，実は，日本において，ポジティブ心理学の知見を活かして自殺に関連した実践研究をしているのは，この特集の編者の末木新氏とそのグループの方々である（末木，2020 [第 10 章]）。したがって，自殺に特化した日本におけるポジティブ心理学の実践の最新の知見については別に紹介されると期待して，ここでは，これまでの研究を整理し，日本の実践の可能性と課題を解説することにしたい。

I　ポジティブ心理学の紹介

　ポジティブ心理学は最近では少し知られてきたが，まだまだ若輩の領域である。そこで，これまでにこの話題にそれほど馴染みのなかった方のために簡単に紹介することから始めたい。

21世紀にスタートしたといえるポジティブ心理学が初期に強調したのは，ポジティブ感情が，認知や健康，人生満足感などの良い結果と関連していることである。これはポジティブ感情が心の健全な働きのスピード計であり，事態が順調であることの直感的なモニターとなり，それを高める要因が順調に機能していることを示すからである。主観的幸福感も同じモニターだが，こちらはナビのように認知処理も関わる見通しを示す。

一方，自動車運行の実質を支える心のポジティブな機能は，複合的なものである。ざっくりいえば，エンジンにあたる推進力として希望や熱意があり，車軸やタイヤにあたる周囲との良い関係保持の愛情や感謝があり，ハンドルなどの制御系にあたる忍耐や誠実性などが複合して機能している。

これらはあくまで例えなので厳密にはそのままというわけではないが，ポジティブ心理学は，人間の心が機能している時のポジティブ（積極的・能動的・肯定的）な諸側面に注目して，どのようにすれば，より順調により快適に心が機能するのかに興味をもっている。例えを続ければ，心の整備士をめざしているというところだろう。

テーマとしては，上に挙げた例のほかに，ウェルビーイング，オプティミズム，フロー，人格的強み，アタッチメント，コンパッション，情動知能（EQ），トラウマ後成長（PTG），自己決定，レジリエンス，人生の意味，マインドフルネス，向社会性，心理資源，ポジティブ組織，ワークエンゲイジメントなどが取り上げられてきた（Snyder et al., 2020）。

まとめると，ポジティブ心理学は，人生が順調に運行していくことをめざしており，何か問題があるからといって，工場でバラバラに分解して問題を分析し，原因を探し当てて根本から完璧な状態をめざすアプローチをとらない。使うことができる働きに注目して，どこかに不調があったとしても，それぞれが利用可能な資源である強みを使って何とか人生が運行することをめざす。

Ⅱ　ポジティブ心理学からの自殺へのアプローチ

ポジティブ心理学は，基本的に問題を予防することを志向している。ポジティブ心理学が本当に困った人のためにではなく，能力や余裕のある人のためのものではないかという誤解や批判もそこから生じており，部分的にはあたっている。ポジティブ心理学の中核は，本当に困る前に，予防することをめざしているからである。

これは，自殺についてもいえ，ポジティブ心理学からのアプローチは予防となる。もっとも自殺の場合，他の健康リスクと異なり，そのアプローチの多くは予防でもあるが，自殺念慮のない人への働きかけも自殺予防と考えるのがポジティブ心理学といえる。

先に挙げてきたポジティブ心理学で取り上げられてきた要因のなかでは，希望や感謝，人生の意味などの要因は，幸福感が高く，うつ傾向が低いことと関連することが実証されており，自殺に対して防衛的に働くことが期待される。そして，これらを向上する介入方法が開発・実践されてきており，これはポジティブ心理学的介入（PPI）と呼ばれる（島井・海原，2019）。系統的レビューでは，PPIは幸福感を高め，うつ傾向を低下することに，一定の効果があることが示されている（Sin & Lyubomirsky, 2009 ; Boiler et al., 2013）。

PPIのプログラムの多くは，自殺に特化した活動ではない。また，その活動によって，自殺の専門家が知りたいと願う（かもしれない）心の病理は明らかにならず，うまくいけば幸福感が高まり問題の兆候もないので，効果を確認することも難しい。自殺の専門家としては頼りない（あるいは達成感のない）実践といえるかもしれない。

しかし，ポジティブ心理学こそが，自殺対策基本法の目的である「健康で生きがいを持って暮らす（第1条）」ことの実現をめざしている。この意味で，幸福の実現をターゲットとしたPPIが自殺対策の中核にあたるべきであり，多くの人たちが幸福で充実した人生を実現し，その最終結果

として俯瞰的・長期的・統計的に自殺の減少として表れるのが正しいとも考えることができる。

筆者は公衆衛生の立場にあるので，一人の自殺死を一人の事故死よりも重大な問題だとは考えておらず，その予防には，事故死と同等に労力が払われるべきだと考えている。事故死と自殺とは，ともに多要因の影響を受け自分にリスクを招く類似の現象であり，これらへの対策もかなり共通しており，どちらも目標にする活動も重要と考えている。

また，さまざまな依存症も，これらとcomorbidity が高いので，アルコール対策，喫煙対策，ギャンブル対策は，自殺対策の一環としても連携をはかるのは当然である。ポジティブ心理学的介入は，個人を幸福にするだけでなく，その人の対人関係を改善し，その人を取り巻くコミュニティ・集団の幸福につながることをめざすことで，多くのリスク要因に対して防護的な介入となる可能性がある。

まとめると，おそらくは社会経済的に効果的なのは，一般集団に対しては，健康増進活動の枠組みのなかで，ポジティブ心理学的アプローチを活用することであり，その対象としては，運動，食生活，睡眠，ストレス，アルコール，たばこ，ギャンブル，ゲームなどが考えられる。

そこで活用されるポジティブ心理学の理論としては，ポジティブ感情の機能から個人資源の形成をめざす拡張－形成理論（Fredrickson, 2001），単なる甘い見込みではなく目標を実現するプロセスを計画し，高い動機づけで実行する希望理論（Snyder, 2000），周囲や環境への自分の責任と効力感から自信と実現につながる自己決定理論（Ryan & Deci, 2002）が主要なものであろう。

ポイントは，リスクの低減をめざすのではなく，ポジティブな要因に焦点をあてて，それを育成することである。これは強みに基づく実践であり，感謝したいと感じた経験を記録するプログラムを活用することによって，感謝するべきことへの気づきが高まり，自己評価を高め，他者への信頼が増加することにつながり，結果としてリスクを低下させるのである。

また PPI はポジティブに活用すべきである。いま紹介した感謝は，PPI で最も多く用いられているが，絶望に近い状態は感謝を感じにくい可能性もある。感謝にこだわり，感謝をどのように感じさせるのかに苦慮するのではなく，自分への寛容，身近な人への親切，マインドフルネスなど介入で活用できる要因は数多くあるので，場面にあわせて柔軟に用いるべきである（Krysinska, 2018）。

ポジティブ心理学のアプローチのすぐれたところのひとつは，人生の意味につながる価値や生き方についても心理学で取り扱う必要があり，それを介入に取り入れることが正当であり，かつ，役立つと主張し，それを実証している点である（Calati et al., 2018）。

III　ハイリスク集団へのポジティブ心理学的アプローチ

健康日本 21 の「こころの健康」の取り組みを相談する会議で，自殺予防を熱心に進めてきた委員が，自殺を目標に含めるように強く進言され，それが健康増進計画全体のなかの運動や食生活上の目標とやや距離があるので困った経験がある。これは，公衆衛生の予防モデルと臨床家の治療モデルとの違いということもできる。

しかし，対象が国民全体や一般集団ではなく，特定のリスク集団である場合には，その集団にあわせた介入が計画されるのは公衆衛生でも当然である。自殺のハイリスク集団に対するポジティブ心理学からのアプローチも，当然，さまざまな工夫がされている（Hirsch et al., 2018）。

この場合，リスク集団がどのように抽出されているのかが重要である。一般集団対象の活動にハイリスクの参加者が混じると対応に苦慮するが，リスク集団でも，リスク要因が異なる参加者が混じっていることで，特定のリスク要因に焦点を合わせた効果的なアプローチが困難になることがあ

る。リスク集団対象の実践で効果があったという報告の背景には，適切な対象者の抽出手続きがあるということを心にとめる必要がある。

　感謝，強み，親切，意味，未来思考，寛容などの9種類のポジティブ心理学的アプローチを，精神科入院中の自殺未遂者を対象に実施した試行的研究がある（Huffman et al., 2014）。その結果，これらのPPI手法が，自殺未遂の対象者に適用可能であり，また受け入れられたこと，さらに，感謝と強みの介入が，絶望や効力感を集約した結果指標に効果が大きかったことが示されている。

　自殺のリスク要因のなかで大きなものとして絶望感（hopelessness）がある。これに対して，ポジティブ心理学からのアプローチがいくつか紹介されている（Yu et al., 2018）。はじめに取り上げられるのは，Snyder（1994）の希望理論に基づく希望療法（hope therapy）である。オプティミズムと異なる希望理論の特徴は，①パスウェイ，②エイジェンシー，③目標，という実現のための要素を組み込んだところにある。リスク集団ではないが一般集団を対象とした希望療法では，希望が高められると同時に自殺念慮が低下することが知られている。

　次に取り上げられるのは，うつに対する未来志向療法（future-directed therapy：FDT）である。これは未来思考がうつに対抗するという原則から導き出されたものである。FDTの枠組みは，①幸福と充実を求める人間の本性，②それを促進する思考や行動の限界，③充実と関連しての感情状態の理解からなる。FDTでは，週2回90分の集団療法を10週間実施すると，うつ状態を改善しQOLを高めることが実証されている。また，未来思考が高い場合に自殺念慮が低いことが知られ，自殺予防についてはFDTの効果検証研究が実施されている段階にある。弁証法的行動療法などでも未来思考が活用されており，リスク集団を対象とする場合，ポジティブ心理学的アプローチだけに制限して実施するのは現実的ではないだろう。

　人生の意味についてはポジティブ心理学でも，現在，一般集団における知見が蓄積されているところであるが（島井・有光・スティーガー，2019），これに関連して宗教あるいはスピリチュアリティの側面も重要な要因であることが知られている。終末期医療では，わが国でも，宗教が関わりをもつことの必要性が社会的に認められてきているが，自殺予防の活動でも，宗教が関わることを要請する社会的運動が必要である。死に直面する意味では，対象者のニーズは終末期医療と同様であり，自殺予防の専門家が積極的に協力関係を構築するべきである。

Ⅳ　日本の自殺予防活動の現状と課題

　自殺には，生物学的，心理的，精神医学的，社会的，経済的，文化的なリスク要因が関係し，複雑で多面的であることが知られており，自殺予防は，個人，家族，コミュニティ，集団のさまざまなレベルに対して多層的に，また多方面から協力して行う必要があることは多くの研究で強調されている（Zalsman et al., 2016）。

　「自殺対策基本法」でも，個人要因だけではなく社会要因があり，「多様かつ複合的な原因及び背景を有する（第2条3）」ので，その対策では，「保健，医療，福祉，教育，労働その他の関連施策との有機的な連携が図られ，総合的に実施されなければならない（第2条5）」とされている。つまり，法律の理念としては，さまざまなリスクを理解して多面的な活動が必要であることが謳われている。

　しかし，実施する地方自治体には多様な活動を実施する十分で豊富な資源があるわけではない。したがって，必然的にとまではいわないが，ややもすれば中央で取り上げられ他の自治体も取り組んでいる活動を実施することになってしまいがちである。取り組まれている活動にはもちろん価値があるが，地域や状況の実情に合わせた取り組みをするにはコストがかかりすぎるのである。

　現在，多くの自治体で実施されているひとつが

ゲートキーパー養成事業であるため，それを例として考えたい。ゲートキーパーは，家庭や，地域や職域，学校，医療などさまざまな場において，自殺の危険を示すサインに気づいて，声をかけるなど，孤立化を防ぎ，適切な支援につなぐ役割をもつ。養成研修用のテキストは内閣府が作成しており，第３版が最新である。

　最近の系統的レビュー（Yonemoto et al., 2019）によれば，地方自治体の80％にゲートキーパー養成のためのホームページがあるが，そこでは地域実情に合わせた展開はほとんどなく，また，この活動に関する論文の大半の内容は養成プログラム報告で，活動結果を評価する研究はほぼ実施されていない。効果的なプログラムを広めることを目的とする事業があるとしても，その効果の確認や，地域の事情に応じたプログラムが開発されていないのは残念である。

　そこで，ポジティブ心理学の立場から，ゲートキーパーを養成する活動を検討してみたい。これは，友人・知人，家族，職場の同僚・上司という人たちに，自殺に関する基礎的な知識と技術を習得してもらい，比較的軽微な危機介入を分担してもらうことを意味する。

　しかし，これらの人たちをミニ専門家とすることと，友人関係，家族関係，職場が本来もっている，その人の人生の充実や幸福を支える働きとが，どうつながるかは不明である。例えば，傾聴は，初対面の専門家が短時間に信頼を得て介入を進めるスキルとして有用だろうが，職場で互いに傾聴していたら仕事は何も進まず，現実にはそんな職場はない。私には心理学専門の同僚が職場にいるが，教育をめぐって議論はしても傾聴してもらったことは（傾聴したことも）ない。家族も同じである。

　人間関係のなかでは，２人の人間は，互いに社会的サポートとなる側面もあるだろうが，家族や友人では，相手のことを大切にしたい，自分も大切に思われたいという愛情という特別な関係があり，職場でも，思いやりや感謝というやりとりがあり，共通の目標にともに取り組むエンゲイジメ

ントは生きがいにつながる重要な心の働きである。

　そして，これらのポジティブな心の働きや強みは，これまでに紹介してきたように，絶望状態に対抗する希望や充実につながっており，また，人間社会が共有してきた価値観に合致している。それは個人の幸福の実現にも寄与し，同時に，社会全体の幸福の向上にも貢献する。したがって，一般集団を対象とした，幸福で生きがいのある社会づくりにつながったものとして自殺対策が位置づけられている必要がある。

　緊急の場面では，ファースト・エイドが役に立つだろうが，あくまで一時しのぎである。劇的な効果を期待されても困るが，幸福な社会をめざすポジティブ心理学的なアプローチを構築し，ゲートキーパーという役割に限定しない支援の人材養成を行うことによって，現在実施されている自殺予防の施策を拡充し，より多様で，また，そこに関わる多くの人たちの人生の満足感をも高めるものとして実践できる可能性がある。

Ⅴ　今後の活動の方向性

　私の勤める大学のある大阪府では，2012年には大阪府自殺対策基本指針を策定し，「自殺総合対策大綱」の改正後，2018年に「大阪府自殺対策基本指針——逃げてもいい，休んでもいい，生きてさえすればいい」を発表した。そして，大阪府こころの健康総合センターに「自殺対策推進センター」を設置し，地域自殺対策緊急強化基金を活用したゲートキーパー養成研修等の人材養成研修，実態調査，普及啓発活動等は，2020年5月末で105件となっている。

　一方，2010年以降減少してきた自殺者数は，大阪では2018年には下げ止まりをみせ，2020年にも前年より増加している。そこには新型コロナウイルス感染症流行による社会経済的不安や交流機会の制限などの要因もある。しかし，すでに数多くの自殺予防対策に取り組んでおり，自殺に特化した事業の展開には手詰まり感があるのではと

思われる。

　ポジティブ心理学的アプローチは，一般集団の充実した人生・生活を送ることを後押しするものであり，そのアプローチによって直接的に自殺予防に寄与するわけではない。それは充実した人生の実現を支援し，その結果として，社会の変動によるさまざまなリスクがあっても，間接的に自殺という結末をもたらしにくいという形で貢献する。

　ひるがえって，自殺予防の目的も，単に自殺を防ぐことだけではないだろう。自殺の発生を食い止めることで，その人が絶望を感じる時間を延長することをめざしている支援者はいないはずである。自殺を思いとどまった人が，生きがいと幸福を感じている人たちとの交流のなかで充実した人生を送ることを願っているだろう。ここに紹介したようなポジティブ心理学の観点を導入することが，そのきっかけになれば嬉しく思う。

　幸福な人生も多様なものである。状況によって，遠くに希望や意義が見いだせないなら，目の前の目標実現に心を砕くことで充実感が得られる。逆に，日々の生活に充実感がない場合には，まだ達成していない遠くの希望を見つけ自己実現をめざすこともできる。希望は，自分の限られた人生を越えて，家族や自分の仲間という次世代に託してもよい。自殺は，マルチリスクによるものなので，マルチでポジティブなアプローチが可能であり，多様な要素を含むポジティブ心理学が，視野を広げる点でも貢献できることを願っている。

▶文献

Bolier L, Haverman M, Westerhof GJ et al.（2013）Positive psychology interventions : A meta-analysis of randomized controlled studies. BMC Public Health 13-1 ; 1-20.

Calati R, Olié E, Ducasse D et al.（2018）Reasons for living. In : JK Hirsch, EC Chang, J K Rabon（Eds）A Positive Psychological Approach to Suicide. Springer, pp.59-88.

Fredrickson BL（2001）The role of positive emotions in positive psychology : The broaden-and-build theory of positive emotions. American Psychologist 56-3 ; 218-226.

Hirsch JK, Chang EC & Rabon JK（2018）A Positive Psychological Approach to Suicide. Springer.

Huffman JC, DuBois CM, Healy BC et al.（2014）Feasibility and utility of positive psychology exercises for suicidal inpatients. General Hospital Psychiatry 36-1 ; 88-94.

厚生労働省（2013）ゲートキーパー養成研修用テキスト（第3版）（https://www.mhlw.go.jp/stf/seisakunitsuite/bunya/hukushi_kaigo/seikatsuhogo/jisatsu/gatekeeper_text.html［2021年6月15日閲覧]）.

Krysinska K（2018）Gratitude as a protective factor for suicidal ideation and behaviour : The theory and the evidence base. In : JK Hirsch, EC Chang, J K Rabon（Eds）A Positive Psychological Approach to Suicide. Springer, pp.89-110.

Platt S & Niederkrotenthaler T（2020）Suicide prevention programs : Evidence base and best practice. Crisis 41（Suppl 1）; 99-124.

Rabon JK, Hirsch JK & Chang E（2018）Positive psychology and suicide prevention : An introduction and overview of the literature. In : JK Hirsch, EC Chang & JK Rabon（Eds）A Positive Psychological Approach to Suicide. Springer, pp.1-15.

Ryan RM & Deci EL（2002）Overview of self-determination theory : An organismic dialectical perspective. In : EL Deci & RM Ryan（Eds）Handbook of Self-Determination Research. University of Rochester Press, pp.3-33.

Shimai S（2004）Bereavement experience in the general population : Incidence, consequences, and coping in a national sample of Japan, Omeda. Journal of Death and Dying 48-2 ; 137-147.

島井哲志, 有光興記, マイケル・F・スティーガー（2019）日本人成人の発達段階による人生の意味の変化―得点レベルと関連要因の検討. Journal of Health Psychology Research 32-1 ; 1-11.

島井哲志, 海原純子（2019）地域女性集団における強み活用によるポジティブ心理療法の効果. 日本保健医療行動科学会雑誌 34-1 ; 15-21.

Sin NL & Lyubomirsky S（2009）Enhancing well-being and alleviating depressive symptoms with positive psychology interventions : A practice-friendly meta-analysis. Journal of Clinical Psychology 65-5 ; 467-487.

Snyder CR（1994）Psychology of Hope : You Can Get There from Here. Free Press.

Snyder CR（Ed）（2000）Handbook of Hope : Theory, Measures, and Applications. Academic Press.

Snyder CR, Lopez SJ, Edwards LM et al.（Eds）（2020）

The Oxford Handbook of Positive Psychology. Oxford University Press.

末木新（2020）自殺学入門―幸せな生と死とはなにか．金剛出版．

Yonemoto N, Kawashima Y, Endo K et al.（2019）Gatekeeper training for suicidal behaviors : A systematic review. Journal of Affective Disorders 246 ; 506-514.

Yu E, Cheavens J, Vilhauer J & van Beek W（2018）Future-oriented treatments for suicide : An overview of three modern approaches.In : JK Hirsch, EC Chang & JK Rabon（Eds）A Positive Psychological Approach to Suicide. Springer, pp.183-208.

Zalsman G, Hawton K, Wasserman D et al.（2016）Suicide prevention strategies revisited : 10-year systematic review. The Lancet Psychiatry 3-7 ; 646-659.

🐟 ［特集］自殺学入門──知っておきたい自殺対策の現状と課題

自殺対策と心理職

保健・医療における自殺対策と心理職に期待される役割

河西千秋 Chiaki Kawanishi

札幌医科大学医学部神経精神医学講座

I　はじめに

「自殺対策と精神科医療」という主題で執筆依頼をいただき，副題が「心理職への期待」とされていたが，主題と副題を入れ替えて執筆を始めた。筆者には，自殺対策における心理職への強い期待があり，実際，筆者の所属部署では自殺対策に心理職が広範に，また深く関与している。

筆者は，1989年に医師となり，91年に精神科医としてのスタートを切り，以来30年間，精神医療と地域精神保健に従事してきた。自殺対策に注力するようになったのは2002年からで，はじめは救急医療現場を拠点に自殺未遂者のケアに取り組み，その後は，病院・大学内外，地域を含む医療・保健・福祉専門職の卒前・卒後の自殺予防教育に従事し，地域自殺対策活動へと展開してきた（河西，2009）。2002年から2014年までは主に神奈川県内で活動を進め，2015年に横浜市立大学から札幌医科大学に移籍してから以後は，新たに北海道内で活動を進めてきたが，神奈川で活動を開始した当初は筆者が主宰していた自殺対策活動／研究のチームに心理職は所属しておらず，参加を希望する方もいなかった。筆者の周囲でその状況が変わり始めた契機は，「自殺対策のた

めの戦略研究・ACTION-J研究」（Kawanishi et al., 2014 ; Furuno et al., 2017 ; Tsujii et al., 2020 ; Norimoto et al., 2020 ; Kawashima et al., 2020）の開始であった。

筆者らは，2005年から6余年にわたって実施された「ACTION-J研究」によって，救急搬送されるような身体的に重症の自殺未遂患者の自殺再企図を抑止し得る介入方略を開発することに成功したが，そこに多数の心理職が参加した。当該研究の開始時に思い出深いエピソードがある。ACTION-J研究において用いられた介入方略は，研究班がassertive case managementの概念に依拠し開発したものであったが，これは，自殺未遂者に対して，精神疾患の診断を含む見立てを可能な限り精確に行い，精神疾患の発症／再燃・再発と自殺企図に関連する心理社会的問題を評価し，精神疾患と自殺にまで至ったプロセスについて心理教育を患者と重要他者に行い，精神医療の導入（あるいは再導入），自殺企図時の身体のダメージに応じた一般医療の導入，そして心理社会的問題を解決するための社会資源の導入を図るというものであった。そして，この介入を入院中に集中的に行う群と退院後も継続的に実施する群とで自殺の再企図発生率に差が生じるか否かを，多施設共

同の無作為化比較試験により検証した。介入方略原案と研究計画書原案を策定したのは筆者であったが，主たる介入者をケース・マネージャーと名付け，読んでお分かりのように，精神保健福祉士がこのケース・マネージャーとなることをあたり前のことのように考えていた。ところが，この研究計画を知り参加を申請をしてきた医療機関の半数以上が，心理職をケース・マネージャーに充ててきたので慌てた。想像だが，（1）各機関の精神科の長が，精神保健福祉士と協働して診療にあたった経験に乏しく，精神保健福祉士の職制を詳しく知らなかった，（2）精神保健福祉士を精神科で確保できなかった，あるいは（3）長が部下に丸投げで介入内容を自治は理解していなかった，のどれかだろう。しかし，一番慌てたのは，命じられて研究班の説明会に参加した当の心理職だった。「社会資源って何？」，「ソーシャルワークって？」，「えっ自分がするの？」……だった。しかし，兎にも角にも研究成果を得るために残された時間もなく，ケース・マネージャーの残りは目論見通り精神保健福祉士だったので，精神保健福祉士を講師に仕立てて事例ベースの学習会を立ち上げた。以後，約5年間にわたり，心理職と精神保健福祉士を主軸とする全国横断学習会がきっちり隔月ペースで開催され，結果的には，ソーシャルワークを実践できる心理職と，自殺未遂者当事者の心理と当事者とのコミュニケーションに卓越した精神保健福祉士がこの研究班から育ったのであった。

　前置きはこれくらいにして，以下，なぜ心理職が自殺対策に取り組む必要があるのかということについて解説をし，そして，筆者らが現場で取り組む医療と地域における自殺対策をそれぞれ紹介するとともに，そこでの心理職の関与について述べる。

II　なぜ自殺対策に従事しなければならないのか

　自殺死亡者のほとんどが，最終的には精神疾患に罹患した状態で亡くなっていることが，多

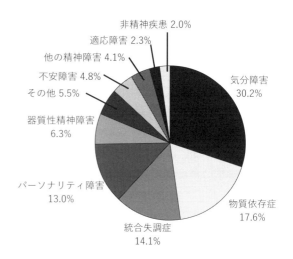

図1　1950年代以降の心理学的剖検研究に基づく自殺者の罹患精神疾患分類（Bertolote et al., 2004）

くのpsychological autopsy（心理学的剖検）研究から明らかにされている（Cavanagh et al., 2003 ; Bertolote et al., 2004）。Bertoloteほか（Bertolote et al., 2004）によれば，自殺死亡者の98%が精神疾患に罹患していたと報告されている（図1）。また，Cavanaghほか（Cavanagh et al., 2003）による系統レヴューにおいても，自殺者の90%以上が精神疾患に罹患していたと報告されている。

　同様に，一般救急医療の関与がなければ死に至るような，身体的に重症の自殺未遂者に関しても精神疾患の関与に関する研究が為されており，少なくとも80%以上の重症自殺未遂者が精神疾患に罹患していたことが報告されている（Yamada et al., 2007）。このように，自殺企図の背景には，ほとんどの場合，精神疾患が関与している。精神疾患の背景には，脳の機能障害があり，このため，中等症以上の罹患者は，認知機能，思考力，理解力などに障害を来し，合理的な判断が困難な状態に陥る。つまり，自殺企図行動は，精神疾患の影響で，脳が病的状態に陥った中で決断，実行されているのであって，ケアや医療の対象なのだ。しかも，これらの精神疾患の多くは，標準的なケアや治療により改善し得ることが分かっている以

上，ケアや医療をせずに放置することは不作為になる。究極的な問いとして，人には自殺をする権利があるか否かというものがあるが，この設問自体がナンセンスである。権利のあるなしは，その当事者の脳機能が正常で，合理的な判断を下すことのできる状況の場合に成立する議論である。心理職が人の心理と精神病理を扱うプロフェッショナルであるのなら，そして心理職が対人支援職であるのなら，自殺を防ぐことは職責だと私は考えている。

次いでに言えば，私は仕事を共にする心理職・精神保健福祉士に常に精神科診断・心理教育をする能力を求めている。患者やクライエントからすれば，これらの職種者は心理，精神病理の専門家であり頼りの人である。その専門家がメンタルヘルス不調者や患者を見立てることができなかったり，患者やクライエントの疑問に応えることができなければ専門家とは言えないし，「診断は医者の仕事」，「カウンセリングは心理師さんにお任せ」，「PSW さんあとはよろしく」などと言っていては難治例，深刻事例，あるいは自殺の高リスク事例の治療などできない。チーム医療というのは，互いの専門性を理解し，尊重し，補完できる状況で成り立つものであり，常にチームの全員がそこに揃うほど医療も地域も暇ではない。

III　医療と自殺予防

ここでは，医療における自殺予防の取り組みと，筆者が関わる活動と研究における心理職の関わりについて述べる。

1　自殺未遂者等に対する assertive case management

数ある自殺のリスク因子群の中でも，自殺未遂の既往は最も強力な因子である（川島ほか，2017）。2005 年，「日本国民の喫緊の健康課題を，科学的根拠を踏まえた施策により解決」することを目的に立ち上げられた厚生労働科学研究費補助金事業，「戦略研究課題」研究事業におい

表1　定期面接におけるアセスメントとプランニング

必須項目
- 自殺念慮と自殺の危険度
- 受療状況（精神，身体）
- 生活上の支障
- 社会資源の利活用状況

所定の用紙を用いて半構造的な面接と，上記項目についてのアセスメントとプランニングを行い，ケース・マネージャーを中心にそれらに基づく支援を繰り返しながら，個別性を重視した包括的な支援を継続した。

て，当時，自殺問題が喫緊の課題とされ，「自殺対策のための戦略研究・ACTION-J」が開始された。ACTION-J 研究の目的は，自殺企図により一般救急医療部門に搬送され救命された自殺未遂者に対して，研究班が開発した assertive case management 介入の有効性を多施設共同無作為化比較試験で検証するというもので，研究期間中に 17 病院で 914 名の未遂者が登録され，精神医療従事者により，assertive case management 介入が試験介入群には入院中と退院後最低 1.5 年まで，通常介入群には入院中に実施された。assertive case management 介入の中身についてはすでに簡単に述べたが，「適切なコミュニケーションによる心理的危機介入」，「精確な精神医学的アセスメント」，「罹患精神疾患と自殺のプロセスに関する心理教育」，そして，精神科受療支援を軸に患者個々の個別性に合わせて行う「ソーシャルワーク介入」が実施され，ソーシャルワーク介入については，必ず表1にある4項目のアセスメントと，アセスメントに基づくプランニングが，ケース・マネージャーと患者との間で定期的に，丁寧に繰り返された。その結果，試験介入群において，自殺殺再企図や自傷行為を含む自損行為が一定期間有意に低減された（Kawanishi et al., 2014 ; Furuno et al., 2017）。そしてこの成果に基づき，2016 年度からは介入プログラムそのものの実践が診療報酬項目化された（救急患者精神科継続支援料）（「精神疾患に起因した自殺の予防法に関する研究」研究班，2018）。

この研究と実践に，冒頭に書いたように心理職がケース・マネージャーとして稼働している。診療報酬項目化された現在，救急患者精神科継続支援料加算請求施設のスタッフには研修会受講が義務付けられており，今も多数の心理職がケース・マネージャーとなるためにこの研修会を受講している。筆者の所属する札幌医科大学神経精神科では，心理職を含むすべての医療職が研修会を受講しており，心理職は精神保健福祉士と協働で患者支援を実施している。また，ACTION-J 研究当時と比較して，さらに自殺再企図をかなり低い水準まで抑止することができている。

❷　病院内における自殺事故予防と事後対応

実は，病院内では多数の自殺事故が発生している。日本医療機能評価機構（以下，機構）・認定病院患者安全推進協議会（以下，協議会）は，2005 年と 2015 年の 2 回にわたり病院内の自殺事故の全国大規模調査を行った（岩下ほか，2006；河西ほか，2016；Inoue et al., 2017）。その結果，2005 年の調査では，回答の得られた一般病院の29％に入院患者の自殺事故が発生していることが分かり，その 3 分の 1 以上はがん患者であることが明らかとなった。また，半数以上の自殺死亡患者にリスク因子が存在していたことが分かり，自殺念慮を表出していた患者も少なくなかった。また同時に，このような事故を防ぐための教育機会もほとんど提供されておらず，事後対応においてスタッフに対するケアはほとんど行われていないことも分かった（岩下ほか，2006）。2015 年の調査では，精神科病床を持たない総合病院・一般病院で生じた自殺事故の約半数ががん患者であることが分かった（図 2）（河西ほか，2016）。

協議会は検討会を設置し，病院内の自殺事故予防と，事故後対応（スタッフケア）のための教育資材を開発し，2011 年より研修事業を開始した（河西，2013）。平成 30（2018）年度までに，延べ 246 病院から，510 名の医療者が受講している。この研修会では，自殺事故が生じたあとのスタッ

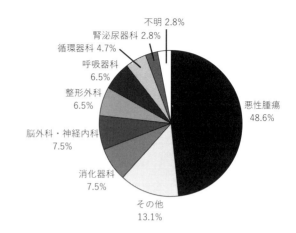

図 2　2012 〜 2015 年に発生した一般病院入院患者の自殺事故：回答のあった精神科病床のない 432 病院のうち 83 病院に生じた 107 件の事故の診療科別比率（河西ほか，2016）

フ・ケアの考え方と実践についてプログラム化している。研修会には心理職もファシリテーターとして参加しているが，札幌医科大学では，キャンパスや附属病院で生じた事故に際して，筆者と心理職とで当事者ケアを実践している（河西，印刷中）。

❸　がん患者の自殺予防

上記に示したわが国の入院患者の自殺事故調査に加え，近年，がんと診断されて 1 年以内のがん患者の自殺の相対リスクが著しく高いことが報告され（Yamauchi et al., 2014），がん患者の自殺問題が広く認識されつつある。2018 年に閣議決定された第 3 次がん対策推進基本計画の中で，初めてがん患者の自殺予防対策の必要性が明記された（厚生労働省，2018）。しかし，がん患者の自殺予防方略に関して，科学的根拠を有するプログラムは存在しないというのが実状である（Kawashima et al., 2019）。

筆者ら，札幌医科大学の多職種スタッフは，この状況を変えるためにがん患者の自殺予防プログラムの開発に着手した。まず，自殺のハイリスク者に対する自殺予防方略として確立されているわずかなエビデンスを手掛かりに活動を開始するこ

ととし，前述した自殺未遂者に対する assertive case management 介入をがん患者に適用することとした。そもそも自殺は複雑事象であり，自殺まで企図した未遂者の多くが個別的，かつ複合的な問題を抱えているので，そこに当該介入法が奏功したわけであるが，他方，がん患者にも，突然の病気の告知による衝撃，不安・恐怖・抑うつ，がん治療の知識，自己決定，家庭内の役割と日常生活や職業生活の継続性といった問題・課題が突然押し寄せてくる中で，メンタルヘルス不調から精神疾患を来す患者が少なくない。そこに assertive case management が適合すると筆者は考えている。この活動にはがん相談センターとがん専門看護師に参加してもらい，精神保健福祉士と心理職とともに患者支援にあたる形とした。介入実務においては，心理職は主に心理教育を担当している。患者登録は 2020 年に開始し，4 医療機関協働で研究としても進めている。

Ⅳ　地域と自殺対策

　次いで，地域自殺対策への心理職の関わりについて述べる。

1　市区町村への関わり

　学校，大学，職域における心理職のメンタルヘルス管理への関与はよく知られているが，一方で，市区町村単位の地域自殺対策の現場での心理職の関与は一般的ではなく，人材にも乏しい（もちろん，行政職としての雇用がない，あるいは人件費が付かないという実情があることを承知している）。筆者は，神奈川では大和市と横浜市栄区で行政とともに地域自殺対策に取り組み，心理職とともにゲートキーパー養成研修会や地域の精神保健専門職グループを運営していた。北海道では，赴任翌年の 2016 年から道の自殺対策推進アドバイザーとして自殺対策施策に関わりを持つようになったが，実は，赴任以前から，全国規模の自殺対策各種研修会にほとんど北海道から医療者が参加しないことに気づいていた。また，精神医療過

疎町村が数多く広域に存在する北海道にこそ，北東北で実践されてきた包括的な自殺対策事業が必要だと思い，アドバイザーとして当初から「北海道には本格的な地域モデル事業が必要」と提言してきた。現在，筆者らは，とりわけ自殺率の高い地域の中にある北海道東部の別海町において，道の総合自殺対策モデル事業に従事している。

　対策モデルは，久慈モデル（大塚・酒井，2007）と NOCOMIT-J の介入プログラム（Ono et al., 2013）を参考に，包括的な地域介入計画案を提案した。内容としては，地域診断と心理学的剖検に基づく，あらゆるセクターの協働による自殺の 1 〜 3 次予防の実践，そして精神保健・福祉ネットワークの緊密化であるが，別海町には精神科専門医療機関はなく，町立病院において限られた日時に精神科外来診療が行われているだけなので，精神科外来医に大きな負担を強いることにならぬよう，特に自殺の一次予防とヘルス・プロモーション，地域におけるハイリスク者の同定と支援の集中，そしてそれを可能とするような専門職・関連職の教育を初期目標とした。このような重要な企画に参加することは貴重な経験であり，筆者の所属の心理職に企画・運営に関する会議参加を促し，現地に行くことのできるものから順に実践活動に参加している。

　すでに札幌市や他の道内市町で心理職とはゲートキーパー研修に取り組んでいたが（後述），別海町では自殺対策に関する基本的な考えかたを普及することを急ぎ，役場内の自殺対策連絡会議，町の領域別の代表が集まる自殺対策推進協議会，民生委員児童委員，学校校長会，および町立病院看護職を対象としたゲートキーパー研修会を開催した（図3）。さらに基礎研修会のすそ野を広げ，さらに一歩進んだ形の研修会の導入を考案している（後述）。

　道立精神保健福祉センターと町役場が協働し，自殺対策に関する住民調査を実施したが，その調査紙の開発は，筆者の所属の心理職者が行った（結果未公表）。また，別海町において，道内の対策

図3　町立病院看護職を対象とした研修会

行政（自殺対策担当課，精神保健福祉センター，保健所，保健センターなど）・大学精神医学講座・職能団体などによるコア会議体（実施的運営母体）の設置
地域診断，自殺対策計画の策定
地域住民に対する啓発，行政一般職員に対する啓発
医療・保健・福祉専門職に対する基礎研修⇒技術研修⇒事例検討会
対人支援職，社会の各領域・セクターの巻き込み，ネットワーク化

表2　地域自殺対策の展開（行政・大学・職能団体の協働）

地域ベースとしては初の心理学的剖検を実施したが，そのプロセスの一部として，筆者と心理職がプログラムを策定し，専門職者や民生委員による自殺事例検討会を運営，実践した。

2　対人支援職・専門職に対する教育研修活動

　地域自殺対策のベースづくりとして重要なのは，対人支援職・専門職に対する教育研修である。筆者のように所属が点ではなく面で地域自殺対策に関与する場合には，表2の段取りを踏む。まず基礎的知識を付与するための，①基礎研修会を行い，次いで②スキルアップ研修会，③事例検討会へと進める。このような段取りを定めている大きな理由は，いまだ，これだけ自殺問題が世界的に，国内的に莫大であるのにもかかわらず，日本ではこれが保健・医療の課題だと充分認識されておらず，したがって，専門職の卒前教育プログラムに自殺対策学が導入されていないことにある。自殺問題の本質や自殺企図者への基本的理解，そして自身のいる自治体におけるメンタルヘルス問題の状況を理解せずに行政が自殺対策を講じられるはずはなく，また専門職も適切な対応をすることはできないはずである。ただし，たとえ基礎的な知識を頭にいれたからといって，すぐに自殺予防や遺族支援の実践に取り掛かることができるわけもなく，そのために，基礎研修会を終えた人に対して②のスキルアップ研修会への参加を勧奨する。スキルアップ研修会では，メンタルヘルス不調者

への気づき，適切な声掛けと傾聴，自殺念慮の確認などのアセスメント，そしてハイリスク者の保護と社会的支援の導入について学ぶ。筆者が関わる地域のゲートキーパー研修は，①②の組み合わせで実施しており，②はすべて心理職が執り行っている。

　③の自殺対策の事例検討では，当然，深刻事例を扱うことが多くなるが，これも無構造で無闇に行うことには無理がある。下手な事例検討会は参加者をただ無力感に陥れ，困難感を増大させるだけなので，まず，「事例検討の定式化」を図る。そのためによく用いるのが10 Essentialsという教育モジュールである（図4）。これを用いて模擬事例で検討会の進め方をトレーニングし，実事例の検討会へと進む。検討会では，検討すべき事項を固定し，最終的に問題解決アプローチとして何をなすべきかという結論に達するために，複数の段階とアンカーポイントを設けておく。参加者は，毎回，事例検討会に出ることで，同じ型を使って何度もトレーニングをすることになるので，「深刻事例を見たらまず何をアセスメントすべきか」，そのために，「どのような情報を集めればよいのか」，そして，「どのような支援目標を立て」，「どのような問題解決アプローチをすればよいのか」

大塚（岩手医科大学），筆者らにより開発された自殺予防と当事者・家族支援のための教育モジュール。模擬事例を用いて当事者の「気づき」から問題解決アプローチに至るまでを 10 のアンカーポイントで検討する。深刻事例の検討のガイドとして使用することもできる。

図4　10 Essentials

ということを反射的に導くことができるようになる。参加者は，自己効力感を得て事例検討を閉じることができるためか，10 Essentials を用いる前後で，専門職が望ましい方向に変容していくことも確認されている（未公表データ）。説明が長くなったが，筆者は心理職，および精神保健福祉士とこのような事例検討会を運営し，講師やグループ・ファシリテーターを務めている。

Ⅴ　心理職への期待

　本稿では，筆者らの活動を詳しく述べた。多くの心理職が，各々の業務において自殺対策についてどのような考えを持ち，どのような立場にあるのかは知悉していないが，筆者の考えをさらに述べると，筆者の周辺以外では，心理職と自殺対策の関わりにおいて3つの印象を持っている。一つ目は，自殺対策について知識と技術をもつ方がかなり少ないということである。本州でも北海道でも心理職の採用試験を数多くしてきたし，3，4の県を除いて，全国津々浦々で研修業務に従事してきたが，問いかけに対して，自殺のリスク因子について正確に回答できた心理職は，わずかしかいなかった。

　二つ目に，職能団体としての自殺対策関連研修企画が非常に少ないという印象がある。おそらく実数としてかなり少ないし，また，自殺対策専門家への依頼もわずかだと想像する。筆者と同僚，協働パートナーらは，自殺対策に関連して，遺された人への支援も含めて全体として多様な研修モジュールをもっていることから，多数の職能／学

術団体からの依頼業務に参加してきたが，心理職関連団体からの依頼業務に関わった経験は，この18年間でわずか2件のみであった。

　三つ目に，地域自殺対策に関わる心理職者が非常に少ないという印象がある。それは実は精神科医も一緒なのだが，一つは地域で活躍することのできるようなフィールドやポスト・対価が用意されていない要因はあると思う。だがもう一つの要因は，心理職や精神科医ほど自殺予防の難しさを知っている職種はないということなのかもしれない（要するに，自殺対策について後ろ向きになってしまうのかもしれない）。

　しかし，多くの心理職は，クライエントや患者を抱え，一部，困難事例を抱えてきたはずである。また，心理職一人職場も少なくないはずである。そのような状況で，自殺予防のためのリスク・アセスメントができないとなると，それは綱渡りの臨床になる（なっていた）であろう。ちなみに，私の所属では，新採用の専門職はすべて自殺対策のセミナーと，前述した 10 Essentials 研修会を受講することが定められている。

　また一方で，地域は私たち専門職の関与を求めている。例えば，地域の問題に関わりたいと思っている非専門職の方々は，なぜ自殺が生じるのか，どういう人が自殺に追い込まれるのか，周囲の人はどうすればよいのか・よかったのかといったことを知りたいと，素直に，誠実に考えており，そこへの心理職の関わりは必ず喜ばれる。一方で，地域ではそもそも心理職や精神科医が地域に来てくれるとは想像もしておらず，端から期待されていないのも残念ながら事実である。

　繰り返しになるが，心理職が心理・精神病理の専門家だと考える，あるいは対人支援に関わる仕事だと思う方は，ぜひ自殺対策について学び，自殺対策に関わっていただきたい。心理職にとっても，精神科医にとっても，クライエント，あるいは患者の最悪の経過シナリオは自殺であり，私たちは，リスクもつ患者やクライエントと日々，すれ違ったり向き合っているはずである。しかも，

そのリスクが生じるのはほとんどの場合，地域であり，また自殺が生じる現場もまた地域であることから，地域で自殺対策に関わる人材が必要である。コミュニティ心理学がこの領域をカバーして下さることにも期待したい。

▶ 文献

Bertolote JM, Fleischmann A, De Leo D et al.（2004）Psychiatric diagnosis and suicide : Revisiting the evidence. Crisis 25 ; 147-155.

Cavanagh JT, Carson AJ, Sharpe M et al.（2003）Psychological autopsy studies of suicide : A systematic review. Psychological Medicine 33 ; 395-405.

Furuno T, Nakagawa M, Hino K et al.（2017）Effectiveness of assertive case management on repeat self-harm in patients admitted for suicide attempt. Journal of Affective Disorders 225 ; 460-465.

Inoue K, Kawanishi C, Otsuka K et al.（2017）A large scale survey of inpatient suicides : Comparison between medical and psychiatric settings. Psychiatry Research 250 ; 155-158

岩下覚，南良武，河西千秋（2006）精神科領域における医療安全管理の検討その1─病院内における自殺に関するアンケート．患者安全推進ジャーナル 13 ; 64-69.

河西千秋（2009）自殺予防学．新潮社．

河西千秋（2013）院内自殺対策の現状と「院内自殺の予防と事後対応のための研修会」活動．患者安全推進ジャーナル 32 ; 52-56.

河西千秋（印刷中）医療安全とポストヴェンション─医療事故としての自殺と事故後のスタッフ・ケア．精神科治療学．

Kawanishi C, Aruga T, Ishizuka N et al.（2014）Assertive case management versus enhanced usual care for people with mental health problems who had attempted suicide and were admitted to hospital emergency department in Japan（ACTION-J）: A multicentre, randomised controlled trial. Lancet Psychiatry 1 ; 193-201.

河西千秋，井上佳祐，大塚耕太郎ほか（2016）病院内の入院患者の自殺事故調査．患者安全推進ジャーナル 45 ; 83-91.

川島義高，稲垣正俊，米本直裕ほか（2017）救急医療機関における自殺未遂者ケアの現状と今後の課題．総合病院精神医学 29 ; 262-270.

Kawashima Y, Yonemoto N, Inagaki M et al.（2019）Interventions to prevent suicidal behavior and ideation for patients with cancer : A systematic review. General Hospital Psychiatry 60 ; 98-110.

Kawashima Y, Yonemoto N, Kawanishi C, et al.（2020）A two-day assertive case management educational program for medical personnel to prevent suicide attempts : A multicenter pre-post observational study. Psychiatry and Clinical Neurosciences 74 ; 362-370.

国立研究開発法人日本医療研究開発機構障害者対策総合研究開発事業（精神障害分野）「精神疾患に起因した自殺の予防法に関する研究」研究班 編，日本自殺予防学会監修（2018）HOPE ガイドブック─救急医療から地域へとつなげる自殺未遂者支援のエッセンス．へるす出版．

厚生労働省（2018）がん対策推進基本計画（https://www.mhlw.go.jp/file/06-Seisakujouhou-10900000-Kenkoukyoku/0000196975.pdf[2021 年 7 月 12 日閲覧]）.

Norimoto K, Ikeshita K, Kishimoto T et al.（2020）Effect of assertive case management intervention on suicide attempters with comorbid Axis I and II psychiatric diagnoses : Secondary analysis of a randomised controlled trial. BMC Psychiatry 20-1 ; 311.

Ono Y, Sakai A, Otsuka K et al.（2013）Effectiveness of a multimodal community intervention program to prevent suicide and suicide attempts : A quasi-experimental study. PLoS One 8 ; e74902.

大塚耕太郎，酒井明夫（2007）自殺率の高い農村部における自殺防止活動とその効果─岩手県久慈地域での自殺対策の活動を通して．総合病院精神医学 19 ; 1-7.

Tsujii N, Shirakawa O, Niwa A et al.（2020）Hopelessness is associated with repeated suicidal behaviors after discharge in patients admitted to emergency departments for attempted suicide. Journal of Affective Disorders 272 ; 170-175.

Yamada T, Kawanishi C, Hasegawa H et al.（2007）Psychiatric assessment of suicide attempters in Japan : A pilot study at a critical emergency unit in an urban area. BMC Psychiatry 7 ; 64.

Yamauchi T, Inagaki M, Yonemoto N et al.（2014）Death by suicide and other externally caused injuries following cancer diagnosis : The Japan Public Health Center-based Prospective Study. Psychooncology 23 ; 1034-1041.

💬 ［特集］自殺学入門——知っておきたい自殺対策の現状と課題

自殺予防のための地域支援

勝又陽太郎 Yotaro Katsumata

東京都立大学人文社会学部人間社会学科

I　はじめに

　本稿では，地域支援の観点から自殺対策の現状と課題について整理を試みる。ただし，一口に地域支援といっても，実際には複数の活動が組み合わさって対策が進められており，それら各要素を分解して詳しく論じることは筆者の力量を超える。そこで本稿では，地域において自殺リスクの高い人（以下，自殺ハイリスク者）を継続的に支援していくための取り組みについて，とりわけ筆者が関わっている地域保健の支援者に対する後方支援を中心に，自殺予防のための地域支援について論じる。

II　地域レベルでの介入による自殺予防の
エビデンス

　本題に入る前に，まずは地域レベルでの介入による自殺予防のエビデンスを確認しておきたい。先行研究によると，日本においては，さまざまな対策を組み合わせることによって人口規模の小さい地方部の高齢者の自殺，特に高齢女性の自殺が減少することが報告されている（Ono et al., 2013 ; Oyama et al., 2008 ; Zalsman et al., 2016）。この介入のひな型となったのは，1980年代に新潟県松之山町（現・十日町市）で行われた高齢者の自殺予防対策（通称「松之山モデル」）であり，町の医師と保健師が新潟大学精神科と連携しながら，高齢者へのうつ病スクリーニング，自殺リスクの評価，訪問支援，町民への啓発などを行い，高齢者の自殺を大幅に減少させた取り組みである（高橋ほか，1998）。この松之山モデルに関しては，しばしばうつ病スクリーニングなどの医学的対策が強調されるが，実際には冬場の高齢者の移動サービスや特養の誘致といった介護福祉サービスの充実など，対人ネットワークを含めた高齢者の生活全般を支える仕組みを構築していたことが特徴である（勝又・竹島，2009）。上記介入研究のエビデンスレベルは決して高いとは言えないものの，わが国の複数地域で同様の結果が報告されていることから，特に高齢者の自殺が深刻な地方の市町村においては，優先順位の最も高い対策であると考えられる。

　一方で，人口規模の大きな都市部や高齢者以外の年齢層の自殺に対する地域介入の効果は，他の国も含めて今のところ確認されていない。たとえば，近年の研究では，欧州4カ国（ドイツ，ハンガリー，アイルランド，ポルトガル）の人口15万人以上の地域を対象に，4つの対策（General

Practitioner（GP）のトレーニング，精神疾患や自殺に関する普及啓発，ゲートキーパートレーニング，自殺未遂者支援）の組み合わせによる介入が行われたが，統制群と比較して自殺行動の有意な減少は認められなかった（Hegerl et al., 2019）。また，若年層に対する地域レベルでの介入に関しても同様に，これまでのところ芳しい結果は得られていない（Robinson et al., 2018）。

　WHO は，ハイリスク者を対象とする臨床的戦略（個別支援）が自殺死亡率の減少にわずかな影響しか及ぼさないため，一般人口のリスクを低減させることを目的とした集団ベースの戦略（公衆衛生的対策）の重要性を強調している（WHO, 2010）。たしかに理屈としてはその通りなのだが，実際に WHO の提案する公衆衛生的対策（WHO, 2018）や自殺予防のベストプラクティス（van der Feltz-Cornelis et al., 2011）を組み込んだ介入を行ったとしても，先に示したように人口規模の大きな地域や高齢者以外の年齢層での自殺予防効果は認められていないのが現実であり，今後のより精緻な工夫が期待される。なお，この点に関する筆者なりの考えについては，本稿の最後に改めて触れる。

III　慢性的な自殺リスクを抱えた人を地域で継続的に支えるための仕組みづくり

　次に，本稿の主題である，自殺ハイリスク者を地域で継続的に支えるための取り組みについて論じていくことにしたい。最初にお断りしておくが，ここでの自殺ハイリスク者支援とは，主として自殺念慮を慢性的に抱えている人や自殺企図・自傷行為などを繰り返す人（以下，慢性自殺ハイリスク者）に対して，保健師などの地域保健の専門家が中心となって行う個別支援を指している。もちろん，慢性自殺ハイリスク者の支援においては，精神科薬物療法や心理療法などを適切に組み合わせていくことが必要不可欠である。しかし，実際のところ，わが国における地域支援の担い手の多くは行政の地域保健部局の職員であり，その支援

対象となる自殺ハイリスク者のなかには医療を受けていない人も数多く含まれている。読者のなかには個別の心理療法に興味を持つ方も少なくないかもしれないが，ここでは臨床心理学や精神医学の専門家が，地域保健の専門職と連携して慢性自殺ハイリスク者を支えていく際の視点について論じてみようと思う。

　現実的な問題として，精神医学や臨床心理学の専門的リソースは限られており，特に地方に行くほどその状況は深刻である。したがって，先に示した松之山モデルや GP のトレーニングの発想と同様に，地域保健における慢性自殺ハイリスク者支援に関しても専門家による後方支援的アプローチを採用することのメリットは大きいと考えられる。もちろん，これまでも各保健所や市町村において外部講師を招いた事例検討などは実施されてきたし，筆者自身もそうした場で自殺リスクの高い人の支援についてコンサルテーションを行ってきた。しかし，そうしたスポット的な外部支援だけではなく，たとえばオーストラリアのヴィクトリア州にパーソナリティ障害の専門支援機関として設置されている Spectrum のように，地域支援スタッフのトレーニングや後方支援などを，従来よりも高い機動力をもって包括的に実施できる仕組みを構築できないかということが筆者自身の問題意識にあった（勝又，2011）。

　上記のような観点から，現在は，とある市町村と協力して，慢性自殺ハイリスク者を地域で支えていく際の包括的な支援モデルを組み立ててみようと実践研究を進めている。具体的には，地域支援の質を評価するための指標の精査を行いつつ，オンライン会議システムを使ったオンデマンドでの後方支援や研修の実践・評価を行う，パイロット的フィールドワークに取り組み始めたところである。以下では，筆者の実践経験をもとに，慢性自殺ハイリスク者を支える地域保健の支援者へのコンサルテーションについて論じてみたい。

Ⅳ　慢性自殺ハイリスク者支援における コンサルテーションの実際

　まず，実践研究の初期段階として，日常的に支援に関わっている保健師らと協働で，慢性自殺ハイリスク者の地域支援に関する仮説的なロジックモデルを作成した。このモデルを作成するなかで合意された目標の一つが「支援者の環境調整力」を維持・増大することであり，それによって慢性自殺ハイリスク者が支援につながり続けることが支援の中核にあるという認識が共有された。この「環境調整力」なる概念は非常に抽象的で数値化することが難しい代物であるため，研究では支援の定着率や脱落率などをモニタリングしていくことにした。ただ，実際のコンサルテーション場面においては，さしあたり担当の支援者に「環境調整作業に関われそうだ」という実感を持ってもらうことが必要だと考えられた。

　では，具体的にどのようにコンサルテーションを進めるとその目標が達成されやすくなるのだろうか。特に慢性自殺ハイリスク者の支援が行き詰まり，コンサルテーションのニーズが生じる時，当事者を取り巻く人々のなかで共有される物語（ナラティブ）がかなり固定化されている場合が散見される。たとえば，そうした典型例の一つとして，「ある一つのストレスイベントが自殺企図を引き起こす」といった，いわば単線的かつ直線的に自殺行動を理解しようとする物語の共有が挙げられる。このような場合，地域支援の現場では，「再企図を防ぐために，そのストレスイベントを生じさせないようにすること」や「ストレスを生じさせる人を遠ざける」といったことが支援の目標となり，支援者の環境調整も「見守り」という名のもとに，当事者を監視するための包囲網づくりに終始してしまうことがある。したがって，コンサルテーションでは，まずこうした自殺行動の発生メカニズムに関する物語を相互作用的にとらえるために，自殺リスクのアセスメントを共に行い，どのように自殺リスクが変動するのかを丁寧

に追跡し直す作業から始める場合が多い。その際，地域保健の強みは，実際に当事者や周囲の人のところを訪問して直接関わることができる点であるため，自殺の対人関係理論（Joiner et al., 2009）などを援用しながら，当事者と周囲の人との悪循環に陥っているコミュニケーションがどのように自殺リスクの変動に関与しているかについても焦点を当てる。そうすることで地域保健の支援者は自らの環境調整の手がかりを見つけやすくなり，硬直化した当事者周辺のコミュニケーションを繋ぎ直すきっかけづくりに目を向けられるようになる。

　もう一つの典型例は，先ほどとは逆に，「いろいろな要因が関わっているので多くの人が関わろう」というスローガンだけが共有され，役割分担が明確にならないまま，さまざまな職種が並列的に当事者に関わっている場合である。このような場合，自殺の発生メカニズムの物語は複線化されているものの，それはただ単にリスク要因が並列されているだけであり，時間軸や状況変化による自殺リスクの変動はあまり考慮に入れられていない。したがって，コンサルテーションでも先ほどと同様に，自殺リスクの変動について丁寧にアセスメントをしていくことになるわけであるが，それに加えて介入の優先順位についても話し合うことが多い。さらに，支援の枠組みを構築していく際の当事者や周囲の人との具体的な話し合いの流れについてもコンサルテーション場面で共有しておけると，より支援者の環境調整イメージは膨らみやすくなるようである。

　ところで，この取り組みはまだ始まったばかりであるにもかかわらず，すでにいくつかの課題にも直面している。もちろん，コスト面や安全な情報システムの構築など物理的な問題も大きいのだが，最も苦労したのは後方支援を行う際の契約である。後方支援とはいえ，実際の事例の支援に関与するということには，守秘義務や事故が生じた際の責任を誰がどのように負うのかといった倫理的問題が常につきまとう。現在のところ，筆者は

行政と個別に契約を結んで実践を行っているが，こうした取り組みを今後広げていくためには，より包括的なルールづくりが求められることになるだろう。

V　支援者のポストベンション

近年，国内でのニーズの高まりを感じるのが，支援者を対象としたポストベンションである。これまで日本国内では話題に上ることが少なかったが，海外の研究に目を向けると，クライエントや患者の自殺既遂に遭遇した経験をもつ精神保健の支援者は数多く（Castelli Dransart et al, 2015；Kelleher et al., 2014），その影響は非常に大きいことがわかっている（Sandford et al., 2021）。

実は，こうした患者・クライエントの自殺の影響は，その後の支援者の臨床活動にもさまざまな影響を及ぼすことが報告されている（Sandford et al., 2021）。なかでも患者・クライエントの自殺を経験した支援者が，過度に対象者の自殺リスクに関する情報収集を行ったり，反対にリスクアセスメントを回避するようになったりすると繰り返し指摘されており（Sandford et al., 2021），当然のことながらこれらは慢性自殺ハイリスク者支援を阻害する要因になり得る。実際，筆者が地域保健の支援者と作成したロジックモデルにおいても，支援者のポストベンションを適切に実施することが，支援のモチベーション維持に良好な影響を与えることが想定されている。慢性自殺ハイリスク者支援を継続するうえでも，支援者のポストベンションを組み込んでおくことが必要不可欠であると考えられる。

では，こうした支援者のポストベンションとして，どのような対策が有効なのだろうか。実はこの領域については，国内のみならず，海外においても体系立った研究がさほど進んでいるわけではない。しかし，少ないながらもこれまでの研究を総括すると，専門職の養成段階で，自殺予防の基礎知識に加えて自殺発生後の支援者の反応に関する理論的な教育を行っておくことや，自殺発生後

の支援者支援を充実させることが，後の悪影響を小さくすることにつながると示唆されている（Sandford et al., 2021）。

特に後者の支援者支援に関しては，自身の専門性を否定されることを避けるためか，フォーマルな形式でのミーティングよりも，インフォーマルな場での支援や個別支援のニーズが高いことも明らかにされている（Sandford et al., 2021）。こうしたニーズに応えるべく，たとえばアメリカ自殺予防学会のホームページでは，クライエントの自殺を経験したセラピストがスーパーバイザーとしてリストアップされていたりもする。日本においても，同様の個別のスーパーバイズシステムを作っていこうとする動きが散見されるようになってきており，グリーフの個別性に配慮したケアが支援者に提供されやすくなることが期待される。しかしその一方で，慢性自殺ハイリスク者支援の多くがチームアプローチであることを考えれば，今後は支援者のポストベンションを集団で行うための方法論的発展が求められることになるだろう。

VI　地域づくりと自殺予防

本稿を閉じるにあたって，最後に「地域づくり」という観点から，筆者の考える地域支援の課題と今後の方向性について述べておきたい。

岡・山内（2011）の素晴らしい仕事によって，わが国の自殺希少地域の特徴が明らかにされ，自殺予防に寄与するような地域の人々の連帯のあり方が示された。ここで示された特徴は，私たちが自殺予防のためにどのような地域づくりを進めたらいいのかを考えるための大きな指針となった。他方で，この20年ほどの自殺対策を振り返って，ふと不安がよぎることがある。それは「私たちが取り組んできた自殺予防活動は，地域の連帯づくりにどれほど寄与しているのだろうか」という不安だ。

たしかにこれまでの取り組みによって，困難を抱えた人が専門的な支援につながるためのルートは大幅に拡充されたと感じる。このこと自体はと

ても喜ばしいことであるし，多くの人がそれによって救われてきたことだろう。しかし，個々人が自身の困りごとを行政や専門機関に直接相談するという個人相談モデルのみが過剰になれば，当事者が周囲の人たちとの関わりのなかで問題解決を図る機会自体が減少しかねない。当然，そのことによってさまざまな問題が地域のなかで不可視化されることにもつながるだろう。また，地域のなかには「困っているときに誰かに助けを求めること」を良いことだと思わない人も大勢いる。そうした人たちに「困ったときは助けを求めてください」という何の工夫もないメッセージを送り続けることは，むしろ人々の価値観の対立を煽り，実際に困って相談をしたいと考えている人たちが周囲の目を気にして相談しづらくなるといった，本末転倒の事態を招くことも懸念される。

　繰り返すが，これまでのやり方が悪だと言いたいわけではない。それに，これまでの対策のなかにも，地域づくりに寄与するものはたくさんあったはずだ。たとえば，全国各地で実施されているゲートキーパー研修などは，地域の人たちが自殺予防に関心を持つ重要な啓発機会としても機能したにちがいない。また，手前味噌で恐縮だが，筆者らの開発した自殺予防教育プログラム GRIP（川野・勝又，2018）でも，困難を抱えた人と周囲の人とのつながりを作っていくための一つの道筋を示したつもりである。しかし，それでもなお，これまでの自殺予防対策は，困りごとを抱える個人を適切な援助につなぐという単純な個人相談モデルに偏重しすぎており，実は地域のさまざまな人のまなざしや彼らと当事者との相互作用の分析を怠ってきてしまったのではないか。そしてそのことが地域レベルでの自殺予防対策の効果にも現れてしまっているのではないか。これが筆者なりの現状分析であり，先に示した実践を進めるうえで前提となった認識である。今後の自殺予防対策では，従来あまり意識されていなかった相互作用的な関係モデルの視点を持ち，地域における多様な層に対して援助の成立を促進するための働きかけを行っていくことが求められるのではないだろうか。

▶付記

本研究は，JSPS 科研費（基盤研究 C）JP19K10648 の助成を受けた。

▶文献

Castelli Dransart DA, Heeb JL, Gulfi A et al.（2015）Stress reactions after a patient suicide and their relations to the profile of mental health professionals. BMC Psychiatry 15 ; 265.

Hegerl U, Maxwell M, Harris F et al.（2019）OSPI-Europe Consortium. Prevention of suicidal behaviour : Results of a controlled community-based intervention study in four European countries. PLoS One 14 ; e0224602.

Joiner T, van Orden K, Witte T et al.（2009）The Interpersonal Theory of Suicide : Guidance for Working with Suicidal Clients. APA.（北村俊則 監訳（2011）自殺の対人関係理論—予防・治療の実践マニュアル．日本評論社）

勝又陽太郎（2011）海外における BPD の地域支援—豪州の場合．精神科治療学 26 ; 1111-1117.

勝又陽太郎，竹島正（2009）活動の始まりの頃—新潟県松之山町における自殺予防活動．こころの健康 24 ; 82-87.

川野健治，勝又陽太郎（2018）学校における自殺予防教育プログラム GRIP．新曜社．

Kelleher E, Kelleher MF & Grad O（2014）Effects of patient suicide on the multidisciplinary care team. Lancet Psychiatry 1 ; 174-175.

岡檀，山内慶太（2011）自殺希少地域における自殺予防因子の探索—徳島県旧海部町の住民意識調査から．日本社会精神医学会雑誌 20 ; 213-223.

Ono Y, Sakai A, Otsuka K et al.（2013）Effectiveness of a multimodal community intervention program to prevent suicide and suicide attempts : A quasi-experimental study. PLoS One 8 ; e74902.

Oyama H, Sakashita T, Ono Y et al.（2008）Effect of community-based intervention using depression screening on elderly suicide risk : A meta-analysis of the evidence from Japan. Community Mental Health Journal 44 ; 311-320.

Robinson J, Bailey E, Witt K et al.（2018）What works in youth suicide prevention? : A systematic review and meta-analysis. EClinicalMedicine 4-5 ; 52-91.

Sandford DM, Kirtley OJ, Thwaites R et al.（2021）The impact on mental health practitioners of the death of a patient by suicide : A systematic review. Clinical

Psychology & Psychotherapy 28 ; 261-294.

高橋邦明, 内藤明彦, 森田昌宏ほか（1998）新潟県東頸城郡松之山町における老人自殺予防活動—老年期うつ病を中心に. 日本精神神経学雑誌 100 ; 469-485.

van der Feltz-Cornelis CM, Sarchiapone M, Postuvan V et al.（2011）Best practice elements of multilevel suicide prevention strategies : A review of systematic reviews. Crisis 32 ; 319-333.

WHO（2010）Towards Evidence-based Suicide Prevention Programmes.（山内貴史, 稲垣正俊 訳（2011）エビデンスに基づく自殺予防プログラムの策定に向けて. 自殺予防総合対策センター）

WHO（2018）Preventing Suicide : A Community Engagement Toolkit.（小高真美, 竹島正 訳（2018）自殺を予防する—地域の取り組みを促進するためのツールキット. 全国精神保健福祉連絡協議会）

Zalsman G, Hawton K, Wasserman D et al.（2016）Suicide prevention strategies revisited : 10-year systematic review. Lancet Psychiatry 3 ; 646-659.

🐟［特集］自殺学入門——知っておきたい自殺対策の現状と課題

インターネットを活用した自殺対策の整理と今後の課題

髙橋あすみ Asumi Takahashi
北星学園大学文学部／特定非営利活動法人 OVA

I　インターネットを活用した自殺対策の潮流

インターネットは現代人にとって最も身近なメディアである。日本の13～69歳までの個人の9割以上がインターネットを利用しており，最も割合の低い80歳以上でも6割近い利用率がある（総務省，2021）。電子メールの送受信，ソーシャルネットワーキングサービス（Social Networking Service：SNS）の利用，情報検索，サイトの閲覧や書き込みといった用途が個人に普及したことで，人々は場所や時間にとらわれずに他者や情報にアクセスしやすくなった。

こういった個々人のアクセシビリティの向上は自殺の危険因子にも保護因子にもなっている。つまり，インターネットの使い方次第で，自殺方法のような有害情報や自殺の手段といった危険因子にも，メンタルヘルスに関する情報や援助資源といった保護因子にも接触しやすくなったのである。こういったインターネットの二面性に対応して，インターネット上の自殺対策は次の2つの潮流に分かれている。

ひとつは，自殺を促すような有害情報やコミュニケーションの制限である。自殺方法に関する情報の閲覧は，自殺を考える人の自殺念慮を高める

ことが示唆されている（Sueki et al., 2014）。実際に日本ではインターネットでの情報検索やコミュニケーションが悪い方向にはたらいて，自殺幇助や殺人，特定の自殺方法による自殺の急増が社会問題となった経緯がある。そのため，オンライン上の物理的対策を実施していく必要性は大きい。これに該当する具体的な自殺対策として，自殺対策基本法に基づく政策指針である自殺総合対策大綱（2017年閣議決定）には，「自殺関連情報についてのサイト管理者などへの削除依頼」「青少年へのフィルタリングの普及」「インターネットにおける自殺予告サイトや電子掲示板への特定個人を誹謗中傷する書き込み等の違法・有害情報について，フィルタリングソフトの普及，プロバイダにおける自主的措置への支援」などが記載されている。

インターネットによる自殺対策のもうひとつの潮流は，自殺念慮者が援助資源に到達しやすくするための支援である。自殺総合対策大綱では「ICTを活用した若者へのアウトリーチ策の強化」「FAX，メール，SNS等の多様な意思疎通の手段の確保」「子どもに対するSNSを活用した相談体制の実現」などの事項がこれに該当する。このうち，ICTを活用したアウトリーチ策とは，

SNS広告や検索連動型広告といったウェブ広告を活用して，相談窓口にインターネットユーザーを誘導する施策である。2019年度に都道府県や政令指定都市など105自治体を対象に行われた調査では，自殺対策としてICTを活用したアウトリーチ策を19.0%，メール相談を8.6%，SNS相談を12.4%の自治体が実施していたことが明らかになっている（伊藤ほか，2020）。

インターネットを活用した相談体制の整備は，新型コロナウイルス感染症拡大の影響を受けて，現在はより多くの自治体に導入されていることが考えられる。そのため本稿では，援助資源に到達しやすくするためのインターネット活用に関する現状とその課題について論じ，さらにそこから新たなインターネットを活用した自殺対策の可能性を検討したい。

Ⅱ　援助要請を促すためのインターネット

SNSやメールを用いた相談は匿名性が担保され内面的な自己開示をしやすいため，援助要請の敷居を下げて自殺リスクを抱えた人に支援を提供する際の入り口となることが期待されている。特定非営利活動法人OVA（OVA）は，自殺に関連する用語（例：「死にたい」「楽な自殺」）を検索するユーザーに対し相談を促す検索連動型広告を表示して，自殺念慮を抱えるハイリスク層をメールやチャットによる相談につなげる取り組みを2014年頃から続けている。実際の相談者は一般人口に比して自殺念慮が高く（特定非営利活動法人OVA，2019），インターネット相談を続けることで1カ月後には自殺念慮が有意に低下することが示唆されている（Sueki et al., 2021）。

しかしその一方で，オフライン相談と同様の課題として，相談者の属性に偏りがあることが指摘されている。厚生労働省（2021）が報告した10～20代向けのSNS相談事業の1年間の相談は合計4万件強であったが，そのうち男性の相談は4,000件，すなわち9%に満たない数しか含まれていなかった。OVAの相談者も20～30代の

女性が多く男性は3割ほどである（Takahashi et al., 2021）。すなわち日本のインターネットを活用した相談体制は現状，自殺の危険のある男性に支援を届けるための施策として十分とはいえないのである。さらに相談者に若い女性が多いことにより，今後，相談体制の効果検証とそれに基づく改善を繰り返すなかで知らずのうちに女性向けの支援に変化していき，ますます男性にリーチしづらくなることも懸念される。

世界の自殺者の7～8割は男性であり，日本においても年間自殺者数の半数は中高年男性である。限られた資源で自殺対策を行うには，男性のニーズにもかなう形を探っていかなければならない。そこで，次にインターネット相談に生じている性差あるいは世代差について，インターネット利用と援助要請という2つの観点で見ていきたい。

1　インターネット利用の観点

若い女性がインターネット相談を活用できていることには，ジェンダーと世代の相互作用の影響が考えられる。女性は男性より健康に関する情報を検索したり（Helsper, 2010），メディア・コミュニケーションを好んだりする（Kimbrough et al., 2013）ことが分かっている。また，若年層の方がインターネットで未知の個人とやりとりする嗜好性が高く（Thayer & Ray, 2006），生まれた年代によってネットリテラシーの高いデバイスも異なる（田中，2015）。総務省情報通信政策研究所（2020）によれば，平日のメールの平均利用時間は50代男性が53.2分，50代女性が33.1分であるのに対し，20代男性は26.1分，20代女性は16.5分に落ち込む。SNSでは10代女性が85.9分，10代男性が57.9分と長めであるのに対し，40代女性は30.5分，40代男性は16.2分と，世代やジェンダーによってそれぞればらつきがあることが分かる。

これらの知見から，悩みやメンタルヘルスの情報を検索して支援にたどり着き，メールやチャットでコミュニケーションを継続しようとする相談

者に若い女性が多いことは理解しやすい。現行のインターネット相談は若い女性にターゲティングできた自殺対策であるともいえる。対照的に男性にインターネット相談の相談者が少ないのは，単にこうした利用者母数の差による可能性があり，極端にいえば若い男性がよく利用するオンラインゲームの場を活用すれば，男性にリーチしやすくなるかもしれない。

　また，いつの時代でも子どもであればSNS相談を好むのではなく，現代において子どもを対象としたSNS相談が次第に20～30代向け，中高年向けへと移行していく可能性がある。ただし，新世代の全員が一様に新しいデバイスに適応するわけではなく，インターネットやデバイスの利用には所得や地域による格差も存在する。したがって，今後の自殺対策において相談に使用されるデバイスが増えることはあっても減ることはないだろう。むしろインターネット上で相談手段の多様化を目指すことにより，相談対象の層も拡大していくことが望まれる。

2　援助要請の観点

　男性の援助要請行動や被援助志向性が女性よりも低いことは多くの研究で示されている。その代表的な要因は，男性の性役割規範である（Chan & Hayashi, 2010）。現代は女性の社会進出も進み，昔ほど男女の性別役割分業は明確ではなくなっている。現代の新しい男性役割を検討した渡邊（2017）は，感情を表出したり弱音を吐いたりする「強さからの解放」が平等的な性役割を反映していると説明している。しかし同時に，男性は女性よりも弱さの表出に否定的で，伝統的な男性役割に沿わないことに抵抗感を有していると示唆している。

　そこで考えつくのが，現代の男性の性役割規範と矛盾しない形で援助要請を促す施策である。男性の心理的な援助要請の介入研究を調べたレビューでも，援助要請を男性的規範と一致するようにリフレーミングし，個人的責任を強調した動機づけ面接（Syzdek et al., 2016 ; Pal et al., 2007）が援助要請の改善に効果的だったと言及されている（Sagar-Ouriaghli et al., 2019）。

　これとは反対に“Man Up”というオーストラリアのドキュメンタリー映像は，男性の感情的な経験や表現をオープンにして援助要請を促進することを目的に，自立や強さといった支配的な男らしさへの挑戦や，変化に対するポジティブなロールモデルを提供する。これを観た男性群は，別のドキュメンタリー映像を観た対照群に比べて援助要請意図が4週間後に増加していた（King et al., 2018）。日本においても，従来の性役割規範に沿ったメッセージと，新たな性役割規範に挑戦するメッセージのどちらがより男性の援助要請行動を促すのか比較する必要がある。

　しかし，援助要請が男性的規範に沿っているとするメッセージは，自殺リスクを抱えて援助要請のできない多数の男性に否定的に伝わったり，固定的な性役割規範を伝え続けることにもなりかねない。また，男らしさを理由に援助要請行動が妨げられているとする解釈は，その他の社会文化的な要因を無視して援助要請行動ができなかった男性に否定的な見方を提供するとして，批判的な研究もある（Affleck et al., 2018）。

　River（2016）も，自殺を試みた男性へのインタビューの結果，男らしさを理由に医療サービスに援助要請ができなかったと語った男性は対象者のなかでも少なかったことを報告している。むしろほとんどの対象者が，自殺を感情的苦痛や精神疾患と結び付けている臨床医中心のサービス，つまり自分自身の感じている感情的苦痛に対して診断を当てはめるようなアプローチや，自殺念慮をおかしいと思われるのを拒否していたために，援助要請行動が妨げられていた。そのような男性の援助要請行動を維持・促進していたのは，個人の悩みに焦点を当て，語りを重視したパーソン・センタード・アプローチであったという。

　以上より，インターネット上で自殺の危機に傾く男性の援助要請を促すには，性役割規範をどの

ように考慮に入れるかに留まらず，精神疾患や自殺，医療に対するスティグマへの介入や，医療的な視点に留まった啓発や支援の見直しを図ることが鍵となる。

III より良い生活に向けた意思決定のための インターネット

ここまでは男性の援助要請が少ないという視点でインターネット相談の課題を考えてきたが，自殺の危険性のある人が援助資源に到達できるようにすることだけが自殺対策の目的ではない。末木（2019）は手段パターナリズムに基づいて，自殺予防を「より良い生活に向けた意思決定支援」といった表現で表すことを提案している。この考えに則れば，インターネットを介しても相談する選択をしない／できない人たちに対し，代わりとなるより良い生活に向けた選択肢を提供することもインターネットを活用したひとつの自殺対策になる。

海外ではSNSやIoT（Internet of Things）に人工知能を組み合わせ，対象者の自殺を予測する方法の知見が蓄積されている（D'Hotman & Loh, 2020）。こういったテクノロジーは，研究者や医療者が自殺リスクをアセスメントして支援に生かすことを目的に発展してきた。他方で，自殺念慮を有する者自身がテクノロジーから得られる情報を活用し，自らの行動に反映できるように支援する方向性も考えられる。例えば，スマートスピーカーが持ち主の普段の声と調子の悪いときの声の違いを判定し，自宅近くの相談先を探す提案をしてくれたり，死に場所の候補をアプリケーションに登録しておけば，衝動的にその場所に近づいたり立ち入ってしまったりしたときに自動的に特定の相手に電話が掛かるようにする，といった活用法も今後もありうる。このように全く異なる視点からアイデアが創出されることによって，インターネットを活用した自殺対策に次の新たな潮流が生まれてくることも期待される。

▶文献

Affleck W, Carmichael V & Whitley R（2018）Men's mental health : Social determinants and implications for services. The Canadian Journal of Psychiatry 63-9 ; 581-589.

Chan RK & Hayashi K（2010）Gender roles and help-seeking behaviour : Promoting professional help among Japanese men. Journal of Social Work 10-3 ; 243-262.

D'Hotman D & Loh E（2020）AI enabled suicide prediction tools : A qualitative narrative review. BMJ Health & Care Informatics 27-3 ; e100175.

Helsper EJ（2010）Gendered internet use across generations and life stages. Communication Research 37-3 ; 352-374.

伊藤次郎, 末木新, 髙橋あすみ（2020）ICTを活用した地域自殺対策の強化に関する研究─ICTを活用したアウトリーチ・相談事業のガイドライン開発. 令和元年度革新的自殺研究推進プログラム委託研究成果報告書, pp.109-127.

Kimbrough AM, Guadagno RE, Muscanell NL et al.（2013）Gender differences in mediated communication : Women connect more than do men. Computers in Human Behavior 29-3 ; 896-900.

King K, Schlichthorst M, Reifels L et al.（2018）Impacts of a documentary about masculinity and men's health. American Journal of Men's Health 12-5 ; 1604-1614.

厚生労働省（2021）SNS相談事業（2）─各年度の実施状況：令和元年度 平成31年4月～令和2年3月の実施結果.

Pal HR, Yadav D, Mehta S et al.（2007）A comparison of brief intervention versus simple advice for alcohol use disorders in a North India community-based sample followed for 3 months. Alcohol & Alcoholism 42-4 ; 328-332.

River J（2016）Diverse and dynamic interactions : A model of suicidal men's help seeking as it relates to health services. American Journal of Men's Health 12 ; 150-159.

Sagar-Ouriaghli I, Godfrey E, Bridge L et al.（2019）Improving mental health service utilization among men : A systematic review and synthesis of behavior change techniques within interventions targeting help-seeking. American Journal of Men's Health 13-3 ; 1557988319857009.

総務省（2021）情報通信白書令和2年版.

総務省情報通信政策研究所（2020）平成30年度情報通信メディアの利用時間と情報行動に関する調査報告書〈概要〉.

末木新（2019）自殺対策の新しい形─インターネット, ゲートキーパー, 自殺予防への態度. ナカニシヤ出版.

Sueki H, Takahashi A & Ito J（2021）The effects of the

online gatekeeping using search-based advertising on users' suicidal ideation. https://doi.org/10.31234/osf.io/u4wnz

Sueki H, Yonemoto N, Takeshima T & Inagaki M（2014）The impact of suicidality-related internet use : A prospective large cohort study with young and middle-aged internet users. PLoS One 9 ; e94841.

Syzdek MR, Green, JD, Lindgren BR et al.（2016）Pilot trial of gender-based motivational interviewing for increasing mental health service use in college men. Psychotherapy 53-1 ; 124.

Takahashi A, Sueki H & Ito J（2021）Rapid e-mail response to first-contact e-mails increases consultation continuation rates for suicide prevention. Asian Journal of Human Services 20 ; 19-33.

田中浩史（2015）"ネオ・デジタルネイティブ"世代の新コミュニケーションスタイルの可能性に関する一考察．コミュニケーション文化= Communication in Culture 9 ; 227-235.

Thayer SE & Ray S（2006）Online communication preferences across age, gender, and duration of Internet use. CyberPsychology & Behavior 9-4 ; 432-440.

特定非営利活動法人 OVA（2019）インターネット・ゲートキーパーの手引き ver.1.0—自殺を考える人のためのオンライン相談．

渡邊寛（2017）新しい男性役割尺度の開発と信頼性・妥当性の検討．心理学研究 88 ; 251-259.

[特集] 自殺学入門——知っておきたい自殺対策の現状と課題

自殺予防教育

現状・方法・課題

川野健治 Kenji Kawano

立命館大学総合心理学部

Ⅰ　日本の自殺予防教育の現状

　日本の自殺死亡率は，年齢階級別にみれば40代以上は2009年頃までに，2,30代も2012年頃に低下に転じたが，10代はなかなか低下しなかった。2016年以降，各年齢階級の自殺死亡率の低下が鈍りはじめたが，10代についてはむしろ上がり始めている。その傾向は2020年以降顕著なものになり，Covid-19の感染拡大の影響が憂慮されている。このような状況下で若者の自殺予防は喫緊の課題であり，2017年に改定された自殺予防総合対策大綱では，重点項目の一つとして「子供・若者の自殺対策をさらに推進する」をとりあげ，「SOSの出し方に関する教育」の推進が新たに謳われた。2018年には，文部科学省教育局児童生徒課長と厚生労働省自殺対策大臣官房参事官の連名で，全国の教育委員会や学校向けに，SOSの出し方教育を年1回は必ず全校生徒に行うことと通知がなされ，実施体制まで細かく指示が出されている。ただし，このSOSの出し方教育については，その根拠が明確ではないという批判がある（太刀川，2019）。

　一方，国の主導する自殺予防教育には，これに先んじた流れがある。文部科学省は，自殺対策基本法の成立を受け，2006年8月に「児童生徒の自殺予防に向けた取組に関する検討会」を設置し（検討会は2007年より「児童生徒の自殺予防に関する調査研究協力者会議」（以下，協力者会議）と名称を改め，現在に至っている），児童生徒の自殺の特徴や傾向などを分析して，学校現場に資する自殺予防対策について検討を進めてきた。2014年に作成・公表した「子供に伝えたい自殺予防（学校における自殺予防教育導入の手引き）」に，日本の自殺予防教育の，いわばひな形が提示されている。これは協力者会議のメンバーが海外視察を行い，またその専門性のもとに作成したものである。

　この2つの国が主導する自殺予防教育の関係について，2021年6月の協力者会議の報告書案で整理されている。

　協力者会議では，SOSの出し方教育の実践例や，すでに各地で展開されている複数の自殺予防教育について関係者からヒアリングを行い，両者の違いを主に実施上の前提条件の有無に認めた。結論として，SOSの出し方に関する教育そのものは，「自殺予防教育」の援助希求的態度の促進の部分に相当し，「自殺予防教育」に包含されるものとして整理された（図1参照）。そのうえで，安全に，

また一層の効果を上げるために「留意することが必要な事項」として，学校における合意形成，保護者との合意形成，地域の関係機関との合意形成を行うこと，適切な教育内容を検討し，特に外部講師を活用する場合には事前に十分な協議を行うこと，ハイリスクの子どものフォローアップを行うことが必要とされている。加えて「留意することが望ましい事項」として，「下地づくりの教育」やそれに先立つ「校内の環境づくり」，また，「自殺予防教育」の実施前後から行われる学級集団および個人レベルでのアセスメントおよびそれに基づく配慮，事後アンケート，フォローアップについては，SOSの出し方に関する教育が一層の効果を発揮するために実施されることが望ましいとしている。

この報告書によって国の方向性がわかりやすくなったが，望むらくは，「留意することが望ましい事項」はより強調してほしかった。1回の授業で児童生徒の自己肯定感を向上させることは容易ではないことや，児童生徒がSOSを発しやすくするためには，児童生徒と教職員との信頼関係の構築や相談しやすい雰囲気づくり・居場所づくりなど校内の環境づくりは重要である。さらに，多数の自殺予防教育が提案されている現状では，学級集団および個人レベルでのアセスメントと配慮，事後アンケート，フォローアップを必須とすることで，現場は有効性の点から，自殺予防教育を比較検討して選択できるようになる。

II　自殺予防教育の方法

先に紹介した協力者会議の報告書案では，SOSの出し方教育を含む，自殺予防教育について以下のように説明している。

　　自殺予防教育のねらいは，①早期の問題認識（心の危機への気づき）と②援助希求的態度の促進であり，これらは現在に限らず，生涯を通じてのメンタルヘルスの基礎づくり教育として，全ての児童生徒を対象に行う全体的予防としての実施が重要であ

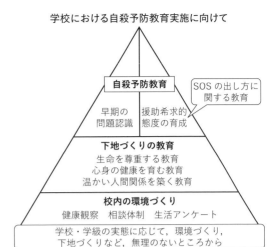

学校における自殺予防教育実施に向けて

図1　SOSの出し方に関する教育と「自殺予防教育の関係性」
（令和3年児童生徒の自殺予防に関する調査研究協力者会議
報告書案より引用）

る。具体的には，
①早期の問題認識（心の危機への気づき）
　・チェックリスト等を用いて自身の心の状態へ気づく
　・心の危機に繋がる出来事，状況を知る
　・心の危機への対処方法を考える
②援助希求的態度の促進
　・心の危機への対処方法として，他者に援助を求めることの重要性を知る
　・友人，教員，家族，親族の他，地域の相談機関等，相談先について知る
　・友人の危機に気づいた時の対応方法，き（気づいて），よ（よりそって），う（受け止めて），し（信頼できる大人に），つ（つなぐ）について知る

阪中（2015）の授業は，文部科学省から公表された「子供に伝えたい自殺予防（学校における自殺予防教育導入の手引き）」の内容に対応していることから，上記の狙いに沿ったものになっている。生徒向けプログラム（対象生徒は中学生だが，高校でも応用可能）では，「現在および将来において問題を抱えたり，危機に陥ったりしたとき，問題をひとりで背負い込まずに乗り越える力を培うこと，また，ともだちのいのちの危機に気づい

たときに，関わり，信頼できる大人につなぐことの重要性を伝えることを主眼に」とし，総合的な学習の時間や特別活動時間を使って，全10時間の「いのちの授業」を実施した。この授業を実施した年度では，実施しなかった年度と比べて，アンケートの「死にたいと思ったことがある」について「その通りだ」と答えるハイリスクの生徒の比率は変わらないものの，「どちらかといえばその通りだ」と答えるグレーゾーンの生徒の比率が3年生時において低くなることから，希死念慮を低減させる効果があるとしている。なお，教員に向けて，子どもの自殺の実態と背景，子どもの自殺のサインに気づくための知識，自殺の危険の高い子どもへの対応，校内外のネットワーク，事後対応，日々の教育活動における自殺予防についてとりあげた，グループワーク中心のプログラムの実践例も報告し，こちらは内容満足度，理解度，自殺予防に取り組む自信が向上したと説明している。また児童向けプログラムの実践もある。

　ほかにも，兵庫県立教育研修所心の教育総合センターが作成した「自殺予防に生かせる教育プログラム」や，北九州市で展開している自殺予防教育プログラムも，上記の手引きに即した「自殺予防教育」である。

　一方，SOSの出し方教育についても，近年複数の実践が報告されるようになったが（金子ほか，2018；阿部ほか，2019；井門ほか，2019；藤田ほか，2020；稗田ほか，2021），効果を測定しているものは多くない。井門ほか（2019）は，自尊感情に働きかけるワークとSOSの出し方を教えるレクチャーの2つの内容から構成された授業を報告している。前者は映画「つみきの家」を用いて共有体験を思い起こすワークを実施し，後者は東京都が発行している「SOSの出し方に関する教育を推進するための指導資料」と足立区の取り組みを参照しつつ，基本的なメンタルヘルスの心理教育の内容を参照しながら作成されたものを用いている。指導案は，①プレアンケート，②イントロダクション：命の大切さ，③自分の良いところ探し

（体験，自己肯定感に働きかけ），④メンタルヘルスとその対処（説明，体験），⑤ポストアンケートから構成されている。授業効果として，自己肯定感を高める機能は確認されなかった。SOSの出し方についての理解度は「誰でもこころの調子が悪くなる可能性がある」には統計的に効果が確認されなかったものの，「こころの調子が悪くなっても助けを求めることができれば回復する」は1%水準で，「こころの調子が悪くなった時，学校にいる大人はもちろん，保健師さんなど地域の信頼できる大人に相談することも有効」は10%水準であるが，いずれも好ましい方向に値が変化したと報告している。

III　自殺予防教育の今後の課題

1　援助希求研究の蓄積を活かす

　ここでは自殺予防教育の今後の課題について考えてみたい。先述のように，日本の自殺予防教育はいずれも援助希求的態度の育成を掲げているので，社会心理学を中心とした援助希求についての研究成果を積極的に活用すべきだろう。Ajzenの計画的行動理論では，態度は行動意図に影響を与える要素の一つにすぎず，主観的な規範の認知と知覚された行動の統制可能性とともに，行動意図を介して実際の行動に結びつくとされる。つまり，援助希求行動への態度（助けを求めることは大切だ）だけではなく，援助希求行動が周囲から期待され（助けを求めても良い），また実際にできる（どのように助けを求めたらよいかがわかる）という実感がもてることが大切である。

　永井（2017）は，援助要請の関連要因についてのメタ分析を行い，援助意図との関連が最も大きいものは専門家への援助要請態度であり，その専門家への援助要請態度と援助要請意図はともに「利益の予期」と関連があることを示している。中学生を対象とした研究では，周囲の生徒たちとの関わりを深め，学校への適応感を高めることが肯定的な結果の予期を高めるために有効であること（永井・新井，2007），同じ学級に所属する他

生徒たちが援助要請に対して肯定的態度を持っていることが影響する（後藤・平石，2013）が示されている。これらのことから，自殺予防教育では援助希求的態度を醸成するだけではなく，周囲との経験を通して肯定的な結果への期待を高める経験を促したい。

　また，援助要請行動は，「助けを求める＝負け」「援助を求める人＝弱い人」という世間の思い込みがあり，自己評価に大きな脅威を与える対人行動である（妹尾，2017）。自殺に係る相談も例外ではなく，Shea（2002/2012）は，患者が自殺念慮を告白することに抵抗を感じる原因として以下の6つをあげている。①患者は，自殺が弱さの証拠であり，恥ずべきことと思っている。②患者は，自殺が道徳に反するか，罪悪であると思っている。③患者は，自殺について話すこと自体，タブーであると思っている。④患者は，面接者から頭がおかしくなったと思われるのではないかと心配している。患者は，万一自殺念慮が認められたら「入院させられる」のではないかとおそれている。⑤患者は，真剣に死を希求しており，そのことを誰にも知られたくないと思っている。⑥患者は，誰も自分を救えないと思っている。

　高木・妹尾（2006）は，①ある人が行う援助行動が多様であるほど，彼らの被援助行動は多様であること，②日々の援助行動が成功的であると認識する人ほど，彼らの援助行動は多様であること，③援助行動に対する態度が肯定的な人ほど，援助行動や被援助行動に一層積極的に動機づけられていること，④被援助行動に対する態度が肯定的な人ほど，被援助行動や援助行動に一層積極的に動機づけられていることを示した。妹尾（2017）はこれらを「助け上手は助けられ上手」とまとめている。自殺予防教育としても，助ける経験に向けた工夫ができないだろうか。これは自殺の対人関係理論における負担感の知覚への介入ともいえる。

　自殺予防教育プログラム GRIP（川野・勝又，2018）はこれらの知見を反映させやすい構造を備える。GRIP は5時間の生徒向けのコンテンツと教員向け研修教材を含み，前者は，①気持ちを言葉で理解すること，②いやなことに対処する方法を自分のものにすること，③自分の気持ちや悩みを話すことを経て，④相談に乗ることについて，クラス全体で理解と練習をしてもらうようにできている。このプログラムの重要なポイントの一つは，クラスで取り組むことで「自分も相談に乗れるし，このクラスの友達も先生も相談に乗ってくれる」と期待できるようになることである。つまり，このプログラムは援助希求的態度の育成と同時に，援助希求を受け止めてくれる（と認知される）環境づくりを重視しており，目標は「援助が成立すること」である。前出の図1でいうと，「校内の環境づくり」にも関わるプログラムといえるかもしれない。複数の指標を用いて効果を測定しており，スキルの獲得，相談への肯定的な期待，自己破壊的行動の改善，衝動性の高い傾向の生徒にも適用可能であることなどが報告されている（川野・勝又，2018；原田ほか，2019）。中学生向けに開発されたが，小学校や大学での実践例もある。

2　自殺予防教育を必要とするのは若者だけだろうか

　桜井（2020）は，日本人は助け合わないのではないか，という仮説を提示した。たとえば世界寄付指数で助けを必要としている他人あるいは見知らぬ人を助けたか，および，何かの組織でボランティア活動に時間を費やしたか，について尋ねたところ，日本の順位は128国中125位と46位であり，各国の順位から算出した相関係数は0.5と中程度の正の相関関係を示すことから，日本は「見知らぬ人を助けた率が極端に低い国」とした。他方で，平成28年社会生活基本調査（総務省統計局，2017）によると，日本のボランティア活動は個人ではなく団体で行われており，最も多い形態は町内会であることが確認された。これらのことから，「日本人の利他行動はウチ（中根，1967）が

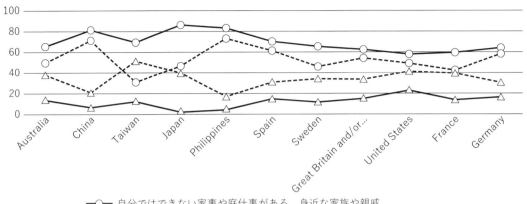

凡例:
- ─○─ 自分ではできない家事や庭仕事がある＿身近な家族や親戚
- ─△─ 自分ではできない家事や庭仕事がある＿親しい友人
- ‑‑○‑‑ 少し落ち込んだり憂うちな気分を話したくなったとき＿身近な家族や親戚
- ‑‑△‑‑ 少し落ち込んだり憂うちな気分を話したくなったとき＿親しい友人

図2　ISSP 国際比較調査データ

中心」と推測したのである。また，ISSP 国際比較調査を参照すると，「自分ではできない家事や仕事」を誰に最初に頼むのかという質問に対して，日本人の84%は身近な家族や親戚を選んでいた。他の先行研究からも助けを求める相手もまたウチであると推量して，先の仮説は「日本人はソトでは助け合わない（ウチで助け合う）」と変わった。

　この ISSP のデータの一部をグラフに示した（図2）。「落ち込んだ時の話し相手」としては身近な家族や親戚を選ぶ率が47.2%に下がるのも興味深い（台湾も似たパターンを示している）。これをうけて「日本人の助け合いはウチで行われるが，心配はかけたくない」とさらに仮説を拡張してみよう。ここで期待されるのが，「自分ではできない家事や仕事」は頼まない（3%）が，「落ち込んだ時の話し相手」には選ばれる（40%），親しい友人である。

　日本に「ソトとは助け合わず，ウチには心配をかけたくない」という文化的特徴があるのだとしたら，たとえば2017 〜 2019 年の自殺対策強化月間のポスターのコピー「伝えてほしい,その言葉」「声でも文字でも。少しずつでも。あなたの今の気持ちを聞かせてください」「待っています あなたの声を」は，どれほどの人に伝わっていたのだ

ろうか。このコピーの「語り手」が親しい友達なら応答も期待できる。ただし，同じ ISSP データでは，「悩み事を相談できるような友人はいない」と答えた人は女性より男性が多く，また年齢とともに多くなり，60 代男性の37%，70 歳以上の53%を占めていた。中高年男性の条件としてはこれも難しい。

　私たちは地域・職域のコミュニティベースで，中高年男性を対象とした自殺予防教育を構想するべきなのかもしれない。それは，今日のゲートキーパー対策を補強するものになるだろう。しかしそれが可能かどうかは今後の課題である。

▶ 文献

阿部学，藤川大祐，山本恭輔ほか（2019）分岐と選択を取り入れた動画教材を用いて「SOS の出し方」を考える授業プログラムの開発．コンピュータ＆エデュケーション 47 ; 55-60.

Charities Aid Foundation（n.d.）世界寄付指標（https://www.cafonline.org/about-us/publications/2019-publications/caf-world-giving-index-10th-edition ［2021年8月3日閲覧］）.

藤田絵理子，岡本光代，岩田智和ほか（2020）学校教育における自殺予防プログラムの文献検討と「SOS 教育─和歌山モデル─プログラム」の有効性の検討．和歌山大学教職大学院紀要（学校教育実践研究）5 ; 137-143.

後藤綾文，平石賢二（2013）中学生における同じ学級の友

人への被援助志向性―学級の援助要請規範と個人の援助
　要請態度，援助不安との関連．学校心理学研究 13；53-
　64.

原田知佳，畑中美穂，川野健治ほか（2019）中学生の潜在
　的ハイリスク群に対する自殺予防プログラムの効果．心
　理学研究 90；351-359.

稗田真由美，穐所亮博，小野貴美子（2021）中学 1 年生へ
　「SOS の出し方に関する教育」の実践から見えてくるそ
　の効果と今後の課題．別府大学院紀要 23；95-101.

井門正美，梅村武仁，川俣智路（2019）「SOS の出し方教
　育」の実践とその検討―理論と実践を往還し続ける教師．
　北海道教育大学大学院高度教職実践専攻研究紀要 9；73-
　77.

ISSP（n.d.）国際比較調査（http://w.issp.org/menu-top/
　home/［2021 年 8 月 3 日閲覧］）.

児童生徒の自殺予防に関する調査研究協力者会議（2021）
　令和 3 年度 児童生徒の自殺予防に関する調査研究協力
　者会議審議のまとめ（案）（https://www.mext.go.jp/b_
　menu/shingi/chousa/shotou/164/siryo/1422639_00004.
　htm［2021 年 8 月 3 日閲覧］）.

金子善博，井門正美，馬場優子ほか（2018）児童生徒の
　SOS の出し方に関する教育―全国展開に向けての 3 つ
　の実践モデル．自殺総合政策研究 1；1-47.

川野健治，勝又陽太郎（2018）学校における自殺予防教育
　プログラム GRIP．新曜社.

窪田由紀，シャルマ直美，長崎明子（2016）学校における

自殺予防教育の進め方―だれにでもこころが苦しいとき
　があるから．遠見書房.

永井智（2017）これまでの援助要請・被援助志向性研究.
　In：水野治久 編：援助要請と被援助志向性の心理学.
　金子書房.

永井智，新井邦二郎（2007）利益とコストの予期が中学生
　における友人への相談行動に与える影響の検討．教育心
　理学研究 55；197-207.

中根千枝（1967）タテ社会の人間関係．講談社現代新書.

阪中順子（2015）子どもの自殺予防ガイドブック．金剛出版.

桜井政成（2020）コミュニティの幸福論．明石書店.

妹尾香織（2017）援助要請行動と援助行動．In：水野治久
　編：援助要請と被援助志向性の心理学．金子書房.

Shea SC（2002）The Practical Art of Suicide Assessment :
　A Guide for Mental Health Professionals and Substance
　Abuse Counselors. New Jersey : John Wiley & Sons.（松
　本俊彦 監訳（2012）自殺リスクの理解と対応．金剛出版）

総務省統計局（2017）平成 28 年社会生活基本調査（https://
　www.stat.go.jp/data/shakai/2016/index.html［2021 年 8
　月 3 日閲覧］）.

太刀川弘和（2019）「SOS の出し方教育」と自殺予防教育.
　社会と倫理 34；41-48.

高木修，妹尾香織（2006）援助授与行動と援助要請・受容
　行動の間の関連性―行動経験が援助者および被援助者に
　及ぼす内的・心理的影響の研究．関西大学社会学部紀要
　38；25-38.

[特集] 自殺学入門——知っておきたい自殺対策の現状と課題

いじめ自殺
現状と対策の課題

下田芳幸 Yoshiyuki Shimoda
佐賀大学大学院学校教育学研究科

吉村隆之 Takayuki Yoshimura
鹿児島大学大学院臨床心理学研究科

平田祐太朗 Yutaro Hirata
鹿児島大学大学院人文社会学研究科

I　はじめに

文部科学省調査（2020）によると，2019年度のいじめ認知件数は小・中・高・特別支援学校のいずれでも過去最多であり，近年は特に増加が目立つ。また，「いじめ重大事態」（いじめにより子どもの生命・心身・財産に重大な被害が生じた，あるいは相当の期間学校を欠席することを余儀なくされている疑いがあるもの）についても増加傾向にある。

いじめ重大事態の場合，学校の設置者や学校などが設置した調査組織が調査を行うが，調査結果は特段の支障がなければ公表することが望ましいとされている（文部科学省，2017a）。筆者らはこういった調査結果を収集し，学校臨床心理学の立場から，重大事態でのいじめの特徴やエスカレートした要因，学校の課題や再発防止策の分析を進めている。

本稿ではこのうち自殺事案の分析の途中経過を提示し，自殺に至ったいじめの特徴や対策について考えてみたい（ただし字数の都合上，学校に関するものに絞っている）。

II　自殺事案におけるいじめの特徴

1　いじめ事実の特徴

2020年7月末時点で収集され，いじめと自殺との関連性を認定した調査結果16編（小学生男子1編，中学生男子8編・女子5編，高校生男子1編・女子1編）におけるいじめ事実（内容や状況）の分析結果を紹介する（下田（2020）を改変）。

いじめの内容については，言語的いじめ（悪口やからかい，「死ね」など）が最多で，仲間はずれや無視，バイキン扱いといった関係性いじめも多かった。一方で，叩く・蹴るといった身体的いじめはかなり少なかった。

次にいじめの状況については，加害者の複数性，行為が継続またはエスカレートしていたこと，被害者の孤立に関する記載が確認できた。また，学校だけでなくSNS上で行われていたいじめも多かった。

2　自殺へつながるいじめの背景要因

次に，自殺へつながるいじめの背景要因を探るため，事案の経過に十分な記載のあった4編（いずれも中学生の事案）の分析結果を紹介する（平田ほか（印刷中）と吉村ほか（印刷中）を改変）。

被害者，地域，学校の特徴や状況など，事案によって異なる要因も多かったが，①いじめ把握に関する困難，②把握したいじめへ取り組むことの困難さや不十分さ，については，多くの事例で共通して認められた。

まず，いじめ把握に関する困難については，学校が荒れていたり暴言が日常的に多かったりする場合，一つひとつの行為をいじめと認知して対応するのが難しい状況がうかがえた。また，被害者が我慢したり，逆にある程度言い返したりする様子などが見られると，通常の人間関係における軽口のようなものとの判別が難しく，教師がいじめに気づきにくいことも示唆された。これは目の届きにくい部活動やSNSとなるとなおさらであろう。

次に，把握したいじめへ取り組むことの困難さや不十分さについては，いじめ事実や被害者の心情把握が不十分なために，形式的な指導（全体への注意や席替えなど）に終始したり，不公平な指導（指導しやすい生徒や一方の生徒のみへの指導）が行われたりしていた様子がうかがわれた。そのため学校は子どもや保護者から信頼を失い，いじめの把握や対応がさらに困難となり，結果としていじめがエスカレートしていく傾向がうかがわれた。

III　自殺事案における学校の課題

自殺事案においては，いじめ以外の要因も調査される（文部科学省，2014）。そこで，十分な記載のあった5編（中学生男子2編・女子3編）を対象に学校の課題を広く抽出・分類し，14のカテゴリーと大カテゴリー4つを作成した（下田ほか（印刷中）を改変）。

1つ目は【いじめの発見や対応に関わる課題】で，①いじめ予防の取り組みの不十分さ（例：生徒によるいじめ予防の取り組みの形骸化），②不十分または不適切ないじめ認識や事実確認（例：教師がいじめの四層構造を理解していなかった／いじめを積極的に認知する姿勢に欠けていた），③不十分または不適切ないじめへの対応（例：いじめアンケートに対し聴き取りなどを行わなかった／いじめでなくトラブルとして扱った）が含まれた。

2つ目は【学校の日常的な課題（組織的側面）】で，①学校全体の不明瞭な方針（例：学校いじめ防止基本方針に具体性がない），②管理職の取り組みの不足（例：校長による学校課題の把握不足），③不十分または形式的な校内連携（例：会議での報告が形式的なものにとどまっていた／対応が各教員任せで組織的でなかった），④教師の多忙さに伴う限界（例：教員が多忙で生徒同士の関係性の観察や問題行動の分析ができていなかった），⑤スクールカウンセラー（以下，SC）などとの連携の不十分さ（例：SCの学校組織における位置づけが明確でなかった）が含まれた。

3つ目は【学校の日常的な課題（教育実践等）】で，①いじめ以外の日常的な教育活動における不備（例：学力向上への指導の偏り），②児童生徒理解のための知識の不十分さ（例：子どもの心理的発達の知識不足），③生徒との信頼関係不足（例：生徒が教員を親切に対応してくれないと思っていた），④保護者との信頼関係不足（例：日頃からの信頼関係構築の不十分さ）が含まれた。

4つ目は【いじめ以外での指導に関わる課題】で，①事実や心情の把握が不十分または形式的な指導や環境調整（例：細かすぎる指導／生徒との関わりが問題行動の指導中心），②不公平な指導（例：事実確認が不十分ななかでの連帯責任としての指導）が含まれた。

このように学校組織，教育実践，（本来的な意味での）生徒指導など，学校におけるさまざまな面での課題が指摘されていた。

IV　いじめ自殺の対策に向けて

以上を踏まえ，学校でのいじめ自殺対策を考える（ただし筆者らの専門である学校臨床心理学に関わるものに限っており，教育実践や道徳教育などには触れていない）。

なお調査結果でも触れられているが，教師が多忙であることの影響は無視できない。また，学校や学級の荒れの対応に教師が苦戦し疲弊するなかでいじめ対応が十分でなかったことがエスカレート要因の一つである点も見逃せない。実効性のあるいじめ自殺対策に向けては，教師が子どもと向き合う余裕がもてるための構造的な改善や，学校や学級の荒れに対する十分な支援が必要であることは先に指摘しておきたい。

1　いじめの内容を踏まえた取り組み

自殺事案でのいじめでは言語的いじめと関係性いじめが多かったが，これは文部科学省（2020）のいじめ態様の調査結果と共通している。自殺事案に特異なものも確認できなかったことから，自殺に至るいじめは一般的ないじめと連続線上にあると考えられる。したがっていじめ自殺対策とは特別な取り組みではなく，子どもの実態に即した通常のいじめ対策がまさにそうである，と言えそうである。

最も多い言語的いじめの予防としてはアサーション・トレーニング，関係性いじめに対しては親密な人間関係の形成や維持（あるいは苦手な相手との付き合い方）に関するソーシャルスキル教育がまず思いつく。また，いじめ加害要因としてのストレスに対するストレスマネジメント教育や，情報モラル教育におけるSNS上のコミュニケーションの特徴理解などでも心理学が貢献できるだろう。なお，学校現場ではこういった授業時間の確保も難しいが，体系的な心理教育の観点（窪田，2013）は参考になると思われる。

ところで，いじめによる他者との関わり方を予防・改善する取り組みが必要な一方で，トラブルの全く生じない人間関係というのも考えがたい。この点に関して例えば，かしま（2008）はいじめと対人関係トラブルの異同を踏まえ"ほどほどで止める能力"や"苦痛を訴える能力"の育成について，あるいは石川（2018）はケンカや対人トラブルを通して学ぶことの意義について，それぞれ

論じている。これらは学校臨床に携わるものにとって，改めて考えるべき示唆を含むと思われる（蛇足ながら両文献とも，いじめを矮小化ないし肯定しているわけでは決してない）。

2　日常的な取り組み

日常的な取り組みのうち，いじめに直接関わるものとしては，学校のいじめ防止基本方針，子どもの主体的な取り組みの促しや組織的な連携が考えられる。

基本方針については，地方自治体のものを写しただけで具体性がないといった厳しい指摘がなされていたことから，子どもの実態に合った具体的な方針を年度ごとに設定し，定期的に見直す必要があるだろう。子どもの主体的な取り組みについては調査結果のなかで，基本方針やアンケート内容への子どもの意見の反映，いじめ予防に関する企画や生徒会などを通した取り組みの促進が提案されている。そして組織的な連携については，学校いじめ対策組織の形骸化を指摘した調査結果も多いことから，いじめに関する取り組みの中心となり機能的に活動できているか，国や自治体，各学校の基本方針を踏まえて点検することなどが重要と思われる。

学校の日常的な取り組みについては，いじめ以外のことでも多くの課題が指摘されていた。このうち子どもや保護者との良好な人間関係づくり，納得のいく指導などについては，ラポール形成や受容と共感といったカウンセリングの枠組みや，行動の改善や定着に関する心理学的知見が役立つ部分も多いと思われる。また，発達段階を踏まえた子どもの心情理解と対応（見立てと手立て）についても，心理学が寄与できる部分であろう。

3　いじめの早期発見・早期対応・再発防止

先述の点と関連するが，いじめと認知されうる対人関係トラブルの発生がゼロになるとは考えにくい。そのためスローガンとしてよく挙がる「いじめゼロ」については，発生ゼロではなく，見逃

しゼロ・未対応ゼロ・再発ゼロ，と位置づけることが重要と思われる（つまり主体が子どもから大人に変わる）。

いじめ見逃しゼロ（早期発見）に向けては，いじめについての認識と，早期発見のための手段が重要と考えられる。

いじめについての認識に関しては，旧来的なイメージ（力関係の違い，継続性，加害者の複数性など）でいじめを限定的に捉えていたという課題の指摘が多かった。そのため，いじめ定義の再確認などが改めて必要と思われる。なお，いじめ防止対策推進法におけるいじめの定義が広すぎるという議論もあるが，学校現場では以前より，ケンカやトラブルであっても何らかの指導的対応を行ってきた。その意味では，旧来的なイメージではケンカやトラブルに見えるものも，その背景に（旧来的な意味での）いじめが潜んでいる可能性を考慮し早期に対応することは，これまでの取り組みとさほど大きく変わるものではないと思われるが，いかがであろうか。

次に早期発見のための手段としては，学校内の相談体制の整備と周知，注意深い観察に加え，教育相談やアンケートによる情報収集などが考えられる。これらに関しては，観察のポイント，雑談を雑にしないことの意義，傾聴の仕方，アンケートの形式や読み取りなどで，心理学が役立つことも多い。

続いて，いじめ未対応ゼロ（早期対応）に関しては，様子が気になる場合や教育相談・アンケートなどで得られた情報への対応が中心となる。特にアンケートは最も多いいじめ発見のきっかけであることから（文部科学省，2020），未対応がないよう，「万が一」「念のため」といった姿勢で対応する必要がある。学校臨床の専門家は，聴き取りのサポートのほか，回答すれば事態は変わりうるというアンケートへの子どもの期待感や，対応してくれる教師への信頼感につながるという観点から，早期対応を行う教師を支えたいところである。

最後は，再発ゼロ（再発防止）である。いじめの解消は，いじめに係る行為が少なくとも3カ月間は止んでおり，被害者が心身の苦痛を感じていないこととされている（文部科学省，2017b）。この判断は難しいため，多面的な情報収集と丁寧な経過観察が求められる。

加害者対応については，確かな反省に基づく行為の停止となるために，表面的でなく一歩踏み込んだ指導が必要となる。その際，いじめ加害者の心理に関する知見，受容と許容の違いといったカウンセリングの原則論，いじめを止められたことを肯定的にフィードバックする観点などが役に立つと思われる。

4　SCの活動に関して

上述したことはSCが携われるものも多いと思われるが，調査結果ではSCについて，学校における組織的な位置づけの不明瞭さや個別相談への偏りなどが課題として指摘されていた（筆者らもSCをしている身として大いに反省すべき点である）。SCがいじめ問題にも成果をあげるためには，SCが校務分掌上に明確に位置づけられ，教師と積極的にコラボレートすることが重要となるだろう。その上で，子どもや保護者の相談や教師へのコンサルテーションといった個への対応に加え，子どもへの心理教育や講話，教職員との事例検討会や教職員研修，教育相談に関する管理職への提言，保護者への講演会や通信等での情報発信といった，子ども全体・学校全体・保護者全体に働きかける視点も必要と思われる。

V　おわりに

以上，筆者らの分析の途中経過を基に，いじめ自殺の現状や学校の課題と対策について述べた。対策の多くは常識的なものと言えるかもしれないが，むしろこういった常識的な取り組みがやはり重要であるということを，我々はいじめ自殺事案から学ぶべきなのかもしれない。なお現場では，いじめ自殺対策としてさまざまな工夫に基づく多

様な取り組みがなされており，うまくいっている事例も多いだろう。そういった取り組みを積極的に発信し，心理学的な研究知見として蓄積していくことも重要と思われる。

　今日のいじめ予防や対応の根幹にある視点は自殺予防であるとされ（本間，2014），いじめに対する取り組みが重要であることは論を俟たない。一方でこのために，いじめ（自殺）対策は重責を伴うもの，義務的になすべきものといった，固く重く苦しい印象をもたれやすいかもしれない。子どものいのちに関わるために当然とも言えるが，教師が組織的に連携し，子どもを多面的に理解し，良好な関係を構築しながら，伴走者としてその成長を支援すること，充実した教育実践を行うこともまた，いじめ（自殺）対策に資するものと言える。その意味でいじめ（自殺）対策には，学校教育がめざす理念や方向性と軌を一にした積極的な教育的意義も見出せるように思われる。またSCをはじめとする学校臨床の専門家にとっても，学校臨床としての動き方の基本がまさにいじめ（自殺）対策と言えるのではないかと思われるが，いかがだろうか。

▶ 文献

平田祐太朗，吉村隆之，下田芳幸（印刷中）重大事態につながるいじめと関連要因に関する検討．日本教育心理学会第 64 回総会発表論文集．

本間友巳（2014）いじめの理解とスクールカウンセラーの役割．子どもの心と学校臨床 11 ; 46-53.

石川悦子（2018）過剰ないじめ対応のもたらす成長の危機——人とのよき関わり体験をどう保障するか．児童心理 72-6 ; 550-556.

かしまえりこ（2008）スクールカウンセラーにできること——「対人関係トラブル」と「いじめ」の視点から．In：本間友巳 編著：いじめ臨床——歪んだ関係にどう立ち向かうか．ナカニシヤ出版，pp.97-114.

窪田由紀（2013）学校に迫る危機．In：速水敏彦 編著：教育と学びの心理学．名古屋大学出版会，pp.265-280.

文部科学省（2014）子供の自殺が起きたときの背景調査の指針（改訂版）．

文部科学省（2017a）いじめの重大事態の調査に関するガイドライン．

文部科学省（2017b）いじめの防止等のための基本的な方針（最終改定 平成 29 年 3 月 14 日）．

文部科学省（2020）令和元年度 児童生徒の問題行動・不登校等生徒指導上の諸課題に関する調査結果について．

下田芳幸（2020）自殺事案におけるいじめ第三者調査委員会報告書の内容分析．日本心理学会第 84 回大会発表論文集，p.561.

下田芳幸，吉村隆之，平田祐太朗（印刷中）いじめ自殺事案における学校の課題の検討．日本ストレスマネジメント学会第 19 回大会発表論文集．

吉村隆之，平田祐太朗，下田芳幸（印刷中）いじめ重大事態における学級や学校の荒れの影響に関する検討．日本学校心理学会第 23 回大会発表論文集．

[特集] 自殺学入門——知っておきたい自殺対策の現状と課題

職場の自殺

過労・ハラスメントの現状と自殺対策

山内貴史 Takashi Yamauchi

東京慈恵会医科大学環境保健医学講座

I　はじめに

　警察庁自殺統計によると（厚生労働省，2020a；厚生労働省・警察庁，2021a），2007年以降，遺書などにより自殺の原因・動機が特定された者のうち毎年2,000人前後が「勤務問題」を苦に自ら命を絶っている（図1）。2010年以降，新型コロナウイルス感染症（COVID-19）のパンデミック下にあった2020年を除いて，わが国における自殺死亡者数は一貫して減少傾向にあった。このような状況のなかで，図1に示す通り，「健康問題」および「経済・生活問題」を原因・動機とする自殺死亡者数の減少が顕著であるのとは対照的に，「勤務問題」による自殺死亡者数はほぼ横ばいで推移し続けている。

　2016年10月，わが国を代表する大手広告代理店の女性新入社員の過労自殺が労災認定された事件がメディアで大きく報道された。2017年3月に策定された「働き方改革実行計画」においても，過労自殺の最たる背景要因である長時間労働の是正が最重要課題のひとつとされた。さらには，同年7月に見直しが行われた「自殺総合対策大綱」においても，自殺対策における当面の重点施策として，「勤務問題による自殺対策をさらに推進す

る」が新たに項立てされ，過労死・過労自殺について明記された。このように，過労死等防止対策の文脈とも相まって，職域における自殺対策の重要性は格段に高まっている。

　以上の点を踏まえ，本稿ではまず，警察庁自殺統計および過労死等の労災・公務災害補償状況から見えてくる，わが国の勤務問題に起因する自殺（過労自殺を含む）の実態について，筆者らの研究報告を紹介しつつ概観する。また，これらの背景を踏まえ，職域における自殺予防について筆者の私見を述べる。

II　勤務問題に起因する自殺・精神障害の動向

1　警察庁自殺統計

　2010年代後半以降，仕事上の失敗，職場の人間関係，職場環境の変化，仕事疲れなどの「勤務問題」を原因・動機（のひとつ）とする自殺死亡数は毎年2,000人前後で推移している。直近の2020年の警察庁自殺統計における「勤務問題」の詳細を見ると（厚生労働省・警察庁，2021b），「勤務問題」を原因・動機とする自殺死亡は就業人口自体が多い40〜49歳で490人と最も多く，次いで29歳以下となっている（図2）。また，内訳として「職場の人間関係」と「仕事疲れ」が多いこ

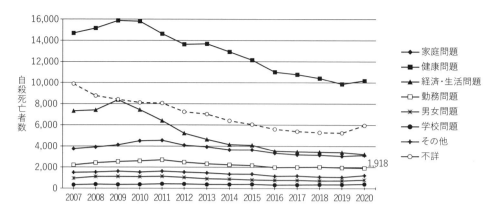

図1　原因・動機別の自殺死亡者数の年次推移（警察庁自殺統計）
（注：原因・動機は自殺死亡者1人につき3つまで計上可能とされている）

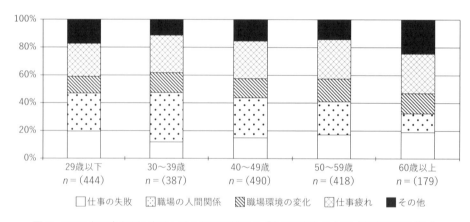

図2　2020年の自殺死亡者における年齢階級別の「勤務問題」の内訳（警察庁自殺統計）

とがうかがえる。30〜39歳を中心に「職場の人間関係」を苦とした自殺が多いことは，特に若年労働者において，長時間労働の削減とともに，職場におけるパワーハラスメントやセクシュアルハラスメント，いじめといった対人関係の要因が職場における自殺予防を進めるうえで重要であることを示唆する。

2　過労死等の労災補償状況

　精神障害（自殺および自殺未遂を含む）の労災請求件数ならびに支給決定件数を図3に示した（厚生労働省，2020b）。精神障害の労災請求件数は近年急増している。また，直近の2019年度では，

精神障害の労災請求2,060件のうち202件，支給決定509件のうち88件が自殺事案であった。

　ここで留意すべきは，前述の警察庁自殺統計において自殺の原因・動機が特定できた者のうち，「勤務問題」を原因・動機とする自殺死亡者数と，長時間労働など業務上の要因により精神障害を発症したとして労災請求・認定された自殺事案数との間の顕著な差である。例えば，2019年の警察庁自殺統計における「勤務問題」を原因・動機とする自殺死亡者数は1,949人であったのに対し，図3のように2019年度に労災請求された自殺事案は202件，支給決定されたのは88件であった。2011年12月に策定された「心理的負荷による精

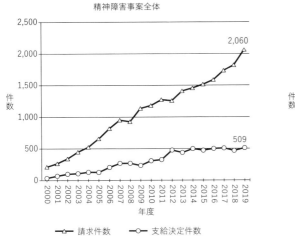

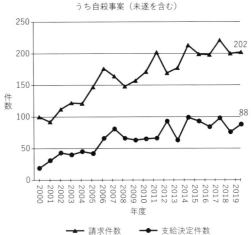

図3　精神障害の労災請求件数および支給決定件数の年次推移

神障害の認定基準」においては，精神障害の労災
認定要件として，（1）対象となる精神障害を発病
している，（2）発病前 6 カ月の間に業務による強
い心理的負荷が認められる，（3）業務「以外」の
心理的負荷や個体内要因により発病したとは認め
られない，という項目全てを満たす必要がある。
労災認定の物理的・精神的ハードルの高さゆえに
労災請求に至らないケースも多いと推察されるこ
とから，労災請求または認定された自殺事案は
過労自殺を含めた勤務に関連する自殺死亡全体の
「氷山の一角」と考えるべきであろう。

　この点に留意しつつも，筆者らは業務に起因す
る精神障害・自殺の実態を詳細に分析することを
目的として，2010 年 1 月から 2015 年 3 月までに
労災認定された精神障害・自殺事案全件の分析
を，厚生労働省ならびに全国の労働基準監督署の
協力を得て行った（過労死等の実態解明と防止対
策に関する総合的な労働安全衛生研究（研究代
表者：高橋正也）（https://www.mhlw.go.jp/stf/
newpage_04768.html［2021 年 7 月 21 日閲覧］））。
以下，精神障害・自殺の背景にある業務上の負荷
についての研究の一端を紹介する。なお，性別・
年齢別などのより詳細な分析結果は筆者らによる
別稿を参照されたい（Yamauchi et al., 2018a；山

内ほか，2018, 2020）。

　主たる業種別の業務上の出来事の該当状況を図
4 に示す（Yamauchi et al., 2018b）。ここでいう
「業務上の出来事」とは，労災認定基準において，
精神障害の発病前おおむね 6 カ月の間に起きた業
務による強い心理的負荷を生じさせる出来事を指
す。図 4 では業務上の出来事を，「長時間労働関
連の出来事」（「1 カ月に 80 時間以上の時間外労
働を行った」「仕事内容・仕事量の大きな変化を
生じさせる出来事があった」など），「事故・災害
関連の出来事」（「悲惨な事故や災害の体験，目撃
をした」「重度の病気やケガをした」など），「対
人関係関連の出来事」（「ひどい嫌がらせ，いじめ，
または暴行を受けた」「上司とのトラブルがあっ
た」など），「その他の出来事」（「会社の経営に影
響するなどの重大な仕事上のミスをした」など）
の 4 つに分類している。

　精神障害による労災認定事案の 46％で「長時
間労働関連の出来事」が，30％で「事故・災害関
連の出来事」が，21％で「対人関係関連の出来事」
が確認された。出来事の該当状況には業種間で相
違がみられ，例えば「情報通信業」「宿泊業，飲
食サービス業」では認定事案の 60％以上で「長
時間労働関連の出来事」が確認された。これに対

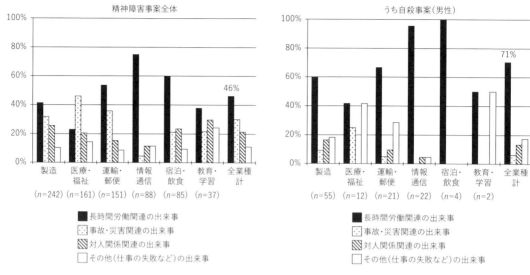

図4　主な業種別に見た労災認定要件を満たした業務上の出来事の該当状況（括弧内の値は事案数）
（注：縦軸のパーセンテージは業種別の事案数（全業種計については総事案数）を分母とした場合の割合。
ただし，複数の出来事に該当した事案が含まれるため，割合の合計は100％とならない）

し，女性事案が多い「医療・福祉」や，「製造業」「教育・学習支援業」では他の業種よりも「事故・災害関連の出来事」や「対人関係関連の出来事」に該当した事案が相対的に多かった。

精神障害の労災認定事案のうち男性の自殺事案のみに限ると，71％の者で「長時間労働関連の出来事」が確認された一方，「事故・災害関連の出来事」が確認されたのは6％であった。いずれの業種においても「長時間労働関連の出来事」が最も多かったが，「宿泊・飲食業」「情報通信業」などではこの傾向が顕著であるなど，業種間で出来事の該当状況に差異があることがうかがわれた。

3　地方公務員の過労死等の公務災害認定状況

筆者らは，総務省から受託した「平成30年度地方公務員の過労死等に係る公務災害認定事案に関する調査研究（https://www.soumu.go.jp/main_sosiki/jichi_gyousei/koumuin_seido/anzen_koumu.html［2021年7月21日閲覧］）」において，2010年1月から2017年3月までの地方公務員の精神疾患・自殺の公務災害認定事案について，職種（職員区分）別の業務負荷の動向に

ついて分析を行った（山内ほか，2020）（図5）。

認定事案数は，一般職員とともに専門職（医師，看護師，保健師，保母，保育士，社会福祉主事など）が含まれる「その他の職員（一般職員等）」において顕著に多かった。次いで事案数が多かったのは「義務教育学校職員」であり，以下，「消防職員」「義務教育学校職員以外の教育職員」「警察職員」の順であった。

職員区分別の業務負荷の該当状況については，最も事案数が多かった「その他の職員（一般職員等）」では長時間労働を含む「仕事の質・量」に該当した事案が最も多かった。これに対し，「義務教育学校職員」では，児童・生徒やその保護者への対応を含む「住民等との関係」に該当した事案が多かった。「義務教育学校職員以外の教育職員」では，保護者からの暴力・暴言・脅迫などを含む「異常な出来事への遭遇」に該当した事案が多かった。「消防職員」では悲惨な現場での職務などの「異常な出来事への遭遇」に，「警察職員」では「仕事の質・量」に該当した事案が多かったが，双方ともに職場内の上司・同僚などとの「対人関係」に該当した事案の割合が他の職員区分よ

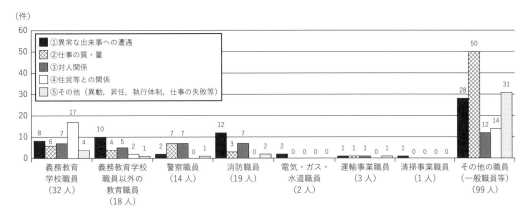

図5　地方公務員の精神疾患・自殺事案における職員区分別の業務負荷の該当状況

りも高い傾向が見受けられた。

　すでに述べたように過労死等で労災・公務災害を申請し認定された事案は「氷山の一角」であると考えられているが，II-2およびII-3項で示したように，民間労働者の業種間，および地方公務員の職種間で，業務負荷を生じる出来事の該当状況に差異があることがうかがわれた。本稿で紹介した研究成果からは，業務上の強い心理的負荷による精神障害および自殺の予防を推進するうえで，業種・職種ごとにその特性を考慮したきめ細やかな対策が重要であることが示唆される。特に，過労死・過労自殺および長時間労働者が多いとの指摘がある業種・職種（自動車運転従事者，教職員，IT産業，外食産業，医療，建設業，メディア産業など）については，労働者の長時間労働に拍車をかけているような働き方や商慣行（発注者や元請け側からの無理な業務依頼など）に関して業種別の組合等に対応・改善を求めるなど，業種の特性に応じた働きかけが必要であろう。

4　今後の職域における自殺予防──労働者の援助希求行動に着目して

　紙幅の都合で詳細には触れられなかったが，筆者らの研究結果からは，若年労働者の長時間労働およびハラスメント対策や，大規模事業場と比較して社内の支援・相談体制の整備が遅れがちな中・小規模事業場における対策が，職域における自殺予防において重要であることが示唆されている。メンタルヘルスやハラスメントに関連する相談窓口の設置（または担当者の配置）は具体的な対応の第一歩であるが，その存在を社内で周知徹底することが大切である。それによって職場全体が問題意識を共有したり，ハラスメント等の自制にもつながり得るためである。

　労働者側からの積極的な相談の促進という観点から，筆者らは「治療と仕事の両立支援」を主題として，「職場風土」が労働者の援助希求行動に及ぼしうる影響について研究を進めている（山内ほか，印刷中）。「治療と仕事の両立支援」は「働き方改革実行計画」の重要課題のひとつである。COVID-19の流行によりソーシャルディスタンスを強いられる状況のなか，労働者が自分の病気を会社に申し出ることは以前に増して抵抗感が強まっている可能性が高い。筆者らの研究からは，社内の勤務・休暇制度や相談窓口の有無とともに，この抵抗感を左右する大きな要因としての職場の協働的風土の重要性が示唆された。治療で通常勤務が難しい状況になっても居づらくならない風土，迷惑ではなくお互い様と言い合える風土，困難な状況にある同僚を支援しようという風土，悩みを安心して相談でき適切な助言や配慮を受けられるような風土を醸成することで，相談や支援の

申出の閾値を下げ，メンタルヘルス不調や自殺の
リスク低減に寄与し得る可能性が考えられる。特
に支援の申出に消極的な労働者に対しては，職場
環境改善プログラムによる職場風土の改善，およ
び社内研修における両立支援の成功事例の情報提
供などが有効であると考えられる。

III　おわりに

　2020年以降のCOVID-19流行下において，医
療・福祉や運輸などの業種では，いわゆるエッセ
ンシャルワーカーを中心に労働者の心身両面の疲
労の蓄積やストレスの増加が懸念されている。ま
た，感染予防対策としての在宅勤務やテレワーク
の導入・増加による上司・同僚とのコミュニケー
ションの不足など，新しい働き方に伴うストレス
を強いられる労働者も多い。このような状況のな
か，職域における自殺を予防するうえで，長時間
労働ならびに長時間労働が生じる背景（過大なノ
ルマ，業務負荷に比して短い納期など）への対応
だけでなく，管理監督者研修や相談窓口の設置を
通じてのハラスメントの防止，職場環境改善によ
る相談しやすい雰囲気づくりなどの多面的な対策
が以前にも増して強く望まれる。

▶文献
厚生労働省（2020a）令和2年版自殺対策白書（https://
　www.mhlw.go.jp/stf/seisakunitsuite/bunya/hukushi_
　kaigo/seikatsuhogo/jisatsu/jisatsuhakusyo2020.html
　［2021年7月21日閲覧］）.
厚生労働省（2020b）令和2年版過労死等防止対策白書「第
　2章　過労死等の現状」（https://www.mhlw.go.jp/wp/
　hakusyo/karoushi/20/index.html［2021年7月21日閲
　覧］）.
厚生労働省・警察庁（2021a）自殺の統計「令和2年中
　における自殺の状況」（https://www.mhlw.go.jp/stf/
　seisakunitsuite/bunya/hukushi_kaigo/seikatsuhogo/
　jisatsu/jisatsu_year.html［2021年7月21日閲覧］）.
厚生労働省・警察庁（2021b）令和2年中における自殺の
　状況「付録1年齢別，原因・動機別自殺者数」（https://
　www.mhlw.go.jp/content/R2kakutei-f01.pdf［2021年7
　月21日閲覧］）.
Yamauchi T, Sasaki T, Yoshikawa T et al. (2018a)
　Incidence of overwork-related mental disorders
　and suicide in Japan since 2010. Occupational
　Medicine(Lond) 68 ; 370-377.
Yamauchi T, Sasaki T, Yoshikawa T et al. (2018b)
　Differences in work-related adverse events by sex and
　industry in cases involving compensation for mental
　disorders and suicide in Japan from 2010 to 2014.
　Journal of Occupational and Environmental Medicine
　60 ; e178-182.
山内貴史，須賀万智，柳澤裕之（印刷中）中小企業におけ
　る就業配慮を要する状況下での治療と仕事の両立支援を
　促進し得る要因—協働的風土ならびに被援助に対する態
　度に着目して.産業衛生学雑誌.
山内貴史，竹島正，須賀万智ほか（2018）自殺対策全体か
　ら見た過労自殺の防止.Progress in Medicine 38 ; 379-
　385.
山内貴史，吉川徹（2020）業種・職種別に見た精神障害の
　労災認定事案の分析結果について.産業ストレス研究
　27 ; 289-298.

🐟 [特集] 自殺学入門──知っておきたい自殺対策の現状と課題

孤独な高齢者が幸せに生きていくためには？

豊島 彩 Aya Toyoshima

京都大学

I　高齢期の孤独の問題

すでに一般にも広く知られている通り，日本では人口の高齢化が急速に高まり，一人暮らしの高齢者世帯の割合が増加している（内閣府，2020）。一人暮らしの高齢者における人との交流の希薄化が社会問題として注目されているが，一人暮らしかどうかにかかわらず，高齢期には退職といったライフイベントにより社会的役割を失い，そのほかにも重要な他者との死別，さらに身体機能の衰えといった，喪失経験が多くなる。より具体的には，退職によりそれまで大きな社会的役割であった社会人としての役割を失い，家族関係においては，子どもの独立や結婚により，親としての役割に少なからず変化が生じる。さらに，年齢を重ねるほど，長年信頼関係を築いた配偶者や友人との死別を経験する機会が増える。このようなライフイベントが一律に生じるとは言えないが，働き方や家族の在り方が多様となり，高齢期は身体機能に限らず社会的側面においても喪失経験が多くなる。

高齢期の孤独の問題は，客観的に判断して人との交流が不足しているとされる社会的孤立と，個人の主観として人間関係に不満を感じている孤独感に分けて議論する必要がある。どちらも高齢期の心身の健康状態に深く関わり，特に孤独感は心身の健康に影響する重要な心理的要因である。

1　社会的孤立と孤独感

社会的孤立という言葉を聞くと，主に一人暮らしの高齢者がイメージされがちであるが，家族と同居している場合であっても，家の外での交流がない状況は社会から孤立しているとみなすことができる。社会的孤立の定義は研究分野によって異なるが，斉藤ほか（2015）では，対面・非対面にかかわらず，同居者以外との交流が週に1回未満としている。また，病気や急病になった際の看病や，日常の心配事を相談するなどの心理的サポートといった，ソーシャル・サポートが得られる他者の存在があるかどうかも，社会的孤立の定義に含まれる（斉藤ほか，2010）。

社会的孤立は，人との交流頻度といった客観的に判断可能であるソーシャル・ネットワークと，主観的判断も含まれるソーシャル・サポートという，量と質の両方の側面から判断される。ここで，量と質のどちらが重要であるかという疑問が生じるが，ソーシャル・ネットワークを基盤として，ソーシャル・サポートが形成されるため，最低限の人との交流を前提とし，そこから信頼関係の形

成に繋がるという構造となる。

2　孤独感の影響——孤独は人を殺す

　孤独感は社会的孤立の主観的知覚であり，客観的に判断される社会的孤立とは区別される（Cacioppo & Hawkley, 2009）。孤独感の代表的な定義に共通する要素として，「社会的関係の欠如に起因すること」「主観的な経験であり，社会的孤立とは同じ意味ではないこと」「孤独感の体験は不快であり苦痛を伴うこと」の3点がある（Perlman & Peplau, 1981）。孤独感は不快な体験であるとされ，抑うつ（Koenig et al., 1994）や攻撃性（Crick & Grotpeter, 1995）の高さと関連する。そのほかにも，孤独感は自殺を予測する心理的要因であり（Barnow et al., 2004），孤独感が高まるのは好ましくない状態であるとされる。

　健康面への影響については，孤独感が高いことは睡眠状態の悪化（Cacioppo et al., 2002）や高血圧（Cacioppo et al., 2000）と関連することが指摘されており，健康状態にも深刻な影響を与える。さらに，認知機能低下や認知症のリスク（Sundström et al., 2020），そして寿命を予測することが示されている（Patterson & Veenstra, 2010 ; Shiovitz-Ezra & Ayalon, 2010）。特に寿命への影響は多くの研究で報告され，慢性的な孤独感は寿命を縮めるといっても過言ではない。

3　孤独感の何が問題なのか？

　病的な状態でなくても，「さみしい」「周囲に親しい人がいない」と感じることは誰しもが日常的に経験する。Cacioppo & Patrick（2008）は孤独感の問題点として，以下の3点を挙げた。1点目は，孤独感の程度は個人の欲求の程度に左右され，孤独感が高まると社会的断絶に対して脆弱になることである。孤独を感じやすいかどうかには遺伝と環境の両方の影響があるとされ，実際に社会的活動や精神状態に支障が生じるかどうかは個人差がある。2点目は，孤独感は情動を自己調節する能力を低下させ，ストレスに対する抵抗力を弱める

ことである。その結果，先述した心身への悪影響が生じると考えられる。3点目は，孤独感は他者についての（または他者からの）評価や，行動に対する認知を歪ませるということである。孤独感が強い人は他者に対する評価がネガティブになりやすく（Jones et al., 1981），この認知の歪みの結果，さらに周囲から孤立するという悪循環に陥る危険性がある。

　このように，孤独感はその原因や感じ方の個人差が大きく，さらに心身への影響が大きいにもかかわらず，一度慢性的に高まるとそこからの脱却が困難であるという，非常に複雑で厄介なものである。孤独感は，人間が集団で生活することによって得てきたものとも言え（Cacioppo & Patrick, 2008），日常的な孤独感は他者とのつながりが不足していることに対する危険信号のような役割を担う。つまり，孤独感が高まることは，人が社会で生活するために備わった重要な機能であるが，場合によっては心身の健康に深刻な影響を与え，これら2つの特徴を見分けることは非常に困難である。

II　孤独感のエイジングパラドクス

1　孤独な高齢者のイメージ

　独居高齢者における社会交流の希薄化は，「孤立死」や「寂しい独居老人」といったネガティブなイメージと結びつきやすく，当事者である高齢者に限らず，若い世代においても，高齢期に対する否定的なイメージとして孤独が挙げられている（保坂・袖井, 1988）。特に，高齢者に対するイメージは，メディアの影響を受けやすいことが考えられ（高岡ほか, 2011），また高齢者の「孤立死」が世間に大きく取り上げられることで，高齢期に対して一人で孤独なイメージが持たれやすい。これらの影響から，高齢になると配偶者と死別し独居になる可能性が高く，社会的に孤立しがちとなり，孤独感が高まる，といったイメージが形成される。

2　孤独感の加齢変化

　高齢期は孤独感を高めるとされるライフイベントが多く経験される（Perlman & Peplan, 1981）。また，独居といった居住形態の影響にかかわらず，一人で過ごす時間の割合は年齢とともに増え，成人では29%，退職後の高齢者では48%に達するとされ（Larson, 1990），加齢に伴う社会的活動の減少は孤独感を高めるリスクとなることが予想される。

　しかし，実際には孤独感に年齢による影響は想定よりも弱く，高齢期は若い世代と孤独感の高さは同程度とされる（Pinquart & Sörensen, 2001）。高齢期は喪失経験が多くなるのに対し，主観的ウェルビーイングが維持される現象はエイジングパラドクス（Aging paradox）（Löckenhoff & Carstensen, 2004）と呼ばれる。孤独感の加齢変化に関しても，ライフイベントやそれによる社会的活動の変化に対して，孤独感が高まらず主観的ウェルビーイングが維持される現象は，エイジングパラドクスの社会的側面の一部と解釈される。筆者は，この加齢に伴うライフイベントの変化のネガティブな影響が孤独感の変化として見られない現象を「孤独感のエイジングパラドクス」と呼んでいる。

　次節では，孤独感や社会関係の加齢変化についての孤独感のエイジングパラドクスを説明する諸理論について紹介する。

3　エイジングパラドクスを説明する諸理論

1．離脱理論

　離脱理論（Disengagement Theory）（Cumming & Henry, 1961）は，老年学における基本理論の一つとされる。離脱理論では，高齢期は活動的生活からの離脱を受け入れることを意味し，社会から撤退することを本来備わっている発達的特性とみなす。中年期以降が加齢に伴う社会関係の変化を受け入れることは発達的変化であり，その結果として孤独感が高まらずウェルビーイングが維持されると考えられる。しかし，離脱理論の再検討

が行われた結果，高齢者の現実の適応過程と異なることが示され（Havighurst et al., 1968），離脱理論の再現性は確証されなかった。これらの理論的論争の結果として，高齢期においても活動的生活を維持するか否かといった一義的な側面からは，現在における多様な適応様式を説明できないことが示唆された（小田，2004）。

2．補償を伴う選択的最適化（SOC）

　Baltes et al.（1984）は，高齢期の適応を説明する新たな理論として，補償を伴う選択的最適化（SOC : Selective Optimization with Compensation）を提唱した。SOCは加齢に伴う喪失に対する適応的発達の枠組みとして，獲得を最大として損失を最小とするために自身の資源を最適化することを重視する。SOCにおける適応的状態とは，個人が日常でさまざまな目標を設定し，それを達成することと考える。高齢期では身体機能の低下といった喪失に対して，重要な目標に絞り込むこと（Loss based selection），目標達成に向け最適な行動をとること（Optimization），不足した資源を利用可能な資源で補うこと（Compensation）が重視される。孤独感のエイジングパラドクスにおいては，ライフイベントにより以前の社会関係を維持することが困難となった場合，高齢者はより重要な他者との関係や，接触可能な身近な対象との関係を重視することで，そのネガティブな影響を抑えると考えられる。よって，高齢期では，単純に社会的相互作用の量が多いことが主観的ウェルビーイングに影響するのではなく，より重要な関係性を重視するといった，質的側面の影響が重要となる。

3．二次的制御方略

　Heckhausen & Schulz（1995）は，SOCを発展させ，目標を達成するために環境に働きかける一次的制御方略（Primary Control Strategy）と，自己に働きかける二次的制御方略（Secondary Control Strategy）を区別した。加齢により目標

達成が困難である場合，高齢者は後者を用いて目標を重視しなくなったり，自己防衛をしたりすることで対処すると考える。なお，高齢期に限らず人は目標達成が困難である場合，環境に働きかける一次的制御方略を用い，それが困難な状況に対しては自己の認識に焦点を当てる二次的制御方略を用いて自尊感情を維持すると考えられる（Haase et al., 2013）。

孤独感は，本人が望んでいる社会関係と現状との差を認識することにより生じるともされる（Sermat, 1978）。一次的制御方略とは，個人の欲求水準に実際の社会関係をあわせようとする方略であると考えられる。一方で，二次的制御方略で示される，自己に働きかけ欲求水準を下げるという方向により，孤独感を抑制し主観的ウェルビーイングを維持することも考えられる。二次的制御方略を使用するためには，そのための能力や資源があることが前提であり，身体疾患や心身の衰えにより，一次的制御方略による対応が困難な場合，二次的制御方略が有効である。例えば，社会関係が不足していると感じ，新たな人間関係の構築が困難な場合，自分の欲求水準を現状に合わせて調整することで，孤独感が高まらなくなることが考えられる。孤独感のエイジングパラドクスを説明するにあたり，個人の認知や志向性を変化させるといった二次的制御方略による説明も可能である。

III　孤独でも幸せな高齢期とは？

1　一人の生活を楽しむライフスタイル

社会的活動は，孤独感の抑制や主観的ウェルビーイングの維持にとって重要な要素である。その反面，現代社会では他者との繋がりや家族形態が多様化したことにより，一人の生活を楽しむライフスタイルが老後の選択肢として存在感を強めている（上野，2007）。わが国では，少子高齢化と核家族化を背景に，結婚や出産を経験したとしても，配偶者との死別や子どもの独立により，人生の晩年は一人暮らし（"おひとりさま"）となる

可能性も十分考えられる。今後，新たな老後のライフスタイルとして，家族を持たない人や，社会的活動を積極的に行わない人の生活が注目されていくと予測される。

我が国では，"おひとりさま"は新たなライフスタイルの選択として捉えられる側面もあるが，社会的孤立や慢性的な孤独感は高齢期の心身の健康に深刻な影響を与える。よって，孤独を楽しむライフスタイルのメリットとデメリットを慎重に検証する必要がある。イギリスでは2018年に孤独担当大臣が新設され，高齢者や介護者を中心に，孤独による心身の健康問題への対策が政府によって取り組まれることとなった。日本でも，2021年2月，内閣官房に「孤独・孤立対策室」が設置され，高齢者に限らず，社会において孤独をどう捉えていくかが今後の課題となるだろう。

2　孤独を楽しむ高齢者の存在

人との交流よりもプライベートな時間を過ごすことを好む志向性は，孤独な時間を楽しむことに関わってくるだろう（Leary et al., 2003）。この志向性は「一人で過ごせる能力」とも表現されるが（Long et al., 2003），必ずしもソーシャルスキルの低さや社会から孤立することを自ら望むことを指しているのではない。孤独な時間を楽しめることで，何かしらの事情で社会的活動ができなくなったとしても，そのネガティブな影響を抑えることができる。

近年の研究では，一部の高齢者には孤独を楽しむ傾向が少なからずあることが示されている。Pauly et al.（2017）では，若い世代と高齢者を対象に，長期の孤独と一時的な孤独が感情に与える影響を検証した結果，高齢期において一時的な孤独はポジティブ感情を高めることが示された。Toyoshima & Sato（2019）では，孤独を好む志向性の高い高齢者は，一人の時間が多いとポジティブ感情が高いことがわかった。孤独を好まない高齢者や他の年代では，社会的交流の少なさが，ポジティブ感情といった主観的ウェルビーイング

の高さと関連することは確認できなかった。これらの知見から，加齢により一人の時間が増えても，一部の高齢者は孤独を楽しみ，主観的ウェルビーイングを維持していることが考えられる。

Ⅳ　今後の課題

本稿では，高齢期の孤独の問題について，また孤独感が心身に与える影響や高齢期におけるエイジングパラドクスについて紹介した。さらに，高齢期には，若い世代とは異なる心理的発達により，社会的活動が制限されることのネガティブな影響が弱くなることが予測される。その心理的プロセスについては，現在知見が蓄積されている段階であるが，社会的活動のあり方は日々変化し続け，高齢期の孤独についてもその意義を見直す段階を迎えている。

先述した通り，孤独感を扱う際に問題となるのは，病的な状態の判断が非常に難しいことである。現代社会では，ITの発達により，非対面での交流が活発となり，外出をしなくても，友人や家族とコミュニケーションをとる仕組みが整ってきた。一方で，今後これらの技術を利用できる者とそうでない者との情報格差が深刻となることが予想できる。現在は，人と接触しなくても買い物や公的サービスを利用できる機会も増え，他者と会わなくても生活ができるサービスへのニードが高まっている。このような社会全体の動きからも，個人のプライベートを尊重する価値観が広がっているとも言える。

孤独のメリットを評価することは，従来は社交性やソーシャルスキルが低いとされていた人々の価値観を認め，プライベートな楽しみや，対人交流に依存しない新たな心理的介入の仕組みの可能性を広げる。ここで，重要なのは，孤独感の危険信号としての役割を再確認し，本人が孤独と上手く付き合えるようになることである。そしてそれを支える仕組みや周囲の理解を構築することである。幸い日本においても，非対面による交流を円滑にする技術やサービスが浸透しつつある。対面と非対面による交流のメリットとデメリットを確認しながら，これらの技術を活用することが望まれる。

▶文献

Baltes PB, Dittmann-Kohli F & Dixon RA (1984) New perspectives on the development of intelligence in adulthood : Toward a dual-process conception and a model of selective optimization with compensation. Life-span Development and Behavior 6 ; 33-76.

Barnow S, Linden M & Freyberger HJ (2004) The relation between suicidal feelings and mental disorders in the elderly : Results from the Berlin Aging Study (BASE). Psychological Medicine 34 ; 741-746.

Cacioppo JT, Ernst JM, Burleson MH et al. (2000) Lonely traits and concomitant physiological processes : The MacArthur social neuroscience studies. International Journal of Psychophysiology 35 ; 143-154.

Cacioppo JT & Hawkley LC (2009) Perceived social isolation and cognition. Trends in Cognitive Sciences 13 ; 447-454.

Cacioppo JT, Hawkley LC, Crawford LE et al. (2002) Loneliness and health : Potential mechanisms. Psychosomatic Medicine 64 ; 407-417.

Cacioppo JT & Patrick W (2008) Loneliness : Human Nature and the Need for Social Connection. W.W. Norton & Company.

Crick NR & Grotpeter JK (1995) Relational aggression, gender, and social-psychological adjustment. Child Development 66 ; 710-722.

Cumming E & Henry WE (1961) Growing Old : The Process of Disengagement. Basic Books.

Haase CM, Heckhausen J & Wrosch C (2013) Developmental regulation across the life span : Toward a new synthesis. Developmental Psychology 49 ; 964-972.

Havighurst RJ, Neugarten BL & Tobin SS (1968) Disengagement and pattern of aging. In : BL Neugarten (Ed) Middle Age and Aging : A Reader in Social Psychology. Chicago : University of Chicago Press, pp.161-172.

Heckhausen J & Schulz R (1995) A life-span theory of control. Psychological Review 102 ; 284-304.

保坂久美子, 袖井孝 (1988) 大学生の老人イメージ—SD法による分析. 社会老年学 27 ; 22-33.

Jones WH, Freemon JE & Goswick RA (1981) The persistence of loneliness : Self and other determinants 1. Journal of Personalized Medicine 49 ; 27-48.

Koenig LJ, Isaacs AM & Schwartz JAJ (1994) Sex differences in adolescent depression and loneliness :

Why are boys lonelier if girls are more depressed?. Journal of Research in Personality 28 ; 27-43.

Larson RW（1990）The solitary side of life : An examination of the time people spend alone from childhood to old age. Developmental Review 10 ; 155-183.

Leary M, Herbst K & McCrary F（2003）Finding pleasure in solitary activities : Desire for aloneness or disinterest in social contact?. Personality and Individual Differences 35 ; 59-68.

Löckenhoff CE & Carstensen LL（2004）Socioemotionol selectivity theory, aging, and health : The increasingly delicate balance between regulating emotions and making tough choices. Journal of Personalized Medicine 72 ; 1395-1424.

Long CR, Seburn M, Averill JR et al.（2003）Solitude experiences : Varieties, settings, and individual differences. Personality and Social Psychology Bulletin 29 ; 578-583.

内閣府（2020）令和 2 年版高齢社会白書（https://www8.cao.go.jp/kourei/whitepaper/w-2020/zenbun/02pdf_index.html［2020 年 12 月 29 日閲覧]）.

小田利勝（2004）社会老年学における適応理論再考．神戸大学発達科学部研究紀要 11 ; 361-376.

Patterson AC & Veenstra G（2010）Loneliness and risk of mortality : A longitudinal investigation in Alameda County, California. Social Science & Medicine 71 ; 181-186.

Pauly T, Lay JC, Nater UM et al.（2017）How we experience being alone : Age differences in affective and biological correlates of momentary solitude.

Gerontology 63 ; 55-66.

Perlman D & Peplau L（1981）Toward a social psychology of loneliness. Personal Relationships 3 ; 31-56.

Pinquart M & Sörensen S（2001）Influences on loneliness in older adults : A meta-analysis. Basic and Applied Social Psychology 23 ; 245-266.

斉藤雅茂，近藤克則，尾島俊之ほか（2015）健康指標との関連からみた高齢者の社会的孤立基準の検討─10 年間の AGES コホートより．日本公衆衛生雑誌 62 ; 95-105.

斉藤雅茂，冷水豊，武居幸子ほか（2010）大都市高齢者の社会的孤立と一人暮らしに至る経緯との関連．老年社会科学 31 ; 470-480.

Sermat V（1978）Sources of loneliness. Essence 2 ; 271-286.

Shiovitz-Ezra S & Ayalon L（2010）Situational versus chronic loneliness as risk factors for all-cause mortality. International Psychogeriatrics 22 ; 455-462.

Sundström A, Adolfsson AN, Nordin M et al.（2020）Loneliness increases the risk of all-cause dementia and Alzheimer's disease. The Journals of Gerontology. Series B : Psychological Sciences and Social Sciences 75 ; 919-926.

高岡哲子，岡本麗子，榊原千佐子ほか（2011）看護学生が老年看護学概論の講義終了時に持った高齢者イメージの検討．北海道文教大学研究紀要 35 ; 25-35.

Toyoshima A & Sato S（2019）Examination of the effect of preference for solitude on subjective well-being and developmental change. Journal of Adult Development 26 ; 139-148.

上野千鶴子（2007）おひとりさまの老後．法研.

[特集] 自殺学入門——知っておきたい自殺対策の現状と課題

コロナ下における自殺
現状と対策の方法

上田路子 Michiko Ueda
早稲田大学政治経済学術院

I　はじめに

　新型コロナウイルス感染症が日本において広がり始めた 2020 年 3 月初旬，配偶者が海外在住のため一人で子育てをしている筆者は「休校ショック」で茫然自失の状態であった。2 週間ほど経って，この新しい感染症が人々のメンタルヘルスや自殺者数に多大な影響を与える可能性にようやく思い至り，今度はそちらに呆然とすることになった。すぐさま実態調査をしなければならないと思い立ち，共同研究者と大急ぎで調査項目を準備し，一般市民 1,000 人を対象としたオンライン調査を開始したのが 2020 年 4 月中旬であった（2021 年 2 月まで毎月実施）。本稿では，1,000 人調査の結果を紹介し，コロナ下で人々のメンタルヘルスに何が起きていたのか，そしてなぜ自殺者数が増えたのかを考察することとしたい。

　本題に入る前に，日本の自殺者数は 2019 年までは減少傾向にあったことを確認しておきたい。自殺者数は 1990 年代後半の経済危機を契機にわずか 1 年で約 35% 急増し，その後，年間 3 万人以上の人が自ら命を絶つ事態が 14 年間続いた。以降，東日本大震災後くらいより自殺者数は減少し，2019 年時点での自殺者数は 20,169 人とピーク時（2003 年，34,427 人）に比べて 1.4 万人程度も減っていた（警察庁，2021）。これほど減少した理由については諸説あるが，原因が何であるにせよ，コロナが始まる前の日本では自殺者数は明らかな減少傾向にあった。

II　コロナ下における日本の自殺

　しかし，その減少トレンドは 2020 年後半には反転することとなる。2020 年 4 月から 5 月にかけての第一次緊急事態宣言中は自殺者数が過去 3 年間と比較して減少したが，それはある程度予想されていたことであった。先行研究は戦時中や自然災害発生後には自殺者数が減少する傾向があることを示していたからである（例えば，Stack, 1988 ; Matsubayashi et al., 2013）。コロナは戦争でも自然災害でもないが，人々に緊張を強い，目的に向かって一致団結することを促すという意味でそれらのイベントと類似性があることから，減少をしても不思議ではなかった[注1]。また，緊急事態宣言に伴う外出自粛や休校は，一部の人にとっては以前の生活様式よりも快適であった可能性もあると考えられた。実際，2020 年 1 月と 4 月に同一の回答者を追跡調査した結果，コロナ前に自殺念慮があった回答者の自殺念慮の程度は，

2020年4月の緊急事態中には減っていたことが確認されている（Sueki & Ueda, 2021）。この傾向は長くは続かず，いつか自殺者増加という形の揺り戻しが来るとは想定していたが，その規模と早さは筆者の想像以上であった。

潮目が変わったのは2020年7月であった。この月から女性の自殺者の増加が目立つようになる（前年から563人から666人への増加，増加率18.3%）。7月は第一波の収束を受けてGo Toトラベルキャンペーンが開始され，県境を超えた移動が解禁されるなど，完全ではないものの，人々が以前の生活を少しずつ取り戻していた頃である。後に詳しく見るように，7月には著名人の自殺も報道されている。

自殺者数の増加は2020年8月以降も続き，7月から9月までは40歳未満の比較的若い女性の間で増加が顕著に見られたことが特徴的であった（図1）[注2]。ところが，10月に入ると，40〜59歳の女性でも大幅に自殺者数が増加し（40歳未満，40〜59歳とも過去3年平均値の約2倍），男性の自殺者数も28.2%増えている。その結果，10月の総自殺者数は2019年の1,539人から2,231人へと大幅に上昇した。この頃より，日本のメディアだけでなく，海外のメディアも日本の自殺者数急増のニュースを取り上げるようになっていく。特に，2,000人を超えた10月の自殺者数が当時のコロナによる累計死者数（1,765人）より多かったことは大きな衝撃をもって受け止められた（例えば，CNN, 2020）。

警察庁の自殺統計原票に基づく確定値によると，2020年の総自殺者数は21,081人，うち男性14,055人，女性7,026人であった（警察庁，2021）。2019年と比較すると，912人（4.5%）の増加であったが，その内訳を見ると男性の自殺者数が減少（−23人），女性の自殺者数が935人（15.4%）の増加であった。つまり，2020年の自殺者数増加は女性自殺者数の増加によるものであったということである。なお，コロナ下における女性自殺者数の増加に注目が集まりがちである

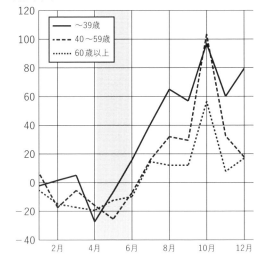

図1　女性の月別自殺者
——2017〜2019年平均値から2020年の変化率

が，絶対数では依然として男性の自殺者数のほうが多いことは留意すべきである。

2020年における自殺のもうひとつの特徴は，学生・生徒の自殺の増加である。小中高生の自殺者数は比較可能な統計が存在する1980年以来の過去最高値を記録し，499人となった（2019年は399人）。なかでも，女子高校生の増え方が突出している（2019年：80人，2020年：140人，男子高校生については199人で前年より変化なし）。増加は休校明けの20年8月以降に集中していた（Ueda et al.（2021）参照）。それ以外の職業を見ると，女性の被雇用者・勤め人，主婦の増加が目立つ（前年比それぞれ393人，143人の増加。増加率はそれぞれ34.6%，14%）。男性の場合，被

注1）多くの国で感染症拡大の初期には自殺者数の減少が報告されている。Pirkis et al.（2021）参照。
注2）2017年から2019年の3年の平均値と2020年同月の比較をしているのは，2019年の数値が何らかの理由で通常とは異なる傾向を示していた可能性を考慮に入れてのことである。ただし，煩雑になるため，特に問題がないと思われる場合には，本稿では2019年のみを比較対象として示した。自殺者数は2019年まで減少傾向にあったことから，2017〜2019年を比較対象とすると，2019年だけを比較対象とするよりも増加率が低く算出されることに注意されたい。

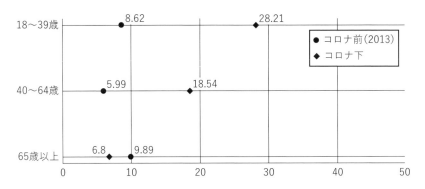

図2　年齢グループ別中程度〜重度のうつ状態の回答者の割合
（注：Hoshino et al.（2018）および筆者らが 2020 年 4 月〜 2021 年 2 月に実施した独自調査に基づく）

雇用者・勤め人による自殺が最も増加しており（前年比 158 人増），逆に自営業・家族従事者の自殺者数は減少している（前年比 159 人減）。

III　なぜ 2020 年に主に女性の自殺者数が増加したのか？

　個票データやその他関連データがまだ揃っていない現時点において，コロナ下で主に女性の自殺者が増加した理由を完全に解明することは正直困難であるが，本節では関連があると思われるいくつかの要因の影響を考察していきたい。

　まずは，筆者らが一般市民 1,000 人を対象に毎月実施した調査から見えてくることは，比較的若い世代のメンタルヘルスの状態の悪化である。本調査では，うつ状態については PHQ-9（Spitzer et al., 1999），不安障害については GAD-7（Spitzer et al., 2006）を用いて測定した。PHQ-9 の結果を見ると，調査期間（2020 年 4 月〜 2021 年 2 月）を通じて，若い年齢層ほど状態が悪いという結果が出ており，調査時期による大きな変化は認められなかった（Ueda et al., 2021）[注3]。特筆すべきは，コロナ前に実施された一般市民を対象とする PHQ-9 の結果（Hoshino et al., 2018/2013 年実施）とコロナ下での我々の調査結果を比較すると，若い年齢層の状態が最も悪化しており，高齢者についてはコロナ前後での変化を認めなかったことである（図 2 参照）。図 2 は単純集計であるが，年

収や学歴などの回答者の属性を統制しても若い年齢層の抑うつ傾向が高いという結果に変わりはなく，特に大きな男女差も認められない（Ueda et al., 2020）[注4]。不安障害についても同様で，若い世代のほうが高い傾向にあった。回答者の居住都道府県の感染状況とメンタルヘルスの状態に関係がないことも明らかになっている。つまり，これらの結果は，コロナ下の人々の精神状態を主に規定していたのが感染不安ではないことを示唆している。

　コロナ下での女性の自殺者増の理由を考えるにあたっては，むしろ新型コロナウイルス感染症対策がもたらした社会経済的影響に目を向けるべきであろう。感染症対策に伴う経済的打撃は観光業，飲食業など特定の産業に集中しているが，それら産業は女性の従事者が多く，またその多くが非正規雇用である。我々の調査でも，過去 3 カ月に失業・休職・大幅な収入の減少を経験したと答えた回答者の割合は 40 歳未満の女性が一番多く，そのような経験をした同年代の男性の割合とは 8 ポイント以上の差があった（Ueda et al., 2021）。そ

注 3）PHQ-9 は 0 から 27 の値を取るが，先行研究に従い 10 以上の回答者を「中程度・重度の抑うつ状態」と定義し，その割合を計算した。
注 4）引用論文では 2020 年 4 月・5 月調査のみを分析対象としているが，全期間のデータを用いても類似の結果が得られる。

して，過去3カ月以内に上記のような雇用状態の変化を経験した女性は，そのような変化を経験していない同年代の女性よりも約1.5倍抑うつ傾向にあった（Matsubayashi et al., 2021）。したがって，コロナ下での経済的ネガティブショックは人々のメンタルヘルスに大きな影響を与えている可能性があり，雇用面の影響を受けたのは女性が多かったことを併せて考えると，雇用縮小と女性の自殺者数の増加には関連があると推察される。ただ，この点を直接的に証明することは，少なくとも現時点で存在するデータでは困難である。

感染症対策によって影響を受けたのは経済活動だけではない。自殺者数の増加を考える上で，2020年春の休校が学生・生徒およびその保護者（特に母親）に与えた影響は検討すべきだと思われる。これまで学校が主な活動場所であった子どもにとって，突如として3カ月近くも学校に行けなかったことは，大人が想像する以上の大きな環境の変化であったと考えるのが自然である。さらに，自宅学習を余儀なくされた休校下では，家庭において十分な学習環境が整っていない子どもと整っている子どもの間には学力格差が生じやすいばかりか，普段から家庭に困難を抱えている子どもにとっては，休校および外出制限は「逃げ場」を奪われることにもつながったと考えられる。さらに，2020年春以降に親の雇用状態や労働環境が大幅に変化した子どもたちも大勢いたはずであり，それが将来の不安につながったり，親のストレスが子どもたちのメンタルヘルスに直接の悪影響を及ぼしたりした可能性もある。実際，国立成育医療研究センターが子どもとその保護者を対象に複数回実施したアンケート調査によると，休校中の子どもの回答者の75%に何らかのストレス反応・症状が見られ，そして休校が終了した2020年11〜12月の時点においても，中学生の24%，高校生の30%に中程度以上のうつ症状が認められたという（国立成育医療研究センター，2021a, 2021b）。

また，休校が保護者に与えた影響も考える必要

がある。第一次緊急事態宣言中は保育園や学童保育も閉鎖されることが多かったため，小さい子どもを抱える働く保護者の中には，子どもの面倒を見るために勤務時間の削減や休職を余儀なくされた人もいたと推察される。これらの休校に関する要因が直接的に自殺という行為につながったと考えるのは短絡的かもしれないが，後ほど検討するように，社会的弱者はコロナ下で複数の困難に直面した可能性があり，休校および外出自粛が子どもとその保護者にとってその一つの要素となりえたことは確実であると考えられる。そして，学生・生徒の自殺が過去最高値を記録し，主婦をはじめとする比較的若い年代の女性の自殺が大幅に増加したことも確かである。ただし，その因果関係を明らかにするにはデータが不足しており，"関連性がありそうだ"という程度しかこの時点では結論づけることができない。

2020年の自殺者数に大きな影響を与えたと思われるもうひとつの重要な要因は，著名人の自殺報道である。2020年には著名人による自殺が複数報道されたが，特に2020年7月および9月末の自殺報道が影響を与えた可能性は非常に高い。これまで経済的要因や休校の影響については歯切れの悪い言い方をしてきたが，著名人の自殺報道の影響に関してはほぼ確実であると考えている（ただし，この点を厳密に示すには，死亡日時を含む個票データの分析が不可欠である）。世界各地で行われた先行研究は，著名人の自殺に関する報道後に一般人の自殺者数が増加することを明確に示しており（Niederkrotenthaler et al., 2020），その傾向は日本においても確認されている（Ueda et al., 2014）。110名近くの著名人の自殺に関する報道前後における自殺者数を検証したこの研究によると，自殺が報じられたその日のうちに平均して約5〜6%自殺者数は増加し，増加傾向はおよそ10日間続く。5〜6%というのはいろいろな職業の著名人を分析対象とした場合のあくまで平均であり，2020年7月や9月に自殺が報じられた著名人のように世間に広く名前が知られていた場

合，影響はそれよりも大きいと考えられる。さらに我々の研究では，報道後に自殺者数が増加するのは芸能人が自殺で亡くなった場合（Ueda et al., 2014），人々がその死を「驚き」をもって受け止めた場合（Fahey et al., 2018），そしてツイッターで大きな話題となった場合（Ueda et al., 2017）である[注5]ことも明らかにしており，2020年7月と9月に報道された著名人の自殺はこれらの条件がすべて当てはまっている。特に9月のケースについては，自死が報道されたのは9月27日であり，上述のように影響が10日程度続くことを考えると，10月の自殺者数の急増は報道に影響を受けた可能性が高い。

　ここまで若い世代のメンタルヘルスの悪化，経済的要因，休校，著名人の自殺報道の影響について考察をしてきた。コロナ禍の厄介なことは，元々脆弱（vulnerable）であった人たちにこれらのリスク要因が一度に襲いかかってきた可能性があることである。これらは単独でも大きなリスクとなりえるものであり，複数を同時に抱えた場合は当然ながらさらにリスクが高まる。例えば不安定な雇用形態で小さい子どもを育てているシングルマザーが職を失った場合，休校下では職探しをすることが困難であったかもしれない。公的セーフティネットが脆弱な日本においては，そのような状態に陥った人は生活が立ち行かなくなる可能性が高く，そのことが彼／彼女らを精神的に追い詰める可能性も高い。そのような状況下で，著名人の自殺に関する報道があった場合，それが最後の一押しになってしまった可能性もある。試練が続いた場合でも，例えば友人などと会って相談や気晴らしをすることができれば少しは救われるかもしれないが，外出自粛によってその道も絶たれてしまったことは，生活面でさまざまな困難を抱えた人の立ち直りをさらに難しくしたと考えられる。したがって，コロナ下での自殺者数増加の要因はひとつではなく，これまでに検討してきた要因が複合的・相乗的にリスクを押し上げたと考えるべきかもしれない。

Ⅳ　今度の自殺対策を考える

　以上の考察を踏まえて，今後の日本の自殺対策には何が求められているのかを考えてみたい。まず特筆すべきは，コロナ下においても警察庁が正確な自殺統計を毎月公表したおかげで，2020年秋までには女性を中心に自殺が増えていることが重要な政策課題として認識され，速やかに政府が対策に取り組み始めたことである。2020年度中に学生・生徒，若者，女性向け自殺対策・支援策が強化されたことは大いに評価できる。警察庁は当該月の翌月には自殺者数を公表しているが，これほどのスピード感を持って正確な統計を公表している国はほぼ存在しない[注6]。

　今後はこの貴重なデータを，自殺対策のためにさらに有効活用する方法を検討すべきであろう。20年度の自殺者数の動向は近年のものと明らかに異なっていることから，従来の自殺対策の見直しや重点のシフトも視野に入れるべきであると思われる。そのためには正確な実態把握が欠かせないが，現時点では自殺統計原票の個票データは研究者であっても分析をすることが許されていない。公表されているデータは集計データであり，クロス集計のかけ方が固定されている以上，可能な分析には限りがある。厚生労働省の人口動態統計死亡票の個票が一定の条件下で研究者に提供されていることを考えると，同様の制限をかけた上で研究者への提供が検討されるべきである。厚生労働大臣指定の調査研究等法人「いのちささえる自殺対策支援センター」が個票を用いて分析をしていることは評価されるが，もっと多くの専門家を巻き込んで手広く分析をすることで実態把握をし，それを今後の政策に活かしていくことが肝要

注5）例えば新聞やテレビで大きく取り上げられても SNS 上で話題とならなければ，深刻な影響はない。

注6）ほかに例えばポーランドとエクアドルでも警察が自殺に関するデータをほぼリアルタイムで集めているが，政府関係者や数少ない研究者のみがアクセス可能となっており，日本のように自殺者数を翌月に広く公表し，政策に役立てるといったことは行われていない。

であろう。

　2020年度の政府の自殺対策は，生活困窮者・求職者への支援の拡大と相談支援体制の拡充が主なものであった。しかし，生活困窮者やひとり親への支援は規模もスピードも不十分であると言わざるを得ない。特に，生活困窮者に貸付をしたところで，将来にリスクを先延ばしするだけである。直近の暮らしに困っている人たちへの一時的な支援は当然必要であるが，長期的な視点のもと，求職者への職業訓練を含む就業支援にもさらに力を入れるべきである。相談体制の拡充に関しては，電話相談だけでなく，SNS相談の拡充を急速に推し進めていることは評価できる。自殺者数が比較的若い世代を中心に増えたことは先に見たが，彼らは電話をあまり使わないこと，電話は「話し中」という状況が発生すること，そして電話はかけることのできる状況が限られていることから（例えば家族が近くにいるような状況下での相談は困難である），今後はSNS相談を強化すべきであろう。しかし，コロナ下で急増した相談件数にSNS相談でも対応が追いついていない状態であり，今後は応答率・速度の改善とSNS相談員の質の確保が鍵になってくると思われる。そのための支援が引き続き望まれる。

　最後に，政府が2020年度より取り組み始めた孤独・孤立対策を自殺対策との関連から言及しておきたい。コロナ下で実施した我々の調査によると，調査期間を通じておよそ40%の回答者が「孤独感」を感じていた（Stickley & Ueda, 2021）。調査に用いた質問は異なるが，筆者が2021年2月に所属大学で自主調査をした際にも約4割の学生が孤独を「いつも」あるいは「しばしば」感じているという結果が出ており（$N=1,380$），4割というのはある程度妥当な数字のようである。いずれにしても，自殺対策と関連して大切な点は，我々の調査結果は高齢者よりも若い世代のほうが孤独を感じていること，そして孤独感のスコアが高いほど自殺念慮が強い傾向がある点である[注7]。したがって，若者の自殺の増加には彼らが抱える孤独感が関連している可能性があり，そして孤独感が強い人ほど「死んだほうがましだ」，あるいは「自分を傷つけよう」と考えやすいことには注意すべきである。これらの結果は，孤独，そしてそれと密接に関連する概念である社会的孤立を予防することは自殺対策にもつながる可能性を示唆している。

　新型コロナウイルス感染症の影響で社会経済環境が大きく変化してしまった現在，求められている自殺対策はこれまでの枠組みに捉われることのない，機動力のある政策であると思われる。そのためには警察庁の自殺統計の速報性とその貴重な内容を活かして現状を明らかにし，新しい実態に即した政策を，官民挙げて推進することが不可欠であろう。

▶ 文献

CNN (2020) In Japan, more people died from suicide last month than from Covid in all of 2020. And women have been impacted most. Nov.28, 2020. Available from : https://edition.cnn.com/2020/11/28/asia/japan-suicide-women-covid-dst-intl-hnk/index.html〔2021年7月1日閲覧〕)

Fahey RA, Matsubayashi T & Ueda M (2018) Tracking the werther effect on social media : Emotional responses to prominent suicide deaths on twitter and subsequent increases in suicide. Social Science & Medicine 219 ; 19-29.

Hoshino E, Ohde S, Rahman M et al. (2018) Variation in somatic symptoms by patient health questionnaire-9 depression scores in a representative Japanese sample. BMC Public Health 18-1 ; 1406.

警察庁 (2021) 令和2年中における自殺の状況 (https://www.npa.go.jp/publications/statistics/safetylife/jisatsu.html〔2021年7月1日閲覧〕).

国立成育医療研究センター (2021a) コロナ×こどもアンケート第1回調査 報告書（2021年4月5日修正版）(https://www.ncchd.go.jp/center/activity/covid19_kodomo/report/CxC1_finalrepo_20210306revised.pdf〔2021年7月1日閲覧〕).

国立成育医療研究センター (2021b) コロナ×こども

注7）自殺念慮についてはPHQ-9の9番目の項目で測定した。

アンケート第 4 回調査 報告書（https://www.ncchd.go.jp/center/activity/covid19_kodomo/report/CxC4_finalrepo_20210210.pdf［2021 年 7 月 1 日閲覧]）.

Matsubayashi T, Ishikawa Y & Ueda M（2021）Economic crisis and mental health during the COVID-19 pandemic in Japan. medRxiv. doi:10.1101/2021.03.20.21254038.

Matsubayashi T, Sawada Y & Ueda M（2013）Natural disasters and suicide : Evidence from Japan. Social Science & Medicine 82 ; 126-133.

Niederkrotenthaler T, Braun M, Pirkis J et al.（2020）Association between suicide reporting in the media and suicide : Systematic review and meta-analysis. British Medical Journal 18 ; 368 : m575.

Pirkis J, John A, Shin S et al.（2021）Suicide trends in the early months of the COVID-19 pandemic : Interrupted time series analysis of data from 21 countries. Lancet Psychiatry [online ahead of print] S2215-0366（21）00091-2. doi:10.1016/S2215-0366（21）00091-2.

Spitzer RL, Kroenke K & Williams JB（1999）Validation and utility of a self-report version of PRIME-MD : The PHQ primary care study. Primary care evaluation of mental disorders. Patient health questionnaire. JAMA 282-18 ; 1737-1744.

Spitzer RL, Kroenke K, Williams JBW et al.（2006）A brief measure for assessing generalized anxiety disorder : The GAD-7. Archives of Internal Medicine 166-10 ; 1092-1097.

Stack S（1988）Suicide : Media impacts in war and peace, 1910-1920. Suicide and Life-threatening Behavior 18-4 ; 342-357.

Stickley A & Ueda M（2021）Loneliness in Japan during the COVID-19 pandemic : Prevalence, correlates and association with mental health. Preprint. Available from : https://www.researchgate.net/publication/350579461_Loneliness_in_Japan_during_the_COVID-19_pandemic_prevalence_correlates_and_association_with_mental_health［2021 年 7 月 1 日閲覧]）

Sueki H & Ueda M（2021）Short-term effect of the COVID-19 pandemic on suicidal ideation : A prospective cohort study. Crisis [online ahead of print]. doi:10.1027/0227-5910/a000797.

Ueda M, Mori K & Matsubayashi T（2014）The effects of media reports of suicides by well-known figures between 1989 and 2010 in Japan. International Journal of Epidemiology 43-2 ; 623-629.

Ueda M, Mori K, Matsubayashi T et al.（2017）Tweeting celebrity suicides : Users' reaction to prominent suicide deaths on Twitter and subsequent increases in actual suicides. Social Science & Medicine 189 ; 158-166.

Ueda M, Nordström R & Matsubayashi T（2021）Suicide and mental health during the COVID-19 pandemic in Japan. Journal of Public Health [online ahead of print]. doi:10.1093/pubmed/fdab113.

Ueda M, Stickley A, Sueki H et al.（2020）Mental health status of the general population in Japan during the COVID-19 pandemic. Psychiatry and Clinical Neurosciences 74-9 ; 505-506.

[特集] 自殺学入門──知っておきたい自殺対策の現状と課題

災害と自殺

竹林由武 Yoshitake Takebayashi

福島県立医科大学医学部健康リスクコミュニケーション学講座

I　国外の動向

　国外の疫学研究では，災害による自殺率の増加は概して示されておらず，発災前後で統計学的に有意な自殺率の変化が認められない，あるいは発災直後から数年の間に自殺率が減少するといった知見が一般的である。例えば，Horney et al.（2020）は，アメリカで2003年から2015年に発生した大規模災害281件について，災害発生前後3年間の被災地域（災害が発生した郡）の自殺率を検討している。その結果，自然災害後の被災地域の自殺率は災害発生前の3年間と比較して統計学的に有意な増減は認められなかった。さらに，この傾向は自然災害の種類（台風，ハリケーン，洪水など）にかかわらず一貫していた。同様に，1990年から2006年までのアメリカのニューヨーク州の自殺率を特殊災害（2001年に発生した同時多発テロ）の発生前後で比較した研究においても，災害発生前後で自殺率の顕著な増減は示されていない（Mezuk et al., 2009）。さらに，2004年にスリランカで大規模な津波災害が発生した後の1年間と発生前の2年間の自殺率を比較した研究でも，発災前後で津波の被災地域の自殺率に顕著な差は認められなかった（Rodrigo, McQuillin &

Pimm, 2009）。

　災害発生後の被災地域における自殺率の減少は，アメリカのロサンジェルスで1994年に，台湾で1999年に発生した地震による大規模自然災害で報告されている。ロサンジェルスの発災前後3年間の自殺率を比較した結果，発災後の自殺率が顕著に減少していた（Shoaf et al., 2004）。台湾の地震に関して，発災前30年間と発災後10年間の被災地域の標準化死亡比を比較したところ，発災後に被災地域の自殺率が発災前よりも顕著に低かった（Chen et al., 2016）。台湾の研究では年齢による影響の違いを報告しており，発災後の自殺率の減少は，40代以下の若年層に顕著であることを示している。

II　東日本大震災以前の国内の動向

　Nishio et al.（2009）は，4,000人超の死者が発生した1995年の阪神淡路大震災の発災前後の神戸市の自殺率を検討し，男性の自殺率が災害直後の数カ月は顕著に減少し，2年後には災害以前の水準に戻ったことを報告している。Hyodo et al.（2010）は，24人の死者が発生した2004年の新潟中越沖地震について，発災前5年間と発災後3年間の男女別の自殺率を新潟県内の被災地域と

非被災地域で比較し，男女ともに発災前後で自殺率に差が認められないことを報告している。国外の動向と同様に，災害前後の自殺率を単純に比較した場合には，国内においても災害と自殺の間に明確な関連が示されないのである。

Matsubayashi, Sawada & Ueda（2013）は，上記2つの国内の大きな災害を含む東日本大震災以前（1982～2010年）に発生した国内の災害と自殺との関連を包括的に検討している。ここでは，規模の大小にかかわらず発生した災害全てが含まれた。その結果，災害と自殺の関連は，災害の規模，災害後の期間，年齢や年齢層といった要因の組み合わせによって異なることを明らかにした。具体的には，高齢者（65歳以上）は，災害が発生した年に，とりわけ被災者数が多い災害（すなわち災害の規模が大きい）ほど自殺率が上昇する傾向があった。発災後5年時点では，高齢者（特に男性）は，被災者数が多い災害ほど自殺率が減少する傾向があった。高齢女性と65歳以下の男性では，発災の翌年時点では被災者が多い災害ほど自殺率が低下する傾向があったが，3年後，4年後には増加する傾向があった。これらの知見を踏まえると，自殺対策という観点では，大規模災害の初期には高齢者へ，長期には女性高齢者や中高年男性への支援を充実させることが有効であるかもしれない。

III　東日本大震災と自殺

阪神淡路大震災以上に甚大な被害が発生したのが2011年に発生した東日本大震災であり，1万5,000人超の死者が発生した。Osaki et al.（2021）は，東日本大震災の発災後1年間の自殺率の推移を月別，性別，地域別に比較した分析結果を報告している。被災3県とその近隣県では，被災月（2011年3月）の自殺率が過去3年間の平均よりも38%，隣接県では33%低かった。その他の地域でも過去3年間の平均よりも自殺率が低かった（少し被害がその他の県：15%，全く被害がなかったその他の県：11%）が，減少の程度は被災3県

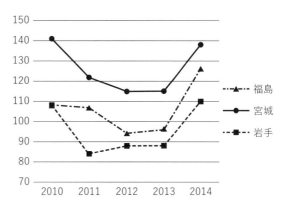

図1　東日本大震災被災3県における自殺率の対全国比
（標準化自殺死亡比）
（Ohto et al.（2015）から筆者により作成）

の方が大きかった。5月以降の数カ月に男女ともに自殺率の増加が認められたが，この一時的な自殺率の上昇傾向は被災3県や近隣県ではなく，被害が少ない（またはない）地域でのみ顕著であった。このように，大規模災害時の直後に一時的に被災地域周辺で自殺率が低下する要因としては，災害時に自殺リスクの高い人（例えば，精神疾患者）が災害の被害で一定数亡くなってしまったこと，地域の精力的な精神保健活動，危機によって地域の自助共助のネットワークが活性化されること，全国から大量支援やボランティアが集中することなどが指摘されている。大規模災害時には全国の支援の資源と注目が被災地域に集中するが，同時期に被災地域外の自殺対策関係者は所属地域の自殺率の上昇を念頭において自殺対策に注力する必要があるだろう。

東日本大震災でも震災後1年間という短期間では被災地域の自殺率において増加傾向は見られなかった。では，より長期的な影響はどうであろうか。Ohto et al.（2015）は，被災3県の標準化死亡比（対全国比）を震災の前年2010年から震災後の3年の期間にあたる2014年まで年ごとに算出した（図1）。その結果，いずれの3県においても，震災後3年間は同県の震災前の水準よりも低い水準を維持し，4年後には増加に転じるU字型の推

移を示すことを報告している。このような傾向は，Matsubayashi, Sawada & Ueda（2013）による東日本大震災以前の災害の包括的な分析結果と共通している。

Orui et al.（2015）は被災3県のうち宮城県について，地域，性別，年齢を考慮した詳細な分析結果，ならびに津波被災地域と津波以外で被災した（主に地震）地域の自殺率の被災後3年間の推移を報告している。津波被災地域の男性の自殺率は，被災前は全国平均と同程度であったが，震災後の2年間は全国平均よりも顕著に低く，被災後3年目の期間に全国と同程度の水準に戻った。地震被災地域も被災後1年間は全国平均よりも自殺率は顕著に低い水準であったが，被災後2年目の期間は全国平均よりも顕著に高い水準であった。年齢層別にみると，被災後1年目の自殺率の低下は，津波被災地，地震被災地域ともに男性の40〜60代で顕著であった。また津波被災地域では，被災後3年目の期間に（2013年3月〜2014年2月）に，男性の20〜29歳と80歳以上の自殺率が上昇した。一方，女性の自殺率は震災前後で全国平均と比較して顕著な差は認められなかった。Matsubayashi et al.（2013）と同様に年齢や性別を考慮した詳細な分析結果に基づくと，大規模災害の被災地域では一定の年齢層と性別において自殺リスクが長期的に増加するといえる。

IV　原発事故避難指示区域の自殺傾向

東日本大震災の被災3県のうち，宮城と岩手は沿岸部の津波や地震による家屋の倒壊が被害の中心であった。福島県では，それらに加えて原発事故が発生する複合災害となった。原発事故の発生による，放射線被ばくによる直接的な健康影響は示されていない。しかしながら，長期の避難指示，風評被害による経済活動へのダメージや放射線被ばくに関連するスティグマによる差別や偏見，住民間での放射線リスクへの対応に対する価値観のズレやそれによって生じた住民間の分断など，原発事故から派生する心理

社会的な問題が多数報告されている（Maeda & Oe, 2017）。現在ではほとんどの地域において避難指示は解除されているものの，避難後定住している避難先で心理的苦痛を強く経験しているものが多いことや（Harigane et al., 2021 ; Murakami, Takebayashi & Tsubokura, 2019），避難先からの帰還の意思決定で葛藤を抱えている人が少なくない（Murakami et al., 2020）。

Kuroda, Orui & Hori（2021）は，原発事故発生前後10年間（震災前（2009年3月）から2018年11月まで）の福島県の月別自殺率を，原発事故による避難指示区域別，性別，年齢層別に詳細に検討している。その結果，避難指示区域の男性の自殺率は，発災前の1年間（2010年）は全国平均と同程度であったが，被災直後は大幅に増加し，数カ月その高い水準を維持した後に減少に転じ，被災後2年半の時点では全国平均を大きく下回っていた。その後も全国平均以下の水準を維持していたが，複数の地域で避難指示解除となった4年半時点で再び急増した。以降は現在まで，全国平均以上の水準を維持し，避難指示が解除されるたびに自殺率が顕著に上昇している。避難指示のない地域では男性の自殺率は明確な急増がないものの，震災前から全国平均を上回る水準で推移している。避難指示区域の女性の自殺率は，震災直後の1年半は全国平均を下回っていたが，2年半後には大幅に増加した。その後，1年半で再び減少した。男性では避難指示解除と同時期に自殺率の上昇がみられたが，女性は避難指示解除から約半年ほど遅れて自殺率の上昇がみられた。避難指示のない地域の女性の自殺率には明確な傾向は示されなかった。

さらに，Kuroda, Orui & Hori（2021）は，年齢層別の自殺率の2年間の移動平均を調べた結果，発災直後の避難指示区域の男性における自殺率の急増は，70歳以上の高齢男性において顕著であったことを報告している。高齢男性の自殺率は1年後には大きく低下したが，3年後（2014年3月）から6年後（2017年2月）に再び上昇し，

その後高止まりしている。さらに避難指示区域では震災後に，30歳未満の若年男性で自殺率が増加し，減少しないまま高い自殺率を維持している。一方，避難指示区域の30歳から49歳までの男性の自殺率は，震災直後に大きく減少し，その後も減少傾向を維持している。避難区域の70歳以上の女性の自殺率は，震災1年後（2012年3月）から4年後（2015年2月）までに増加し，その後減少した。また，30歳未満の女性の自殺率は，震災後1年（2012年3月）から5年目にかけてやや増加し，現在もその水準を維持している。避難指示のない地域では，どの年齢層でも震災直後の自殺率に明らかな上昇はみられず，その後は減少傾向にあった。このように，原発事故の被災地域では，被災直後に自殺率の増加リスクがあることや，女性においても自殺率の長期的な増加が懸念され，他の自然災害とは異なる傾向をもっているといえる。

V　原発事故避難指示区域のコロナ禍の自殺傾向

　死者が多数発生する感染症の流行を災害として認識する研究者は少なくない。感染症流行時には流行地域においてメンタルヘルスの増悪が，大規模自然災害が発生した時と同等以上に発生することが指摘されている。ただし，これまでにみた傾向と同様に，自殺への影響は特定の年齢と時期に限定的であり，例えば香港で2003年にSARSが流行した際には，高齢女性において，アウトブレイクの発生後数カ月間，自殺率が急増したことが報告されている（Chan et al., 2006）。

　現在世界的に猛威をふるい続けている新型コロナウイルス感染症は，国内では2020年2月頃から本格的に流行が始まり現在に至るまでコロナ禍と呼ばれている。Osaki et al.（2021）はコロナ禍の月別の自殺死亡率をコロナ禍以前の自殺率と比較し，全国平均の傾向を報告している。感染拡大初期（2020年2月から6月）には自殺率の減少が認められ，2020年7月以降は，女性の自殺死亡率が増加に，10月からは男女ともに増加に転

じた。女性の自殺率の上昇は著しく，特に10月に大幅な増加がみられた。さらに，感染拡大初期の自殺率の減少は，特に新型コロナウイルスの感染による死亡者が未出の都道府県で顕著であった一方で，7月以降の自殺率の上昇は，感染による死亡率の高い都道府県において顕著であったことも明らかにしている。災害発生後1年のうちに自殺率が持続的に増加する傾向は，他の災害にはみられない特徴であり，メンタルヘルスへの影響の深刻さを表している。

　コロナ禍における福島県の自殺傾向について著者が独自に分析した結果を図2に示している。これは，福島県の避難指示区域と避難指示のない区域における標準化自殺死亡比を直近の3年間（2018〜2020年），男女別に示したものである（Takebayashi, in press）。直近3年間はいずれの時点，いずれの区域においても，男女ともに全国平均より自殺率が高い水準である。そして，男性では，避難指示区域ではコロナ禍にかけて減少傾向に，避難指示のない区域では上昇傾向となっている。女性では，避難指示区域に限らず自殺率はコロナ禍に入って減少している。男女ともに全国平均を越える高い水準の自殺リスクが維持されている避難指示区域の自殺対策を維持することに加えて，避難指示のないその他の地域にいる男性への対策を強化することが必要であると示唆される。

VI　災害時の自殺対策への示唆

　本稿では災害と自殺の関連について疫学研究の知見を概観した。その結果，災害と自殺との関連は，災害の規模，災害発生からの期間，性別や年齢によって異なることが明らかになった。日本では，阪神淡路大震災や東日本大震災といった多数の死傷者が発生する自然災害において，被災地域では直後に自殺率が低下するものの数年後には一定の年齢層（高齢男性など）で自殺率が増加するU地型の傾向がみられるため，長期的な自殺リスクを低減するために早期から自殺対策に取り組む

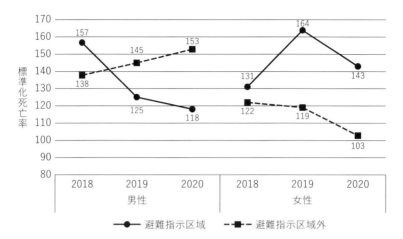

図2　階層型ポアソンガンマモデルによる自殺の標準化死亡率の推定値
（Takebayashi（2021）をもとに筆者により作成）

必要があるだろう。また，原発事故や感染症流行といった社会的な交流が制限されるような特殊な災害においては，発生から半年以内の早期から自殺率が上昇するため，発生直後から強固なケア体制の確立が必要となる。そのためには，平時の避難訓練が災害時の迅速な対応を発動させるために重要であるように，平時から地域の自殺対策のための資源を強化する取り組みが重要となる。

　Takebayashi et al.（2020）は，福島県警から提供を受けた平成29（2017）年度までの福島県の災害関連自殺（避難等の東日本大震災の影響が強く関連することが認められる自殺）99名分の死亡個票データを集計し，自殺既遂者の半数以上が，既遂前に周囲に自殺をほのめかしたり心配事を訴えたりしていたことを明らかにしている。女性に比べその割合が低いものの，男性も一定数が周囲に自殺をほのめかしていた。さらに，災害関連自殺者の9割程度が震災後の時期に身体疾患または精神疾患の治療を受けており，健康に関連する専門機関に繋がっていた。これら分析結果から，自殺者が自殺の兆候を示していても，周囲の人が適切に対応できなかったことに加えて，健康関連の専門機関を訪れた患者の自殺リスクを専門家も適切に評価・マネジメントできていなかったこと

が示唆される。

　以上を踏まえると，平時から住民へのゲートキーパー養成を推進することに加え，医療従事者，対人援助職などの専門職における自殺リスク評価，およびマネジメント能力の向上がとりわけ重要となる可能性がある。さらに発災直後の早期からの自殺対策の必要性を考慮すると，サイコロジカルファーストエイドなどの危機や災害時の心理社会的な支援の原則を，平時から心理職に限らず対人支援に携わる全ての人において共有しておくことが有効であろう。サイコロジカルファーストエイドを感染症流行期向けに発展させた「こころのケアスキルに関する新型コロナウイルス感染症の対応者ガイド」を機関間常設委員会（IASC）が発行している。その和訳や解説動画が公開されているので，感染症流行期の今，ご活用いただけたら幸甚である（https://youtu.be/yFCen0QeLvg）。

▶ 文献

Chan SMS, Chiu FKH, Lam CWL et al.（2006）Elderly suicide and the 2003 SARS epidemic in Hong Kong. International Journal of Geriatric Psychiatry 21-2 ; 113-118. https://doi.org/10.1002/gps.1432

Chen SL-S, Lee C-S, Yen AM-F et al.（2016）A 10-year

follow-up study on suicidal mortality after 1999 Taiwan earthquake. Journal of Psychiatric Research 79 ; 42-49. https://doi.org/10.1016/j.jpsychires.2016.04.007

Harigane M, Takebayashi Y, Murakami M et al. (2021) Higher psychological distress experienced by evacuees relocating outside Fukushima after the nuclear accident : The Fukushima health management survey. International Journal of Disaster Risk Reduction 52 ; 101962. https://doi.org/10.1016/j.ijdrr.2020.101962

Horney JA Karaye IM, Abuabara A et al. (2020) The impact of natural disasters on suicide in the United States, 2003-2015. Crisis 1-7. https://doi.org/10.1027/0227-5910/a000723

Hyodo K, Nakamura K, Oyama M et al. (2010) Long-term suicide mortality rates decrease in men and increase in women after the Niigata-Chuetsu earthquake in Japan. The Tohoku Journal of Experimental Medicine 220-2 ; 149-155. https://doi.org/10.1620/tjem.220.149

Kuroda Y, Orui M & Hori A (2021) Trends in suicide mortality in 10 years around the great east Japan earthquake : Analysis of evacuation and non-evacuation areas in Fukushima prefecture. International Journal of Environmental Research and Public Health 18-11 ; 6005. https://doi.org/10.3390/ijerph18116005

Maeda M & Oe M (2017) Mental health consequences and social issues after the Fukushima disaster. Asia Pacific Journal of Public Health 29-2(suppl); 36S-46S. https://doi.org/10.1177/1010539516689695

Matsubayashi T, Sawada Y & Ueda M (2013) Natural disasters and suicide : Evidence from Japan. Social Science & Medicine 82 ; 126-133. https://doi.org/10.1016/j.socscimed.2012.12.021

Mezuk B, Larkin GL, Prescott MR et al. (2009) The influence of a major disaster on suicide risk in the population. Journal of Traumatic Stress 22-6 ; 481-488. https://doi.org/10.1002/jts.20473

Murakami M, Takebayashi Y, Ono K et al. (2020) The decision to return home and wellbeing after the Fukushima disaster. International Journal of Disaster Risk Reduction 47 ; 101538. https://doi.org/10.1016/j.ijdrr.2020.101538

Murakami M, Takebayashi Y & Tsubokura M (2019) Lower psychological distress levels among returnees compared with evacuees after the Fukushima nuclear accident. The Tohoku Journal of Experimental Medicine 247-1 ; 13-17. https://doi.org/10.1620/tjem.247.13

Nishio A, Akazawa K, Shibuya F et al. (2009) Influence on the suicide rate two years after a devastating disaster : A report from the 1995 Great Hanshin-Awaji Earthquake. Psychiatry and Clinical Neurosciences 63-2 ; 247-250. https://doi.org/10.1111/j.1440-1819.2009.01942.x

Ohto H, Maeda M, Yabe H et al. (2015) Suicide rates in the aftermath of the 2011 earthquake in Japan. The Lancet 385(9979); 1727. https://doi.org/10.1016/S0140-6736(15)60890-X

Orui M, Sato Y, Tazaki K et al. (2015) Delayed increase in male suicide rates in tsunami disaster-stricken areas following the Great East Japan Earthquake : A three-year follow-up study in Miyagi prefecture. The Tohoku Journal of Experimental Medicine 235-3 ; 215-222. https://doi.org/10.1620/tjem.235.215

Osaki Y, Otsuki H, Imamoto A et al. (2021) Suicide rates during social crises : Changes in the suicide rate in Japan after the Great East Japan earthquake and during the COVID-19 pandemic. Journal of Psychiatric Research 140 ; 39-44. https://doi.org/10.1016/j.jpsychires.2021.05.035

Rodrigo A, McQuillin A & Pimm J (2009) Effect of the 2004 tsunami on suicide rates in Sri Lanka. Psychiatric Bulletin 33-5 ; 179-180. https://doi.org/10.1192/pb.bp.108.020743

Safarpour H, Sohrabizadeh S, Malekyan L et al. (2020) Suicide death rate after disasters : A meta-analysis study. Archives of Suicide Research 2020 Jul 16 ; 1-14. https://doi.org/10.1080/13811118.2020.1793045

Shoaf K, Sauter C, Bourque LB et al. (2004) Suicides in LOS Angeles County in relation to the Northridge earthquake. Prehospital and Disaster Medicine 19-4 ; 307-310. https://doi.org/10.1017/s1049023x0000193x

Takebayashi Y (in press) Suicide related issue among affected people. In : K Kamiya, H Ohto & M Maeda (Eds) Health Effects of the Fukushima Nuclear Disaster. Elsevier.

Takebayashi Y, Hoshino H, Kunii Y et al. (2020) Characteristics of disaster-related suicide in Fukushima prefecture after the nuclear accident. Crisis : The Journal of Crisis Intervention and Suicide Prevention 41-6 ; 475. https://doi.org/10.1027/0227-5910/a000679

[特集] 自殺学入門──知っておきたい自殺対策の現状と課題

自死遺族支援
現状・方法・課題

川島大輔 Daisuke Kawashima

中京大学心理学部

I　はじめに

　新型コロナウィルス感染症（COVID-19）の世界的なパンデミックは，私たちの生活にさまざまな影響を及ぼしているが，それは誰かを自死で失った人のグリーフプロセスにおいても同様である。

　2020年度にはそれまで減少傾向にあった自殺者数が増加に転じ，特に子どもや若い女性の増加が顕著であることが報告されている（高橋, 2021）。このことは自死の影響を受ける人も同時に増えたことを意味するが，さらに緊急事態宣言による人との接触の制限や経済状況の悪化など，遺された人はさまざまな喪失を同時に経験していると言えるだろう。こうした状況下にあって，自死遺族が現在置かれている状況を把握し，適切な介入や求められる支援を提供すること（いわゆるポストベンション）は喫緊の課題である。しかし残念ながら，コロナ禍における自死によるグリーフについて実証的に検討した研究は非常に乏しく（Pinto et al., 2020），現状の把握も十分ではない。

　そこでこの小論では，パンデミック以前からの自死遺族支援の動向を確認した上で，それが現在どのような意義を持ちうるのかを，既存の知見を手がかりに考察する。そしてコロナ禍およびポストコロナでの自死遺族支援のあり方についても考察する。

II　現状

1　コロナ以前からの動向

　コロナ以前に大きな関心を寄せられていたものとして，第一に挙げられるのが，自死による影響のネガティブな側面にとどまらず，その経験に何らかの意味を見出すことや，苦難の経験を通じた学びや成長といった肯定的な側面への着目である。意味生成プロセス（meaning making process）や外傷後成長（post-traumatic growth）への関心の高まりはもっと以前からあったが，自死による死別後のグリーフにおけるこうした側面についての検討は比較的最近になってからである（e.g., Levi-Belz et al., 2021 ; Sands et al., 2011）。

　第二に，自死による影響を受ける人（survivor：サバイバー）の範囲についてである。日本においては自死遺族という表現が故人の家族を連想させるが，英語では suicide loss survivor と表現されることも多く，そこには家族以外のメンバー，例えば友人や恋人，同僚，主治医なども含まれる。実際，筆者が以前，米国のサポートグループに参

加させてもらった際には，家族以外に，職場の同僚や，恋人，その（恋人の）祖母が同じグループに参加して経験を共有していた。国内のグループでも多様な関係性を考慮して開催されるところもあるが，やはり遺族（故人の家族）が主たる参加者だろう。加えて，近年では，このサバイバーを自死による死別を直接経験した人だけでなく，間接的にその影響を受けた人（自死を目撃した人など），さらに自死による暴露を受けた（例えば，自死で亡くなった人を知っている）人にまで拡張し，その影響に注意を払うことの必要性が叫ばれている（Maple et al., 2019）。

そして第三に，個別対応を超えて，地域コミュニティや社会のなかでポストベンションを捉えることの重要性である（Andriessen et al., 2019）。近年，遺族や周囲の人が自死をどのように捉えるのかという社会文化的態度と遺族の適応についても関心が寄せられているが（川島，2020a），なかでも自死あるいは自死遺族に対するスティグマは心理社会的機能の悪化やグリーフプロセスの困難をもたらすとして問題視されてきた（Hanschmidt et al., 2016）。こうした点を踏まえれば，個別カウンセリングや当事者同士の分かち合いとともに，自死遺族が地域コミュニティのなかでよりよく日々の生活を過ごすために何ができるのかをもっと考慮する必要がある。また緩和ケアの領域を中心に広がりを見せている，思いやりに満ちたコミュニティ（compassionate community）の運動は，地域でのポストベンションを考える上で有用な視座を提供してくれる。この運動の背景には，医療技術の発展や緩和ケア領域の拡大とともに，高度に医療化・専門化され，非専門家の人々が関わる余地が少なくなってしまっていること，そのためにグリーフケアに対する社会的認識と，当人が求めるものとの間には多くの隔たりが生じているという問題意識があった（川島，2020b）。こうしたなか，筆者らは喪失の経験に関する知識にアクセスし，それを利用する能力であるグリーフ・リテラシー（grief literacy）の重要性を指摘して

いるが（Breen et al., 2020），これは自死遺族支援においても欠くことのできないものである。

近年のポストベンションの動向を要約すれば，遺された人の内的で個人的な反応から，他者や社会文化との関わりのなかで自死という経験を捉え，またカウンセリングや医療などの現場にとどまらず，地域コミュニティへと支援の文脈を拡張させてきたと言える。

❷　COVID-19 による影響

では上記のような動向の中で発生したパンデミックの影響はどのようなものだったのだろうか。

まず冒頭でも触れた，喪失の多重性（Neimeyer, 2015）があるだろう。一件の死別経験でもさまざまな喪失（例えば故人との別れ以外にも，経済的損失，友人関係の喪失なども引き起こされる）に直面するが，死別経験そのものとは別に，しかし同時期に，パンデミックによる経済悪化に伴う就労困難や対人関係の縮小などを経験する場合がある。特にサポートグループの不開催や，誰かと会って話をする機会の大幅な減少は，自死遺族がグリーフに向き合うためのサポートを得にくい状況を作り出すだろう。こうした喪失の多重性が，悲嘆を複雑化させるリスクも考えられる。また「皆しんどいのに自分だけ弱音を吐けない」と思うことで，相談の難しさが助長されるかもしれない。

他方で，自分だけが社会から切り離された感覚をもっていた人のなかには，このパンデミックの只中にあってはむしろ「辛いのは自分だけではない」と思うことでかえって気が楽になったり，無理に人に会わずに済むことで自分自身のグリーフに向き合うための時間を作れた人もいるだろう。

このように，パンデミックはグリーフプロセスに大きな影響を及ぼしているだろうが，それはかなり個々人によって異なっている可能性がある。

Ⅲ　方法と課題

ここまで近年の自死遺族支援の関心やコロナ禍

の遺族の状況を概観してきたが，それではこうした状況あるいはポストコロナにおける支援の形にはどのようなものがあるだろうか。以下，場面ごとに考察したい。

1　個別相談やカウンセリングにおける支援方策

　コロナ禍では，感染拡大防止の観点から対面での実施が敬遠される一方で，電話やオンラインによる相談に対するニーズやその有効性については広く認識されるようになった。またそれに呼応する形で，電話やZoomなどを用いたカウンセリング，メールやLINEなどのテキストを用いた相談窓口も，国内外のさまざまな団体や個人によって急速に取り入れられていった。スティグマの問題から相談に対する敷居が高かった人や，デジタルツールに馴染みのある子どもや若者にとっては，このパンデミックによって一気に広まったオンライン相談のメリットは大きいだろう。他方で，オンラインに馴染めない遺族にとっては，対面での相談が制限されてしまうことで，支援のリソースが急激に減少してしまう危険性がある。それぞれのニーズに沿った支援の提供が求められる。

　またカウンセリングの実施に際しては，悪化した精神的健康の改善や複雑化した悲嘆の治療に焦点が当てられがちであるが，近年の動向，すなわち意味生成や外傷後成長といったグリーフの適応的な側面にも十分注意を払うことが大切である。多重喪失への対応なども含めて，専門家も改めてグリーフにまつわるさまざまな知識を習得し，適切に関わるためのリテラシーを身につけておくことが必要である。

2　サポートグループにおける支援方策

　サポートグループは孤立感の低減，社会的学習の機会の提供，そして価値ある知識の習得などの機能をもつ，自死遺族にとって重要なサポート源である（Jordan, 2011）。しかし，パンデミックの状況下では，対面での実施は難しく，不開催が続いたグループも少なくない。他方で，オンライン

による分かち合いについては，参加者の通信状況に左右される，家族がいる自宅からは参加しにくい，初対面でのコミュニケーションが取りにくいといった問題も指摘される。支援者も顔が見えないなかでグループを進めていくことへの不安を抱えていたり，会終了後のフォローが難しい（対面での分かち合いでは，気になる参加者への声かけを実施したり，参加者間でお茶を飲みながら世間話をするなどの工夫がなされているが，オンラインでは難しい）という点もある。

　他方で，参加者によっては，顔を出さなくても参加できる安心感や，遠方のグループでも参加できること，移動時間の節約などのメリットもあるだろう。実際，国内外のいくつかのグループに状況をたずねたところ，オンラインによる開催になることで，グループから離れていったメンバーがいる一方で，これまで全く接点がなかった新規のメンバーが加わることもあったという。ただし上述のサバイバーシップの拡張が，実際の支援現場にどの程度浸透しているのかは定かではない。ポストコロナにおいても，それぞれのニーズに沿ったサポートが提供できるように環境を整備していくことが必要だろう。

3　身近な関係性や地域コミュニティにおける遺族支援

　自死あるいは自死遺族に対するスティグマや偏見，周囲の心ない言動による二次的傷つきが問題視される一方で，友人などの身近な他者との関わりが遺族の適応にも大きく影響することも報告されてきた（Levi-Belz et al., 2021）。上のサポートグループも含めて，パンデミックによってそうした遺族の社会的ネットワークが脆弱になってしてしまった可能性がある。また元々ネットワークが弱かったものへの打撃の大きさも深刻であり，家族内の対立がさらに深まる可能性もある。さらに自死で身近な人を失った人は，これまでもスティグマの問題から地域社会の支援ネットワークとのつながりをもつことが容易ではなかったが，距離

を取ることが過度に優先され，人と人との心理社
会的距離も否応なく遠くなっていくことで，孤立
がさらに深まる危険性も考えられる。既述の通
り，自死のサバイバーシップの見直しを加速させ，
多くの人が我がこととして自死について考えるこ
と，また同時に，自分自身や身近な人に対する思
いやりをもった関わりができるように，適切なグ
リーフ・リテラシーを醸成することが求められる。
　また新たな儀式儀礼を通じた遺族支援の形につ
いても検討する意義があるだろう。例えば以前か
ら，自死で身近な人を失った場合には，スティグ
マの問題から儀式への参加が難しいため，個人的
な儀式も含めて故人との絆を維持し続けることが
重要であることが指摘されてきた（川島，2014）。
パンデミックの只中では葬儀などを執り行うこと
や，最期のお別れができないといった問題が発生
しているが，その一方で，ソーシャルメディアを
介してつながることや，オンラインでバーチャル
な葬儀や追悼の儀式に参加する新しいつながりも
生まれつつある。ただし，追悼サイトへの批判的
な書き込み（RIP trolling）がスティグマや二次
的傷つきを助長させてしまう危険性もある。今後
は儀式の意義と課題を再確認するとともに，ポス
トコロナ時代の新しい儀式の形を模索することが
必要であろう。

IV　おわりに

　パンデミックを経験して，現代を生きる全ての
人たちには不確実な世界を生き延びる力（それは
レジリエンスと表現しても差し支えないだろう）
が切に求められている。この世界的なパンデミッ
クは，不寛容さをもたらしただけでなく，他者の
悲しみへの共感や利他をもたらした。専門家・非
専門家を問わず，全ての人がグリーフについての
リテラシーを身につけ，その影響に対する適切な
配慮を伴った，すなわちグリーフ・インフォーム
ド な（Grief-informed）（Schuurman & Mitchell,
2020）関わりができれば，自死で身近な人を失っ
た人や誰かの自死による影響を受けた人にとって

も大きな支えになるだろう。
　コロナ禍にあっても変わらず大切なことは，思
いやりをもち関わり続けること，グリーフについ
てのリテラシーを身につけること，そしてそれを
可能にする環境づくりである。思いやりに満ちた
コミュニティの実現を絵空事に終わらせないため
に，改めて悲しみについて学びなおすことが，私
たち一人ひとりに求められている。

▶文献

Andriessen K, Krysinska K, Kõlves K et al.(2019) Suicide postvention service models and guidelines 2014-2019 : A systematic review. Frontiers in Psychology 10. doi:10.3389/fpsyg.2019.02677.

Breen L, Kawashima D, Joy K et al.(2020) Grief literacy : A call to action for compassionate communities. Death Studies(advance online publication).

Hanschmidt F, Lehnig F, Riedel-Heller SG et al.(2016) The stigma of suicide survivorship and related consequences : A systematic review. PloS One 11-9 ; e0162688.

Jordan JR(2011) Group work with suicide survivors. In : JR Jordan & JL McIntosh(Eds) Grief after Suicide : Understanding the Consequences and Caring for the Survivors. New York : Routledge, pp.283-300.

川島大輔(2014) 自死で大切な人を失ったあなたへのナラティヴ・ワークブック. 新曜社.

川島大輔(2020a) 自死遺族支援. グリーフ＆ビリーブメント研究(創刊号)；13-19.

川島大輔(2020b) 多様な喪失とグリーフ・リテラシー——思いやりに満ちたコミュニティの実現に向けて. 心と社会 182 ; 57-62.

Levi-Belz Y, Krysinska K & Andriessen K(2021)"Turning personal tragedy into triumph" : A systematic review and meta-analysis of studies on posttraumatic growth among suicide-loss survivors. Psychological Trauma : Theory, Research, Practice, and Policy 13-3 ; 322-332.

Maple M, Postuvan V & McDonnell S(2019) Progress in postvention. Crisis 40-6 ; 379-382.

Neimeyer RA(2015) Disentangling multiple grief. In : RA Neimeyer(Ed) Techniques of Grief Therapy : Assessment and Intervention. New York : Routledge, pp.153-157.

Pinto S, Soares J, Silva A et al.(2020) COVID-19 Suicide survivors : A hidden grieving population. Frontiers in Psychiatry 11. doi:10.3389/fpsyt.2020.626807.

Sands D, Jordan JE & Neimeyer RA（2011）The meanings of suicide : A narrative approach to healing. In : JR Jordan & JL McIntosh（Eds）Grief after Suicide : Understanding the Consequences and Caring for the Survivors. New York : Routledge, pp.249-282.

Schuurman DL & Mitchell MB（2020）Becoming grief-informed : A call to action. Dougy Center : National Grief Center for Children & Families.（www.dougy.org［2021 年 6 月 20 日閲覧］）

高橋聡美（2021）コロナ禍の若者の自殺を防ぐ. 保健の科学 63-6 ; 375-381.

［特集］自殺学入門──知っておきたい自殺対策の現状と課題

社会は自殺予防対策の担い手をどう増やし，育てるか

民間非営利活動からの展望

伊藤次郎 Jiro Ito

特定非営利活動法人 OVA 代表理事

I　NPO 法人 OVA の活動

　社会の問題に対して，対策を実行する際には担い手が必要である。そして，その担い手は政府や民間の非営利団体だけではない。今日では，ビジネスセクターが SDGs（持続可能な開発目標）に取り組んでいることを見聞きすることも珍しくない。自殺の問題は，すでに社会の問題として認識されており，自殺対策基本法も制定され，国や地方自治体は対策を推進している。有名人の自殺や自殺に関連した報道によって，自殺とその対策に社会的に注目が集まることは，しばしば起こるが，それに伴って，担い手は増えているだろうか。なぜ一般企業は自殺対策に関する活動やサービスを始めないのだろうか。

　筆者は 2013 年から「死にたい」気持ちを抱えた子ども・若者を主な対象とした非営利の相談活動を始めた。継続的に活動を行い，担い手の専門性を高めていくことの重要性を感じながら，一方で活動を継続することの困難も感じてきた。現在,検索エンジンや SNS 上には膨大な「死にたい」が溢れている。一方で自殺予防の電話ホットラインサービスを行う NPO では，ボランティアの相談員が不足し電話がつながりにくくなる，といった課題があることを，報道や関係者から直接見聞きすることもある。担い手が不足しているのである。

　新たな担い手を増やすためには，担い手が増えやすい社会構造とは何かを考えなければならない。社会は自殺予防対策の担い手をどう増やし，育てることができるだろうか。筆者が所属するNPO 法人 OVA の活動の経緯を，資源とその調達という観点から回顧し，これらの問いへの回答やその手がかりに接近していきたい。

1　活動開始と自己資源の投入

　2013 年 6 月下旬に報道から子ども・若者の自殺の現状に問題意識を覚えた筆者は，調べていくうちに検索エンジンで自殺関連用語が膨大に調べられていることを知った。

　現実の世界で死にたいほどつらい気持ちを抱えながら，周囲に打ち明けることができず，思わず手に持つスマートフォンに打ち込んだのだ，と想像をしていた。

　膨大な検索履歴とその意味にショックを感じながらも，同時に自殺関連用語に対して，検索連動広告を用いることで彼らを見つけ出し，リーチすることができるという着想を得た。

着想から2週間ほど経った7月中旬より，ホームページを開設し，検索連動広告の手法を学びながら設定を行い，相談活動を開始した。

広告掲載を開始すると，すぐに自殺念慮を抱えている子ども・若者たちから相談が舞い込んだ。電話での支援を予定していたが，多くの相談者がテキストでのやりとりを希望したため，主にメール，時に電話（通話アプリ）などを使用して継続的な相談活動を行った。必要に応じて，相談者が住む地域の医療機関や地域の相談窓口などにつないでいった。

なお，仕組みの構築にかかる費用・相談活動はすべて自己資源を活用した。

本活動には自殺のリスクが高い人を特定できるという独自性があった。さらに筆者は本活動に専念し，これらの手法を社会に広げていく必要性があると考えるようになった。ただし，解けない問題があった。本活動は個人の資源を利用するが，収益化の見通しが立たないことであった。これは活動の持続性に直結する大きな課題であった。

また，インターネット・ゲートキーパー活動と称する（当時は「夜回り2.0」と呼称）本活動には，既存の自殺予防ホットラインサービスと相違点があった。ひとつは，検索連動広告を用いて，今まで見えづらかった地域の自殺ハイリスク者を特定してリーチできることに加え，相談の受け皿（人的リソース）と合わせた形でリーチの制御が可能になった点である。具体的に言えば，広告の表示回数，クリック数，ホームページにアクセスした後に相談してくる割合はある程度一定であった。そのため，検索連動広告に使用する広告費や運用方法の調整によって，人的リソースに対して，対応可能な相談件数とのマッチングを精度高く行えた。よって受け皿がパンクして返信できないという状況は生じなかった。

もうひとつの相違点は，テキストでの相談を中心とすることと「継続的に相談を受ける」ことであった。すなわち一回の「傾聴」対応のみならず，相談者の抱えている生活の状況や心身の健康状態

を見立て，相談者の地域の社会資源（相談窓口・制度）につないでいくという継続的な支援モデルであった。よって一人の相談者に対して，数カ月，数十通のやりとりを要することが多々あった。

心身の健康状態のアセスメントや地域の社会資源へのつなぎを含んだ支援モデルを，一般市民をボランティアとして募り，数カ月程度の研修を行い，チームで実施していくのは，多くの困難があるように思われた。一方で，ソーシャルワーカーや心理士など，すでに対人支援のトレーニングを受けている専門職に無償で参画してもらうといったことも，それもまた困難であるように思われた。

いずれにせよ，活動を継続するためには，自己資源を超えた人的リソースや資金が必要なことは明らかであった。そこで，それらを調達する足がかりを作るため，ブログやSNSを積極的に利用して情報発信を行った。

2　協力者との出会い

活動を始めて数カ月もすると，自殺念慮を抱えている人への支援を続けていくことにも疲弊していった。非営利活動の運営などについて調べれば調べるほど，自らの活動を長期的に続けていくことは，ほとんど不可能なようにも思えた。インターネットを活用した相談活動には手ごたえを感じつつも，資源の集まらなさ，運営の持続性という意味では早くも行き詰まっていた。

活動開始から3カ月ほど経った2013年10月に，和光大学に所属していた末木新氏に，ワラにもすがる思いで連絡をした。末木氏の著作（論文）やブログを読み，その開拓者精神や研究者としての誠実な態度に感銘を受けていた。少しでも末木氏から助言や協力がほしいと，連絡をしたのである。そして研究室を訪れ，事業内容を説明し，協力を要請したところ要望に応じてくれ，当時から現在までパートナーシップを結んでいる。

その後，末木氏は言語化しきれず（暗黙知として）行っていた支援の，形式知化を行い，マニュアルを作成したり，支援のあり方について助言を

してくれた。また，学術の場で活動の発表や論文投稿などを行い，加えて，本活動の継続のために助成金の申請書作成まで行ってくれたのである。

3　寄付募集計画の失敗

活動を始めて1年が経った2014年7月に任意団体からNPO法人化した。設立の書類を作成し，登記のために住所は自らの資金で借り，公式サイトも自身で作成した。業者と契約し，寄付をインターネットで受けられる体制も構築した。情報発信を自ら積極的に続けたことで，取り組みが革新的だと新聞・テレビ・ラジオなどのマスメディアに繰り返し取り上げられるようになった。それらのマスメディアの影響力からウェブメディアに訪れた人にメールマガジンやSNSの登録を促した。NPO設立時点でメールマガジンには3,000人以上の登録があった。法人設立とともに運営ボランティアメンバーを募集し，寄付を募る算段であった（例えばマンスリーサポーターが毎月100名いて1,000円の寄付をいただければ，月10万円，年間120万円の安定的な資金となる）。法人設立のタイミングで，メールマガジンを発行し，動画も自ら撮影して寄付を呼びかけた。

満を持しての呼びかけであった。しかし，それは想像をはるかに超える厳しい結果となった。活動を始めて1年経っても，運営メンバーや資金もほとんど集まらず，自己資金が目減りしていくばかりであった。当時はメディアにも多く登場していたこともあり，SNS上やメールで，活動の批判というより，誹謗中傷めいた声が届くこともたびたびあった。

4　助成金の獲得

法人設立時のタイミングで寄付集めに失敗したものの，末木氏が申請した助成金が受理された。

それらを財源にソーシャルワーカーや心理士などの資格を有する相談員を初めて募集し，謝金を支払い，相談事業を実施することができたのである（なおその際に採用した相談員は，現在，相談事業部の管理職となってフルタイムで働いている）。

そして，それらの実践の成果を，末木氏が積極的に学会発表・論文投稿などで行った。筆者もさまざまな場において，活動の成果を社会に発表していった。その後，NPO法人OVAで申請した自治体の公的な補助金（自殺対策強化補助金）などを獲得した。しかし，2014〜2016年の年間予算は200万円程度以下であった。相談員に「謝金」を支払っていたが，自らも含め「雇用」という形をとれない財政状況であった。当時，社会保険に加入している正社員は一人もいなかった。2016年までの4年間は活動を行い，実績を積み上げ，成果をさまざまな場で発表することを繰り返した。2017年，ある財団から助成を受け，自らも含めフルタイムの職員を雇う形が始めて叶い，組織としての活動が本格化していくこととなった。

5　行政業務委託の開始

2016年には，関係者と共に発起した若者自殺対策全国ネットワークを通じて，政策提言を行った。2017年に閣議決定された自殺総合対策大綱に「ICTも活用した若者へのアウトリーチ策の強化」という文言が記載され，その直後の同年10月にSNS上で「死にたい」と呟いていた女性らが殺害される「座間9人殺害事件」が発覚した。その際も政府に対して積極的な政策提言を行い，ICTを活用した相談窓口への誘導やSNS相談は政策化され，事業が実施されることとなる。そのSNS相談のガイドライン化においても，筆者は委員として関与した。

その後，2018年4月に自治体より「インターネット・ゲートキーパー事業」を委託されることとなった。自治体からの補助と委託は明確に異なっている。補助は，実施主体はあくまでNPO法人等の民間団体である。しかし委託の場合，実施主体は自治体である。つまり，個人で始めた活動が法人の活動になり，政府に働きかけ，政策化され，ついには自治体の事業となったのである。

図　NPO 法人 OVA における主な財源の変遷

現在では自殺対策の領域を超えて，さまざまな領域で，検索連動広告・SNS広告によるアウトリーチや SNS 相談（インターネット相談）が始まっており，アウトリーチのための広告などの代理運用や，インターネット相談の援助技術に関する研修やネット相談の構築のコンサルティングなど，数十の自治体や民間団体から委託を受けており，財源の大半が委託事業となっている。NPO 法人 OVA は 2021 年 7 月時点で，29 名の職員を雇用しており，うち 10 名はフルタイムである。

II　活動フェーズと財源の変遷

ここまでの内容をまとめてみたい（図）。NPO 法人 OVA の場合，創業者の自己資金で活動を開始し，実績を作り，さらに広く社会に働きかけて寄付や人的リソースを募っている。リソースを増やし，それによって更なる実績を積みながら，すでに実績のある関係者との協力関係を築いて，助成金・補助金を獲得していく。それらの財源でスタッフ（相談員）を募り，さらに実績を積み上げ，効果検証なども行いつつ，自殺予防・自殺対策の関係者向けに活動の意義や実績を，論文または発表などを通して繰り返し伝えていくことで，活動の意義や信頼を獲得していく。その上で関係者との協力関係を築き，ネットワーク（複数の関係者）で政策提言を行い，事業を政策として位置づける。結果的に「委託」という形で財源を確保して，事業を継続するに至っている。

III　なぜ，自殺予防対策の担い手が生まれづらいのか？

上記の財源の調達や活動の展開の仕方などには，一般的なビジネスや自殺予防以外の領域における多くの非営利活動と異なる点がいくつかある。

非営利の活動といっても，寄付がされやすい／されにくい領域など差があり，自殺の問題は最も寄付がされにくい社会課題のひとつであることが考えられる[注]。

また，受益者から直接対価を得ることが難しいという特徴もある。インターネット・ゲートキーパー事業の場合，直接的な受益者とは自殺念慮を抱えた危機的な状況にある個人である。そもそも，相談を促す際に有料である旨を記載すれば相談は激減するだろう（生活に困窮している人は相談できない）。

本人から対価を得なくとも本人の代わりに対価を払う個人や企業がいれば，受益者モデルは成り立ちうるが，そういった設計を行い，効果的な自殺予防サービスを提供している先行事例は，おそらく存在しない。

ある大手 IT 企業が「死にたい」といった検索ワードに対して SEO（検索エンジン最適化）をかけて，自社の WEB メディア（健康情報サイト）に誘導し，アフィリエイト（成功報酬型広告）で収益をあげていることが発覚し，非難を浴びたことがあった。事故傾性状態（自分の身を守る力が弱まっている状態）にある「死にたい」人をターゲットにビジネスをしたり，高額の商品を売りつけて利益をあげることは容易であるが，「死にたい」気持ちを抱えている人に，自殺予防的なサービスを提供し，それによって受益者から対価を得るモデルを作り出すことは容易ではない。

注）Rising to the challenge : A study of philanthropic support for unpopular causes（https://kar.kent.ac.uk/64652/［2021 年 7 月 1 日閲覧]）

筆者が自殺予防の活動を始める前に所属していた，EAP プロバイダーが提供する企業向けのメンタルヘルス対策のサービスは，従業員のうつ病などの精神疾患を予防し，結果的に組織全体の生産性を高めることを目的に，従業員の代わりに企業がカウンセリングの費用を負担していた。これは市場の力をうまく利用した受益者モデルのサービスであり，いわゆるソーシャルビジネスである。ビジネスとして成り立ちうるモデルがあれば，参入者（担い手）は増える。

また一般的な起業では，起業家個人がその私財や時間を投資したとしても，事業が軌道に乗り，利益が上がれば，役員手当という形で高い給与を得たり，株式上場や譲渡などによって，将来的に莫大な金銭的リターンが起業家個人に返ってくることが期待できる。

しかし，自殺予防の活動においてはそれはあまり期待できない。自殺リスクが高い人（受益者）から直接的に報酬を得ることが困難で，NPO 法人は金融市場に上場したり事業を売ることもできないからである。

活動を始める起業家個人にリターンの期待がないことに加え，自己資金や時間を投資することとなる。個人にとってリスクは高いが，リターンはない。ディスインセンティブばかりが存在しているといえる。

一般的なビジネスを興し，継続するよりも，自殺予防の活動を民間で始め，継続することは難易度が高く，参入障壁が高すぎて，自殺予防の領域で起業しようとする人（担い手）が生まれにくいのである。有り体に言えば，起業家にメリットがない。

自己資金を投入し続けるが報酬はなく，将来的な期待もほとんどない活動を始め，続けるというのは，今日の世界では特異な行動であり，そういった行動を起こす人物は稀であり，よって新たな団体は生まれにくいといえる。

Ⅳ　市場原理をどう利用できるか

すでに日本では自殺対策基本法が施行され，公金を用いて，公的な事業として自殺対策の事業が各地域でなされている。そういった土壌が整ったというのは数十年前と比較すれば革新的な進歩だが，担い手をさらに増やしていくためには市場の力を一部利用していくという考えもある。例えば，医療・福祉サービスのような準市場である。クリニックを受診する際，受益者はその費用を全て負担しているわけではない。公的な要素があり，純粋な市場（ビジネス）とは異なっている。

自殺予防の活動で準市場に組み込んだ実例がある。2016 年度診療報酬改定により，自殺の未遂者が搬送される救命救急センターにおいて「救急患者精神科継続支援料」という診療報酬項目が新設された。自殺企図等により入院した精神疾患を有する患者に対し，生活上の課題や精神疾患の治療を継続する上での課題を整理し，かかりつけ医への受診や服薬等，精神疾患の治療を継続するための助言や指導等のケースマネジメントを行った場合に診療報酬として加算ができるのである。

これは，自殺リスクが高い患者への介入を行った医療機関に対して対価が支払われることを意味している。そうなれば，さまざまな病院で自殺未遂者への介入が促進されていく。これらの革新的な仕組みが実装に至るまでには，長期にわたる，多くの関係者による自殺未遂者支援に関する研究と実装，政策提言などの尽力があった。

もう少し違うアプローチも模索してみたい。筆者は以前に復職支援を行う医療機関に従事していた。国内ではビジネスパーソンがうつ病などで休職した際の復職支援（リワーク）を，医療機関でも行っている。これは精神科デイケアの枠組みを利用したものである。うつ病で休職しているビジネスパーソンを選択的に集め，従来のデイケアプログラムではなく，ビジネスパーソンが復職するためのリハビリテーションとして最適なプログラムに入れ替えた，つまり新たな枠組みを作ったの

ではなく，すでにある医療・福祉サービス（準市場）の枠組みを利用することで実現したのである。

　もしリワークを純粋な市場（ビジネス）で行うとなれば，企業もしくは休職者本人からその報酬を得ることとなるが，それでは負担が大きすぎて利用者が増えず，供給者（担い手）も生まれない。

　医療機関におけるリワークは休職者も自立支援医療（精神通院医療），傷病手当金などの制度を利用することで，自己負担が少なく復帰に向けてサポートを受けることができる。供給側は精神科デイケアという医療（診療報酬）の枠組みを利用することで，事業を継続しやすい。これによって担い手の参入障壁は下がり，今日では多くの医療機関がリワークプログラムを提供するに至っている。

　例えば前述した病院内での取り組みではなく，地域における自殺未遂者支援を既存の医療・福祉の枠組み（例えば精神科訪問看護）を積極的に利用し，自殺未遂者・自傷行為を行っている市民をサポートする事業をつくることも考えられるかもしれない。

　準市場に自殺予防の取り組みを組み込むのが難しい場合，制度として位置づけるという方法も考えられるだろう。司法の領域では医療観察法に基づく「医療観察制度」があり，「社会復帰調整官」という専門職が制度化されている。社会復帰調整官には精神保健福祉士等の資格・実務経験がある専門職が採用され，保護観察所に勤務し，心神喪失等の状態で重大な他害行為を行った人の社会復帰を促進する業務に従事している。

　例えば，「自殺未遂者支援法」といった法律をつくり，搬送された自殺未遂者の，退院後地域における支援とそのコーディネーターを制度として位置づけることによって，受益者は無償で支援を受けることができ，担い手は公務員として自らの生活を保障されつつ，専門性を高めることができる。

　ここで挙げた例は安易な着想に過ぎない。ただし，死にたい気持ちを抱えている人とそれを受け止めたい人の極端なアンバランスの差は，「苦しいときは皆で支え合おう」といった「文化」の形成で埋めることは困難だという実感を，筆者は強く持っている。そこで，自殺予防活動の一部を制度化や準市場に組み込むことで，専門職の自殺予防活動への参入障壁を下げ，担い手を増やしていくという発想をしている。

　いずれにせよ，こういった制度・準市場への組み込みといった着想も，具体的な実践とその効果検証などの実績の積み上げがあって，初めて社会的な実装が可能となる。つまり「誰か」が始めなければならない。もし短期的に社会にできることがあるとするならば，「自殺予防対策」という，かくも過酷なフィールドで新たな活動を始める特異な個人・団体があれば，具体的に協力し，育てていくことにリソースを投じることであろう。担い手を増やし，育てていく土壌をつくることも，重要な自殺予防対策のひとつである。

臨床心理学

Vol.21 No.4 (通巻 124 号) [特集] トラウマ／サバイバル

★ 好評発売中 ★

❊ 欠号および各号の内容につきましては，弊社のホームページ（https://www.kongoshuppan.co.jp/）に詳細が載っております。ぜひご覧下さい。

❊ B5 判・平均 150 頁　❊ 隔月刊（奇数月 10 日発売）　❊ 本誌 1,760 円・増刊 2,640 円／年間定期購読料 13,200 円（10％税込）※年間定期購読のお申し込みに限り送料弊社負担

❊ お申し込み方法　書店注文カウンターにてお申し込み下さい。ご注文の際には係員に「2001 年創刊」と「書籍扱い」である旨，お申し伝え下さい。直送をご希望の方は，弊社営業部までご連絡下さい。

❊「富士山マガジンサービス」（雑誌のオンライン書店）にて新たに雑誌の月額払いサービスを開始いたしました。月額払いサービスは，雑誌を定期的にお届けし，配送した冊数分をその月ごとに請求するサービスです。月々のご精算のため支払負担が軽く，いつでも解約可能です。

Ψ 金剛出版　〒112-0005　東京都文京区水道1-5-16　URL https://www.kongoshuppan.co.jp/
Tel. 03-3815-6661　Fax. 03-3818-6848　e-mail　eigyo@kongoshuppan.co.jp

原著論文

教職志望大学生による特別な配慮が必要な児童生徒への
支援活動に関する研究
保護者の視点から捉えた支援対象児の行動特徴と支援効果

大西将史 [1]・廣澤愛子 [1]・笹原未来 [1]・鈴木静香 [2]・織田安沙美 [2]・松木健一 [3]

1）福井大学学術研究院教育・人文社会系部門
2）福井大学連合教職開発研究科
3）福井大学

　本研究では，特別な配慮が必要な児童生徒に対する教職志望大学生による支援活動において，支援対象児の行動特徴のアセスメントと，支援効果の検討を行った。83名の保護者から質問紙調査参加への同意が得られ，回答に不備のなかった79名分のデータを分析対象とした。SDQについて量的に分析した結果，全般的に良好とはいえず，特に情緒的側面や友人関係の問題が顕著であり，男子の方が女子よりも深刻な傾向にあることが明らかになった。下位尺度のいずれかにおいて臨床水準となった者は8割程度と高率であった。支援によってもたらされる支援対象児の変化や，支援を受けてよかった点，支援事業に対する要望についても量的・質的観点から分析したところ，情緒的安定性や積極性に関連するさまざまな行動において肯定的な変化がもたらされることが明らかになった。これらの結果を踏まえて，支援対象児の行動特徴と支援の効果，支援活動の課題について考察を行った。

キーワード：教職課程，支援活動，児童生徒，行動特徴，保護者

臨床へのポイント ・・

- 普通学校に在籍する特別な配慮が必要な児童生徒に対して教職課程の大学生による支援活動が広く行われているが，支援対象児がどのような行動特徴を示す傾向にあるのかを把握しておくことが重要である。
- 支援対象児の行動特徴についてSDQを用いて保護者の視点から多面的に捉えると，情緒面や友人関係面の問題が顕著であった。保護者の視点からは情緒面や意欲，友人関係，自己評価において支援効果がみられた。
- 支援対象児の保護者は，支援活動や子どもの状態について情報共有することを望んでおり，効果的な支援を行うためには，保護者を支援チームの重要なメンバーに位置づけて連携していくことが重要である。

・・・

Japanese Journal of Clinical Psychology, 2021, Vol.21 No.5 ; 595-607
受理日──2021年5月13日

Ⅰ　問題と目的

1　不登校や発達障害等の特別な配慮が必要な児童生徒と教師の多忙

　不登校児童生徒数は，それまで減少傾向にあったものの2013（平成25）年度より増加に転じ，2020（令和2）年度においては18万人（1.9%）を超えた（文部科学省，2020）。不登校児童生徒への対応とその予防は学校現場における重要な課題である。また，学習障害や

自閉症等の可能性のある，学習面や集団生活面において特別な配慮が必要な児童生徒は通常学級に6.5%程度在籍しており（文部科学省，2012），明確な診断が下りずとも特別な配慮が必要な児童生徒が学級に一定数在籍している（辻井，2011）。このような児童生徒は，いわゆる"気になる子"や"気がかりな子"として教師から認識され，支援の対象となっている。障害の存在が疑われるものの診断がなされていない場合や，困難を感じさせる子どもの状態が障害によるものかどう

か判断できないといった場合にそのように呼ばれているという（丸山，2013）。

近年では，障害をもつ者も障害をもたない者と同様にクラスで共に教育を受けられるように特別支援教育を行うことを推進するインクルーシブ教育の潮流もあり，普通学校は多様な特性とニーズをもった児童生徒にきめ細かな指導と支援を提供することが必要な場となっている。それゆえ，教師に求められる専門的力量はますます高くなっているが，教師は学校業務の肥大化により多忙を極めている（神林，2015）。そのため，これらの特別な配慮を必要とする児童生徒への支援のあり方を考えることは，現在の学校教育現場において喫緊の課題といえる。

2 特別な配慮が必要な児童生徒への大学生による支援活動と本研究で取り上げるライフパートナー事業

教師の多忙への対応策の一つとして，近年では，非専門家である大学生による支援活動が多く行われている（詳細は武田・村瀬（2009）を参照）。教員養成課程においても，大学で修得する理論知と教育現場で修得する実践知を架橋するために，教育実習とは異なる実践的活動として学校での支援活動が求められている（松木，2010）。

筆者らは，このような教育現場のニーズと教員養成課程のニーズを両立させる試みとして，教師の目から特別な支援が必要であると判断された児童生徒に教職志望の大学生が支援を行う「ライフパートナー：Life Partner（以下，LP）事業」を20年あまり継続運営してきた。この事業は，筆者らの勤務する教育学部の通年必修授業である「学校教育相談研究」の実習として位置づけられており，ほとんどの学生が2年時に受講する。支援対象児は，事業連携しているW県内5市の公立小中学校に通う児童生徒で，①学級集団内で個別の対応が必要である，②登校しているが教室への入室を渋りがちである，③保健室・相談室登校をしている，④教育支援センターに通室している，⑤不登校状態となり家庭で過ごしている，という状態にあり，いわゆる"気になる子"や"気がかりな子"として，学校から各教育支援センターに支援要請のあった者である。毎年約140名の大学生が週に1回2時間，12回を基本的な活動の枠組みとし，小中学校・教育支援センター・家庭等で学習活動や談話，遊び，校内での

諸活動を通して児童生徒に学習支援・心理的支援を行う。大学では，臨床心理学や発達心理学，インクルーシブ教育などを専門とする教員7名が学生をサポートする体制をとっている。なお学校現場での支援活動の実施，学内で20回程度行われる講義およびケースカンファレンスへの参加，毎回の活動報告書とそれを再構成した最終報告書の提出で単位取得となる。理論と実践の往還を重視し，講義と実践，省察を円環的に行うことが可能な仕組みとなっている。LP学生は，児童生徒と年齢が近く身近なモデルとなりやすいお兄さん・お姉さん的な立場から，個々のニーズに合わせて多様な支援活動を行っており，他の専門職では困難な幅広い支援を提供している（廣澤・大西・笹原・粟原・松木，2018）。LP事業は，立ち上げ当初は児童生徒の不登校の問題に焦点が当てられていたが，現在においては，これに加えて発達障害や，それを疑わせるさまざまな行動，学業面，対人関係面の問題など，多様な問題について支援を行っている。

3 支援対象児に対する多面的アセスメントの重要性

普通学校に在籍する特別な配慮が必要な児童生徒に対する大学生による支援は全国的に広く行われており，研究報告も多いものの，その多くが支援活動を通した大学生の学びや力量形成およびそれを支える大学の支援体制（例えば黒沢・日高・張替・田島，2007；森下・久間・麻生・衛藤・藤田・竹中・大岩，2010），大学の運営システムや大学と派遣先学校等の連携システム（例えば黒沢・日高，2009；杉本，2017）についての検討であり，支援者側に着目した研究といえる。支援を受ける側である児童生徒については，どのような特徴があり，どのような支援ニーズを有しているかは十分に明らかにされていない。

一方，本研究における支援対象児と共通の特徴を有すると推測される児童生徒について，研究者や教師などの専門家が支援を行う際にアセスメントを行った研究は多数みられる。例えば馬場・佐藤・松見（2013）は，通常学級に在籍する子どもを対象に機能的アセスメントおよびそれに基づく支援を行った国内外の研究37編をレビューし，授業中の離席や私語，反抗的言動や攻撃行動といった目立つ行動から，指示・課題への非従事や手遊びといった静かで目立たない行動まで幅広い行動が介入対象とされていることを明らかにしている。また，平澤・神野・廣嶌（2006）は，小学校教師

を対象に質問紙調査を行い，通常学級に在籍する軽度発達障害を疑われる児童の気になる行動・困った行動が，不適切な会話，課題に取り組まない，人との関わりやコミュニケーションにおける問題，勝手な行動の順で多いことを明らかにしている。

　これに対して，大学生による支援においては，支援対象児の詳細なアセスメントが行われることはほとんどない。実際に，筆者らが運営するLP事業においても，LP学生の支援対象児に対して教師が詳細なアセスメントを行っていることはほとんどなく，LP学生に提供される情報は教師の視点からの行動観察を口頭で伝えられるケースが大部分を占める。また，支援対象児が不登校状態となっているケースもあり，その場合は教師の視点からの情報を得ることも困難である。

　確かに，大学生による支援は，心理臨床の専門家による支援とは異なるが（廣澤ほか，2018），支援対象児について適切にアセスメントすることは効果的な支援を行ううえで専門家・非専門家を問わず重要であろう。実際，大学生による支援の質を上げていくためには，心理臨床や特別支援教育に関する専門家との連携が必要不可欠であり（廣澤ほか，2018），そこで要となるのは多面的な観点からアセスメントされ，収集された情報のやり取りである。鈴木・織田・大西・廣澤・笹原・松木（2016）は，臨床心理士として，大学生と学校との間に入ることで，大学生の所属大学と大学生の派遣先学校および教育支援センターや医療機関等，関連機関を一つの支援チームとする組織作りを行った実践を報告している。この実践において，鈴木ほか（2016）は，支援対象児の特性や指導ニーズに関するアセスメントを行い，それを教師と大学生との間で共有することで活動方針を決定し，支援の質を向上させることを試みている。

　非専門家による支援であるからこそ，支援対象児についてアセスメントを行い，支援チームで情報共有していくことが求められる。その際，より多面的なアセスメントを行うためには，支援対象児についての情報をさまざまな関係者から収集することが重要である。通常学校に在籍する特別な配慮が必要な児童生徒であれば，教師に加えてスクールカウンセラー，スクールソーシャルワーカー，医師といった専門家だけでなく，保護者も重要な情報提供者である。保護者は家庭での子どもの養育に関する責任者であるとともに，家庭での子どもの様子を最も把握している（石隈，1999）。

LP学生における支援においては，支援対象児が不登校状態であるために家庭での支援が行われているケースもある。この場合，教師から支援対象児の情報を得ることは困難であり，保護者が唯一の情報提供者であることが多い。よって，保護者の評価に基づいた支援対象児のアセスメントを行うことは有益であろう。しかし，これまでの研究においては，保護者の評価に基づくアセスメントは十分に行われていない。

4　支援効果を検討することの重要性

　大学生による支援によってもたらされる支援対象児の変化についても測定し，評価することは，課題を明確化し支援の質を向上させるうえで重要である。これに関連して，非専門家による特別な配慮が必要な子どもたちへの支援活動として，欧米を中心に広く行われているメンタリング・プログラムがある（Dubois & Karcher, 2014；渡辺，2009）。メンタリング・プログラムのなかには，学校内で児童生徒への支援が行われるものもあり，その有効性の評価のために支援対象児への丁寧なアセスメントと介入効果の測定と評価が行われている（Karcher, 2008；Wheeler, Keller, & Dubois, 2010）。

　筆者らは，支援対象児の教師を対象とした質問紙調査により，LPによる支援が支援対象児だけでなく，教師，支援対象児の学級，学校全体といったさまざまな水準において重要な役割を担い，肯定的な効果をもたらしていることを明らかにしている（廣澤ほか，2018）。支援効果についても，教師とは異なる保護者の視点からの情報を検討することで支援方法の改善につながるものと考えられる。

5　本研究の目的

　以上から，本研究では，通常学校に在籍する特別な配慮が必要な児童生徒に対する教職志望大学生による支援において，支援対象児の行動特徴のアセスメントと支援効果について，支援対象児の保護者の視点から測定し検討することを目的とする。本研究における支援対象児は，筆者らの運営するLP事業においてLPによる支援を受けている児童生徒であり，同様の支援実践を行っている全国の大学や自治体に対して有益な知見を提供できるものと考えられる。また，いわゆる"気になる子"や"気がかりな子"の行動特徴について，保護者の視点からの知見が得られると考えられる。

II　方法

1　調査協力者

　W県のX市，Y市，Z市の公立学校に在籍し，LPによる支援を受けている児童生徒の保護者に対して調査を依頼し，83名から協力が得られた。回答に不備のあった4名を除いた79名を分析対象とした。なお，調査を依頼する保護者は，事業連携市の教育委員会との取り決めにより，LP学生を派遣している小中学校および教育支援センターの担当者に選定を依頼したため，調査依頼をされた保護者の正確な数が把握できず，質問紙の正確な回収率が算出できなかった[注1]。

2　調査内容

1．支援対象児の行動特徴

　行動特徴の測定尺度としてGoodman（1997）による Strengths and Difficulties Questionnaire（SDQ）親評定フォームの日本語版（野田・伊藤・藤田・中島・瀬野・岡田・林・谷・高柳・辻井，2012）を用いた。SDQは，5つの下位尺度（情緒不安定，問題行動，多動・不注意，友人関係問題，向社会的行動）それぞれ5項目，計25項目から構成される。評定は，各項目について，「あてはまらない（0）」「まああてはまる（1）」「あてはまる（2）」の3段階で行われた。項目の得点は逆転項目の処理を行った後で単純加算し，各下位尺度得点を算出する。また，向社会的行動を除く4つの下位尺度の得点を合計し，困難性総合得点が算出される。向社会的行動は得点が高いほど肯定的な特徴を有しており，その他の4つの下位尺度と困難性総合得点は得点が高いほど否定的な特徴を有していることを意味する。

2．LP活動開始後の支援対象児の変化についての認知

　NHK放送文化研究所（2003）による児童生徒の行動特徴に関する21項目について，LPによる支援後にそれらの行動に変化があったかを「少なくなった」「多くなった」「特に変化なし」「分からない」の4つの選択肢で回答を求めた。

3．LP活動に対する意見・要望

　LP活動に対する意見・要望について，①LPによる支援を受けてみて，お子さんに変化がみられた点を自由にお書きください，②LPによる支援を受けてみて，よかった点を自由にお書きください，③LPによる支援を受けてみて，もっとこうすればよいと思った点や，LPに対する要望についてお書きください，という質問を設定し，自由記述で回答を求めた。

3　調査手続きおよび調査時期

　まず，調査の目的・方法・内容・データの処理方法・調査結果の公開手続きについて，調査協力者が在住する市の教育委員会指導主事と協議し，調査への協力に同意を得た。次に，各市の校長会にて調査について説明および依頼を行い，同意を得た。その後，調査依頼書，調査用紙および返信用封筒一式を1対象者分のセットとしたものを想定される対象者分だけ各学校に郵送した。そして，支援対象児の担当教師が，関係構築がある程度できており，児童生徒および保護者の状態を加味して調査に協力可能と判断した保護者に対して，児童生徒を通じて調査用紙一式を配布した。回収は，回答終了後に返信用封筒を用いて質問紙を返送してもらう形式をとった。なお，児童生徒が調査依頼書および調査用紙を見ることのないよう，書類一式は封をした封筒に入れて配布した。調査は保護者の負担を軽減するために1回のみとし，支援対象児の行動特徴と支援効果を同時に測定できるよう支援活動終了後の11月から2月の期間に行った。十分なサンプルサイズを確保するために2013年〜2015年の3年間にわたり調査を行った。

4　倫理的配慮

　本研究について筆者らの所属する大学の倫理委員会の承認を受けた。調査内容は市の教育委員会指導主事との協議を経て決定した。調査協力者には，調査への協力は任意であり，調査協力をしないことによって不利益を被ることがないこと，回答途中で回答したくなくなった場合に回答を中断してもよいこと，得られた情報は分析段階で個人情報と回答内容を分けて扱い，全体的なデータとして統計的分析を加えるため個人が特定されることがないことについて，調査依頼書にて説明した。これらのことについて理解し，調査に同意する場合に回答することを依頼した。調査への回答を

注1）2014年度と2015年度においては，質問紙の配布数がそれぞれ41，51であり，回収数がそれぞれ32，35，回収率はそれぞれ78.0％，67.3％であった。2013年度においては，配布数が把握できず，回収率が算出できなかった。

表 1　日本語版 SDQ 親評定フォームの各下位尺度の記述統計量

		度数	最小値	最大値	平均値	標準偏差	平均偏差値
全体	困難性総合	67	1	24	12.51	5.89	57.32
	情緒不安定	75	0	14	3.45	2.65	60.81
	問題行動	76	0	8	2.21	1.72	50.77
	多動・不注意	75	0	9	3.85	2.50	51.54
	友人関係問題	68	0	8	3.31	2.36	60.77
	向社会的行動	75	0	10	5.51	2.43	47.16
男子	困難性総合	41	1	24	14.00	5.76	59.21
	情緒不安定	45	0	14	3.56	2.93	62.03
	問題行動	45	0	8	2.33	1.82	50.62
	多動・不注意	45	0	9	4.49	2.32	52.73
	友人関係問題	42	0	8	3.88	2.35	63.66
	向社会的行動	45	0	9	5.11	2.45	47.16
女子	困難性総合	26	2	22	10.15	5.39	54.34
	情緒不安定	30	0	8	3.30	2.22	58.99
	問題行動	31	0	6	2.03	1.58	50.97
	多動・不注意	30	0	9	2.90	2.48	49.76
	友人関係問題	26	0	7	2.38	2.10	56.10
	向社会的行動	30	1	10	6.10	2.32	47.16

もって前述の事項へ同意したとみなした。

III　結果

1　支援対象児の学年・性別

　本研究で分析対象となった支援対象児は，79 名（男子 47 名，女子 32 名）であった。学年ごとの内訳は，小学校 1 年生 6 名（男子 3 名,女子 3 名），2 年 19 名（男子 14 名,女子 5 名），3 年生 12 名（男子 6 名,女子 6 名），4 年生 14 名（男子 9 名，女子 5 名），5 年生 10 名（男子 4 名,女子 6 名），6 年生 14 名（男子 8 名,女子 6 名），中学校 1 年生 1 名（男子 1 名），2 年生 2 名（男子 1 名,女子 1 名），3 年生 1 名（男子 1 名）であった。各学年，特に中学生のサンプルサイズが小さいため，以下では学年を区別せず，性別ごとに分析を行う。

2　支援対象児の行動特徴のアセスメント結果

　日本語版 SDQ 親評定フォーム（野田ほか，2012）の各下位尺度得点の記述統計量を表 1 に示した。平均偏差値は，野田ほか（2012）における各学年・性別ごとの標準データをもとに各サンプルの偏差値（平均値 50，標準偏差 10）を求め，性別ごとおよび全サンプルの平均値を求めたものである。

　まず全体の平均偏差値をみると，困難性総合，情緒不安定および友人関係問題において標準サンプルをもとに算出した平均値（偏差値 50）よりもやや高い傾向がみられた。次に，性別ごとにみると，男子の方が全般的に高い値がみられ，男子の方が女子と比べて相対的に行動上の問題が顕著であった。

　次に，標準データにおけるカットオフ値を用いて，本研究のデータにおける一般水準，境界水準，臨床水準の割合を表 2 に示した。

　まず全体についてみると，困難性総合においては，一般水準が 40％を上回っていたが，臨床水準も 30％以上存在していた。情緒不安定でも同様に一般水準が 40％程度であったが，臨床水準がそれを上回る 44.6％と多かった。友人関係問題においては一般水準が約 30％と相対的に少なく，逆に臨床水準が 60％以上を占めていた。問題行動，多動・不注意および向社会的行動においてはいずれも一般水準が半数以上であり，臨床水準は相対的に少なかった。しかし，多動・不注意の臨床水準は 30％近くあり多い傾向がみられた。5 つの下位尺度および困難性総合のいずれか 1 つ以上の尺度において臨床水準となった者は 62 名（84.8％），いずれか 1 つ以上の尺度において境界水準となった者は 8 名（10.3％），いずれの尺度においても一般水準であった者は 8 名（10.3％）であった。

表2　日本語版 SDQ 親評定フォームのカットオフ値及び本研究のサンプルにおける各水準の割合

	一般水準			境界水準			臨床水準			合計	
	得点	N	(%)	得点	N	(%)	得点	N	(%)	N	(%)
全体											
困難性総合	0–11	31	(46.3)	12–14	12	(17.9)	15–40	24	(35.8)	67	(100)
情緒不安定	0–2	29	(39.2)	3	12	(16.2)	4–10	33	(44.6)	74	(100)
問題行動	0–2	44	(57.9)	3	17	(22.4)	4–10	15	(19.7)	76	(100)
多動・不注意	0–4	41	(54.7)	5	12	(16.0)	6–10	22	(29.3)	75	(100)
友人関係問題	0–1	20	(29.4)	2	6	(8.8)	3–10	42	(61.8)	68	(100)
向社会的行動	5–10	50	(66.7)	4	9	(12.0)	0–3	16	(21.3)	75	(100)
男子											
困難性総合	0–11	13	(31.7)	12–14	9	(22.0)	15–40	19	(46.3)	41	(100)
情緒不安定	0–2	19	(43.2)	3	6	(13.6)	4–10	19	(43.2)	44	(100)
問題行動	0–2	24	(53.3)	3	11	(24.4)	4–10	10	(22.2)	45	(100)
多動・不注意	0–4	19	(42.2)	5	8	(17.8)	6–10	18	(40.0)	45	(100)
友人関係問題	0–1	8	(19.0)	2	4	(9.5)	3–10	30	(71.4)	42	(100)
向社会的行動	5–10	27	(60.0)	4	5	(11.1)	0–3	13	(28.9)	45	(100)
女子											
困難性総合	0–11	18	(69.2)	12–14	3	(11.5)	15–40	5	(19.2)	26	(100)
情緒不安定	0–2	10	(33.3)	3	6	(20.0)	4–10	14	(46.7)	30	(100)
問題行動	0–2	20	(64.5)	3	6	(19.4)	4–10	5	(16.1)	31	(100)
多動・不注意	0–4	22	(73.3)	5	4	(13.3)	6–10	4	(13.3)	30	(100)
友人関係問題	0–1	12	(46.2)	2	2	(7.7)	3–10	12	(46.2)	26	(100)
向社会的行動	5–10	23	(76.7)	4	4	(13.3)	0–3	3	(10.0)	30	(100)

次に男子についてみると，困難性総合においては一般水準が31.7%なのに対して臨床水準が46.3%と大きく上回っていた。情緒不安定と多動・不注意は一般水準と臨床水準が同程度に多く40%以上を占めていた。問題行動については，一般水準が半数以上を占め，境界水準と臨床水準は相対的に少なかった。友人関係問題については，臨床水準が70%以上を占め，極めて高い割合であった。向社会的行動は一般水準が60%であり，境界水準は相対的に少なく，臨床水準は相対的に多かった。5つの下位尺度および困難性総合のいずれか1つ以上の尺度において臨床水準となった者は39名（84.8%），いずれか1つ以上の尺度において境界水準となった者は3名（6.5%），いずれの尺度においても一般水準であった者は4名（8.7%）であった。

最後に女子についてみると，困難性総合と問題行動，多動・不注意および向社会的行動においては一般水準が多く，逆に境界水準および臨床水準が少ないことから男子に比べると行動上の問題はそれほど顕著ではないといえる。情緒不安定および友人関係問題において

は臨床水準がともに46%程度であり，他の側面と比べると行動上の問題が顕著であった。5つの下位尺度および困難性総合のいずれか1つ以上の尺度において臨床水準となった者は23名（71.8%），いずれか1つ以上の尺度において境界水準となった者は5名（15.6%），いずれの尺度においても一般水準であった者は4名（12.5%）であった。

以上をまとめると，SDQ のいずれか1つ以上の指標で臨床水準となった者は8割程度存在し，境界水準と一般水準がそれぞれ1割程度であった。男子は女子よりも全般的に行動上の問題が顕著であり，特に友人関係の問題が顕著で，情緒的安定性や多動・不注意についても問題を抱える傾向がみられた。女子は男子よりも相対的には良いものの，男子と同様に友人関係と情緒的安定性の問題が顕著であった。

3　LP 活動開始後の支援対象児の変化についての認知

LP 活動開始後の支援対象児の変化についての認知を男女ごとに表3に示した。全般的に「特に変化なし」

表3　LP活動開始後の支援対象児の変化についての認知

		分からない	多くなった[1]	特に変化なし	少なくなった[1]	合計
男子	1. 学校に行くのを楽しそうにしている	2 (4.7)	**19 (44.2)**	19 (44.2)	3 (7.0)	43
	4. 友だちと遊んだり関わることを楽しそうにしている	3 (5.7)	**13 (24.5)**	25 (47.2)	12 (22.6)	53
	2. 緊張していたり, 不安そうにしている	2 (4.5)	1 (2.3)	25 (56.8)	**16 (36.4)**	44
	3. すぐにイライラしたり, 怒りっぽい	0 (0.0)	2 (4.7)	24 (55.8)	**17 (39.5)**	43
	5. 夜, 眠れない	2 (4.7)	1 (2.3)	33 (76.7)	**7 (16.3)**	43
	6. 疲れやすい	4 (9.5)	2 (4.8)	32 (76.2)	**4 (9.5)**	42
	7. 朝, 食欲がない	0 (0.0)	3 (7.1)	32 (76.2)	**7 (16.7)**	42
	8. 肩がこる	10 (24.4)	0 (0.0)	29 (70.7)	**2 (4.9)**	41
	9. 立ちくらみやめまいがする	11 (26.8)	0 (0.0)	28 (68.3)	**2 (4.9)**	41
	10. 物をなげたり, こわしたりする	4 (9.5)	0 (0.0)	30 (71.4)	**8 (19.0)**	42
	11. 何を言っても, 黙っている	1 (2.4)	1 (2.4)	30 (71.4)	**10 (23.8)**	42
	12. 注意をすると, すぐ家を飛び出していく	4 (9.5)	0 (0.0)	36 (85.7)	**2 (4.8)**	42
	13. 大声をあげたり, わめいたりする	3 (7.3)	1 (2.4)	32 (78.0)	**5 (12.2)**	41
	14. 自分の部屋から出てこない	2 (4.9)	3 (7.3)	32 (78.0)	**4 (9.8)**	41
	15. 何をするにもやる気がでない	2 (4.8)	2 (4.8)	24 (57.1)	**14 (33.3)**	42
	16. 親に嘘をつく	4 (10.0)	1 (2.5)	31 (77.5)	**4 (10.0)**	40
	17. 「学校がつまらない」とよく口にする	2 (5.0)	4 (10.0)	24 (60.0)	**10 (25.0)**	40
	18. 行き先を告げずに外出する	3 (7.5)	0 (0.0)	33 (82.5)	**4 (10.0)**	40
	19. 家族を避ける	2 (5.0)	1 (2.5)	30 (75.0)	**7 (17.5)**	40
	20. 言葉遣いが悪い	1 (2.4)	5 (12.2)	31 (75.6)	**4 (9.8)**	41
	21. 自分自身について否定的な言動をする（例：自分なんかだめだ, など）	1 (2.4)	2 (4.8)	28 (66.7)	**11 (26.2)**	42
女子	1. 学校に行くのを楽しそうにしている	2 (6.3)	**15 (46.9)**	15 (46.9)	0 (0.0)	32
	4. 友だちと遊んだり関わることを楽しそうにしている	1 (3.2)	**20 (64.5)**	9 (29.0)	1 (3.2)	31
	2. 緊張していたり, 不安そうにしている	1 (3.2)	0 (0.0)	13 (41.9)	**17 (54.8)**	31
	3. すぐにイライラしたり, 怒りっぽい	2 (6.3)	1 (3.1)	17 (53.1)	**12 (37.5)**	32
	5. 夜, 眠れない	0 (0.0)	3 (9.4)	20 (62.5)	**9 (28.1)**	32
	6. 疲れやすい	3 (9.4)	3 (9.4)	18 (56.3)	**8 (25.0)**	32
	7. 朝, 食欲がない	2 (6.3)	1 (3.1)	20 (62.5)	**9 (28.1)**	32
	8. 肩がこる	10 (31.3)	1 (3.1)	18 (56.3)	**3 (9.4)**	32
	9. 立ちくらみやめまいがする	9 (28.1)	1 (3.1)	19 (59.4)	**3 (9.4)**	32
	10. 物をなげたり, こわしたりする	4 (13.3)	0 (0.0)	23 (76.7)	**3 (10.0)**	30
	11. 何を言っても, 黙っている	1 (3.2)	2 (6.5)	16 (51.6)	**12 (38.7)**	31
	12. 注意をすると, すぐ家を飛び出していく	5 (17.2)	1 (3.4)	21 (72.4)	**2 (6.9)**	29
	13. 大声をあげたり, わめいたりする	5 (17.2)	0 (0.0)	19 (65.5)	**5 (17.2)**	29
	14. 自分の部屋から出てこない	2 (6.7)	0 (0.0)	22 (73.3)	**6 (20.0)**	30
	15. 何をするにもやる気がでない	0 (0.0)	2 (6.5)	18 (58.1)	**11 (35.5)**	31
	16. 親に嘘をつく	4 (13.3)	2 (6.7)	19 (63.3)	**5 (16.7)**	30
	17. 「学校がつまらない」とよく口にする	2 (6.5)	0 (0.0)	19 (61.3)	**10 (32.3)**	31
	18. 行き先を告げずに外出する	3 (10.3)	0 (0.0)	23 (79.3)	**3 (10.3)**	29
	19. 家族を避ける	2 (6.9)	0 (0.0)	22 (75.9)	**5 (17.2)**	29
	20. 言葉遣いが悪い	2 (6.7)	3 (10.0)	19 (63.3)	**6 (20.0)**	30
	21. 自分自身について否定的な言動をする（例：自分なんかだめだ, など）	2 (6.5)	2 (6.5)	15 (48.4)	**12 (38.7)**	31

1) 項目ごとにポジティブな方向の変化の値を太字にした。

の割合が多かったが, 変化が顕著であると認知された行動もみられた。

　男子においては, まず, ポジティブな行動では,「学校に行くのを楽しそうにしている（44.2%）」は顕著な増加がみられ,「友だちと遊んだり関わることを楽しそうにしている（24.5%）」についても4分の1程度において変化がみられた。ネガティブな行動において肯定的変化が顕著であったのは,「すぐにイライラしたり, 怒りっぽい（39.5%）」「緊張していたり, 不安そうにしている（36.4%）」「何をするにもやる気がでない（33.3%）」「自分自身について否定的な言動をする

（26.2%）」「何を言っても, 黙っている（23.8%）」など, 情緒面や意欲, 自己評価についての問題であった。変化が少なかったものについては,「肩がこる（4.9%）」「立ちくらみやめまいがする（4.9%）」「注意をすると, すぐに家を飛び出していく（4.8%）」であり, もともとの生起頻度自体が少なく, また親の視点からは捉えづらいと考えられるものであった。

　女子においては, ポジティブな行動である「友だちと遊んだり関わることを楽しそうにしている（64.5%）」において非常に顕著な変化がみられ,「学校に行くのを楽しそうにしている（46.9%）」においても変化が大

きかった。ネガティブな行動において変化が顕著であったのは「緊張していたり，不安そうにしている（54.8%）」「何を言っても，黙っている（38.7%）」「自分自身について否定的な言動をする（38.7%）」「すぐにイライラしたり，怒りっぽい（37.5%）」「何をするにもやる気がでない（35.5%）」「「学校がつまらない」とよく口にする（32.3%）」など，情緒面や意欲，自己評価についての問題であった。また，「夜，眠れない（28.1%）」「朝，食欲がない（28.1%）」「疲れやすい（25.0%）」といった身体症状についても変化がみられた。変化が少なかったものについては，男子と同様に「肩がこる（9.4%）」「立ちくらみやめまいがする（9.4%）」「注意をすると，すぐ家を飛び出していく（6.9%）」であり，もともとの生起頻度自体が少なく，また親の視点からは捉えづらいと考えられるものであった。

4　LP 活動に対する意見・要望の質的分析

　3 つの質問への自由記述回答に対して，Hill, Thompson, & Williams（1997）の「合議制質的研究法」に則り，廣澤ほか（2018）と同様の手続きで整理・分析した。まず，得られた回答について，基本的には 1 文ずつに区切り，各文の中で意味の纏まりごとにコードをつけ，共通する意味を持つコードを集約し，カテゴリーを生成した。その際，廣澤ほか（2018）の教師による同様の質問への回答から得られたカテゴリー名を参照した。これらの作業はまず分析者 1 名が単独で行い，その後，別の分析者 1 名を加えた 2 名で，各コードが，生成されたどのカテゴリーに当てはまるかを各自チェックした。そして，カテゴリーの文言修正，カテゴリーの統廃合，コードの不一致箇所の協議を並行して行った。最後に，各カテゴリーに当てはまるコードの元データ（回答）を参照して，カテゴリーの定義を協議しながら策定した。このような合議ミーティングを開いて分析を行う過程においては，数値に代表される評定者間の一致率より，話し合いによる合意で最終案を決定することを重視した。ただし各コードがどのカテゴリーに当てはまるかについては，目安として評定者間一致率も算出した。その結果，すべてのカテゴリーでおおむね 80%以上の一致率がみられた（表 4，5 に記載）。

1．「LP による支援によって子どもに変化がみられた点」および「LP による支援を受けてみてよかった点」

　「LP による支援によって子どもに変化がみられた点」と「LP による支援を受けてみてよかった点」は，ともに児童生徒を対象とした記述で占められていたため，両回答のカテゴリーを統合した（表 5）。生成されたカテゴリーは，廣澤ほか（2018）で得られた同様の質問に対する教師の回答カテゴリーの内，「生徒」についてのものにおおよそ対応していた。しかし，一部のカテゴリーにおいては，保護者からの回答では対応していない場合がみられたため，カテゴリーの統合，カテゴリーの名称のみあるいは名称と定義の修正を行った（表 4 に太字で示した）。その結果，保護者から捉えられた LP の支援によってもたらされる支援対象児の変化は，「情緒的安定」「積極的態度」「学習意欲・学力の向上」「登校契機・登校意欲」「人間関係の拡がり」「斜めの関係」「充実した時間」の 7 側面であることが明らかになった。

2．もっとこうすればよいと思った点や，LP に対する要望

　「もっとこうすればよいと思った点や LP に対する要望」も，廣澤ほか（2018）で得られた同様の質問に対する教師の回答カテゴリーと基本的には対応していた（表 5）。しかし対応していないものについては，記述内容に即してカテゴリーの名称および定義に適宜修正を加えた（表 5 に太字で示した）。その結果，LP 活動に対する保護者からの要望は，「支援内容・方針」「支援制度」「感謝」の 3 側面であることが明らかになった。

IV　考察

1　支援対象児の行動特徴について

　保護者の視点から捉えられた支援対象児の行動特徴は良好とはいえない状況であることが明らかになった。男女に共通して友人関係や情緒的安定性に問題を抱えており，臨床水準に達している者は 5 割前後と高率で十分な配慮と支援が必要であることが改めて示唆された。SDQ のいずれか 1 つ以上の指標で臨床水準となった者は 8 割程度おり，境界水準も含めると 9 割に上っていた。LP 事業においては，教師の視点から何らかの側面において特別な配慮が必要と判断された児童生徒が支援対象児となっているが，それは SDQ

表4　「LPによる支援によって子どもに変化がみられた点」及び「LPによる支援を受けてみてよかった点」に関するカテゴリー

カテゴリー[1]	定義[1]	記述例	回答数[2]・評定者間一致率[3]	
			①変化した点	②よかった点
情緒的安定	LPが児童生徒に暖かく寄り添い，さまざまな活動を共に行うことによって，児童生徒が安心感や喜び，楽しさや前向きな気持ちなどをもつ。	• 初日は顔も見れないくらい不安だったみたいで2日目からはとても嬉しそうにしていたことです。今までとは違ってとても明るく，楽しそうに学校に行くことができています。	14 (23.7) (81.4)	25 (39.7) (84.1)
積極的態度	LPと共に過ごすことによって，児童生徒が前向き・意欲的に活動するようになる。また，意欲的な活動によって得られた成就感が次の活動への意欲を引き出し，意欲⇒成就感⇒さらなる意欲へ，という良い循環が定着する。	• 留学のことに興味をもったりそのためには何をしなければならないのかなどを考えたり目標を持ってそれに向かって努力し頑張って取り組んでいこうという姿勢が出てきました。	14 (23.7) (84.7)	6 (9.5) —
学習意欲・学力の向上	LPのサポートによって，児童生徒が安心かつ集中して学習や授業に取り組むことができる。また，学習に取り組むことの楽しさ，できたときの喜びや自信などを感じることができる。その結果として，学習面での理解が進んだり学力の向上がみられる。	• 学習に対する意欲が低下することなく，向上心がもてるようになった。 • 勉強も少しずつ教えていただいてわかるようになると家でも話すようになりました。	5 (8.5) (94.9)	7 (11.1) (98.4)
登校契機・登校意欲	LPとの活動を楽しみにしてLPとの活動日は登校するなど，LPとの関わりが登校への橋渡しとなる。また，そのような登校⇒楽しい活動の繰り返しが，再登校を促す契機となる。	• 学校に行くのが以前よりも楽しそうにしていると思いました。LPの先生の来られる曜日の日は頑張って登校しようとする気持ちがあるようでした。	17 (28.8) (91.5)	10 (15.9) (96.8)
人間関係の拡がり	LPが徐々に児童生徒と信頼関係を形成することによって，家族や教師以外の人との関わりを愉しむようになる。	• 外へ出られなくても"外部とのつながり"としてありがたかったです．大人には言いにくいことも言えていたのかもしれないし唯一年の近い人とのつながりがあったこと，感謝します。	22 (37.3) (83.1)	16 (25.4) (88.9)
斜めの関係	LPが，親や教師，友達といった日常的な役割関係に縛られない「少し年上のお兄さん，お姉さん」という第三者的立場で児童生徒と関わり，児童生徒の心を開くと共に，一つのモデル像として機能する。	• 若いお兄さん・お姉さんなので話が合う。勉強のことを言わない。子どもが興味のあることに一緒に付き合ってくれる。	— —	14 (22.2) —
充実した時間	LPが児童生徒の興味関心やペースに沿った活動を展開することによって，楽しく満足の得られる時間，メリハリのある充実した時間を過ごす。	• 個別で関わっていただけるため，勉強のわからないところを聞けたりいろいろ思っていることを話せるので良かったです。 • 居てくださる間はとても楽しそうにいきいきとしています。	— —	10 (15.9) (90.5)
なし・わからない	保護者の立場からは，LPの支援による子どもの変化が明瞭なかたちで捉えることができない。	• 正直よくわかりません • 特になし	12 (20.3) (96.6)	6 (9.5) (98.4)

1) 廣澤ほか(2018)において得られた，同様の質問に対する教師の回答のカテゴリー・定義と異なる内容となったものを太字で示した。
2) 回答数，有効回答者数に対する回答数の割合(①変化した点では $N=59$，②よかった点では $N=63$，を分母とする%)を上段に示した。
3) 下段にパーセンテージとして示した。なお，「斜めの関係」と「積極的態度（②よかった点）」は合議過程で追加したため一致率は記載していない。

を用いて保護者の視点から捉えた支援対象児の行動特徴とある程度一致することが示唆された。一般水準となった者が1割程度存在したことについては，教師と保護者の視点の違いや，本研究で調査協力が得られなかった保護者が存在することを要因として挙げること

ができよう。

　性別ごとにみると男子においてより重篤な状態であることもあわせて明らかになった。対照的に，問題行動や多動・不注意，向社会的行動においてはそれほど大きな問題とは捉えられていなかった。これらの結果

表5 「LP活動に対する保護者からの要望」に関するカテゴリー

カテゴリー[1]	定義[1]	記述例	回答数[2]・評定者間一致率[3]
支援内容・方針	具体的な活動内容や，関わり方（過度に受容的，心情理解が不十分など）に課題がある。また，家庭での支援の場合，LP学生と保護者が情報交換ができないことも課題となる。	• 少し勉強を見てもらえればなと思います。 • 甘やかさないようにというのは難しいとは思いますがいつもありがとうございます。 • LPと子どもの様子についてもっと話す時間があれば，と思う。	19（30.6） （85.5）
支援制度	LP活動の曜日・時間・回数が固定的で児童・生徒の状態に応じて柔軟に変えられないなど，支援制度に課題がある。また，学校や適応指導教室等での支援の場合，LP学生と保護者が情報交換ができないという課題がある。	• もう少し長い期間して欲しい。 • 回数を増やしてもらえるといいなと思う。 • どんなことをしていただいたのか全く知らずに過ぎてしまったので，パートナーの方とお会いして，子どもの様子など，お話ししてみたかったです。	25（40.3） （80.6）
感謝[4]	要望欄であるにもかかわらず，LP活動に対する感謝の言葉や今後もLP活動の継続を希望する旨の回答が見られ，LP活動への一定の評価が窺われる。	• 子どもに対する先入観のない先生方（LP学生）ばかりだったので指導方法や接し方など本当に素晴らしかった。 • これからも行き詰まった子たちを助けてあげてください。ストレートな気持ちが子どもに届いていると思います。	20（32.3） （83.9）
なし	LP活動に対して特に明確な要望がない。	• 十分満足してます。 • 特にありません。	11（17.7） （91.9）

1) 廣澤ほか(2018)において得られた，同様の質問に対する教師の回答のカテゴリー・定義と異なる内容となったものを太字で示した。
2) 回答数，有効回答者数に対する回答数の割合（$N=62$ を分母とした％）を上段に示した。
3) 下段にパーセンテージとして示した。
4) LP活動に対する要望ではないものの，この設問で得られた回答として重要であるため，記載した。

については，前者の友人関係や情緒的安定性に対しては，日ごろの様子や友人についての話題などのなかから保護者の目にも捉えやすいのに対し，後者の問題行動などは学校などの集団場面では顕著であるものの，家庭での様子からは捉えづらいという可能性も考えられる。ただし，これらの側面においても臨床水準に達している者は男子で2割〜4割，女子で1割〜2割弱存在し，SDQのいずれか1つ以上の指標で臨床水準となった者は男子で8割程度，女子では7割程度と，男女ともに必ずしも楽観できる状態とはいえない。

　LP学生による支援は，教師主導の教育現場において，スクールカウンセラーなどの専門家との間で行われるような連携体制がとられることは少ない。しかし，非専門家であるLP学生は，支援対象児と年齢が近く，教師や友人といった通常の役割意識や学校の規範意識などとは一線を画した立場で，日常場面のあらゆることがらに対して支援を行うという小回りが利く存在である（廣澤ほか，2018）。彼らのこのような特徴が活かされ支援が有効に機能するためには，非専門家であるからこそ，「LP学生も支援チーム（石隈，1999）における構成員の一人である」という認識の下に，構成

員同士の連携体制の構築が必要不可欠である。しかし，現実には，多忙を極める教育現場において，LP事業の支援対象児について詳細なアセスメントが行われることはまれであり，そのような情報があってもLP学生に十分な時間をかけて共有されることは多くはない。同様に，LP学生を大学で支援する大学教員もまた，学校現場から十分な情報を得ることは難しい。そのため，本研究で得られた結果を踏まえて，大学生による支援が求められる子どもたちの一般的な傾向として，重篤な行動上の問題を抱えている可能性があることを，支援チームの構成員があらかじめ理解していることが重要であろう。特に，本研究で用いたSDQのように行動特徴を複数の側面から捉えることで，支援に関わる者が支援対象児の特徴をより多面的かつ分析的に把握できる視点を提供してくれるものと考えられる。

2　LP学生による支援の効果とLP活動の課題

　保護者の視点から捉えたLP学生による支援がもたらす対象児の変化は，教師の視点から捉えた結果（廣澤ほか，2018）と類似していた。すなわち，LP学生

は子どもと年齢の近いお兄さん・お姉さんという立ち位置から「斜めの関係」を築き，子どものペースで活動を展開することで「充実した時間」を提供し，それが支援対象児に「情緒的安定」をもたらすとともに，「人間関係の拡がり」や「積極的態度」「学習意欲・学力の向上」「登校契機・登校意欲」を生み出したり，高めたりすると考えられる。支援対象児の様子の変化を行動レベルで評定することを求めた質問においても，「緊張していたり，不安そうにしている」や「すぐにイライラしたり，怒りっぽい」「何を言っても，黙っている」「何をするにもやる気が出ない」「『学校がつまらない』とよく口にする」「自分自身への否定的な言動」の改善の割合は相対的に大きく，「情緒的安定」と「積極的態度」はLP活動において顕著にみられる効用といえるかもしれない。なお，「学習意欲・学力の向上」「登校契機・登校意欲」「斜めの関係」は教師の場合と基本構造は変わらないが，「人間関係の拡がり」においては，保護者の方が概念の範囲がより限定的であった。教師においては，LP学生による関わりが深まることで，支援対象児と教師の関係や支援対象児とその他の子どもとの関係が改善され，人間関係が拡がることまでを意味していたが，保護者の場合は，LP学生との関係のみを意味する，より狭い範囲にとどまっていた。これは，教師がLP学生と対象児や教師自身，他の子どもの様子をより直接的に見聞きできるのに対して，保護者にはそれが難しいという立場の違いに由来するものと考えられる。保護者からしてみれば，子どもがLP学生との活動を楽しいものとして語ったり，あるいは家庭での活動であれば活動場面を実際に目の当たりにしたり，活動場面以外での子どもの状態の変化を捉えたりすることを通してのみ，LP学生と子どもの関係を知ることができるのであろう。

「LP活動に対する要望」においても，基本的には廣澤ほか（2018）と同様の結果が得られ，保護者の視点からの要望も教師の場合と類似していることが示唆されたが，LP学生の活動に対する「マネジメント」やLP学生に対する「態度・服装」といった内容はみられなかった。この差異は，そのまま両者の立場や役割の違いを示しており，教師においては，LP学生の派遣申し込みから活動場所・活動内容の管理・アドバイスといった実際的なマネジメントを求められるのに対して，保護者はそのような役割を多くの場合は求められないためであろう。注目すべきは，「支援内容・方針」および「支援制度」の両方において，保護者がLP学生と情報交換ができないことを課題として挙げている点である。情報共有については，廣澤ほか（2018）においては「学校側の支援体制」というカテゴリーとして独立していたのに対して，本研究ではみられず，上記の2つのカテゴリーに内包されていた。支援対象児のメンタルヘルスの状態が相対的に悪く，不登校状態などの状況においては，LP活動が家庭で展開されることが多い。その場合，保護者が活動時の子どもの様子を知りたいと思っても，活動状況を見ることができなかったり，LP学生の多忙な状況や子どもがLP学生と保護者が話すことを望まなかったりなどの理由から，話をすることができない場合が有り得る。逆に，子どものメンタルヘルスの状態が相対的に良く，学校や教育支援センターなどで支援が行われる場合では，LP学生が保護者と接点をもつこと自体がまれであり，保護者が支援状況を知ることは難しい。このような状況においても，保護者は子どもの状態を知りたいと願っており，要望として挙げているのである。このような結果を踏まえると，LP学生や教師が保護者と積極的に情報共有し，連携しながら支援を行うことは支援の質を向上させるうえで重要かもしれない。保護者は，支援チームにおいて，家庭での子どもの教育を担う責任者として，子どもの状況を把握して情報提供したり，支援チームで練られた計画を家庭において実行したりする重要な存在である（石隈，1999）。廣澤ほか（2018）や鈴木ほか（2016）においては，LP活動を有効に機能させるために，類似の支援モデルに関する研究（Karcher, 2008；長沼，2015）を踏まえて，LP学生による支援を専門家が後方支援する際の専門家の役割と組織モデルが提案されていた。本研究の知見を踏まえるなら，子どものために力になりたいという保護者の思いを活かして，保護者をその組織モデルのなかにどのように適切に位置づけ，具体的に連携していくかが重要な課題であろう。

3　本研究の限界と今後の展望

本研究では，普通学校における特別な配慮が必要な児童生徒の行動特徴および彼らに対する大学生による支援の効果の2点について，保護者の視点から検討した。支援対象児は，これまで"気になる子"や"気がかりな子"として配慮の必要性を感じられながらも，発達障害等の診断がついているわけではないため，支

援内容や目標は個々の教師の見立てや裁量に任されていたが，本研究で彼らの特徴を保護者の視点からより客観的なかたちで捉えることができたことは意義深いと考えられる。しかし，本研究においては次のような限界があり，今後さらなる検討が必要である。

　まず，本研究の2つの目的に共通する問題として，データサンプルの偏りによる結果の歪みの可能性が挙げられる。調査に協力してくれた保護者は，質問紙配布時点ですでに学校側による選定を受けており，LP学生による支援やLP事業自体を肯定的に捉えている傾向が強いこと，支援対象児の状態や，あるいは保護者自体の状態が比較的良い傾向が強いことなどの可能性があり，これにより本研究で得られた支援対象児の行動特徴や支援効果，支援を受けてみてよかった点が実際よりも肯定的な方向に歪められている可能性がある。また，サンプルサイズの問題から，支援対象児の学年ごとの分析はできなかった。これらの問題については，今後より幅広くかつ多数の保護者に調査を実施することでデータサンプルの偏りと規模を改善することが必要であろう。また，今回得られたアセスメント結果は，保護者の回答に基づくものであり，保護者の視点から見えにくい側面は捉えられない傾向にある点も留意が必要であろう。これらに加えて本研究では，保護者の負担を軽減することを考慮し，調査の実施時期を支援活動終了後としたために，支援対象児の行動特徴や支援効果が肯定的な方向に歪められていた可能性がある。これらについてより正確に検討するためには，支援活動前後で調査を行い，比較検討することが必要であろう。また，保護者だけでなく，支援対象児本人や，教師，LP学生に対する調査も実施し，得られた多面的な情報について検討することでより詳細に支援対象児の特徴や支援効果を捉えることが可能であろう。

　さらに，児童生徒の行動特徴のアセスメントについては，本研究ではSDQを用いたが，実際の支援場面においては，支援対象児の得意なことや興味，関心，特技などの自助資源（石隈・田村，2003）についても測定する必要があるだろう。また，アセスメントで得られた情報を実際の支援活動に活かすためには，支援活動開始前に支援対象児本人や，教師，保護者，LP学生等に調査を実施し，得られた多面的な情報を突き合わせながらLP学生を含む支援チームで共有し，それを踏まえた具体的な支援の方針を立てる手立てについ

ても検討していくことが必要であろう。

▶ 文献

馬場ちはる・佐藤美幸・松見淳子（2013）．通常学級における機能的アセスメントと支援の現状と今後の課題　行動分析学研究，28，26-42.

Dubois, D.L., & Karcher, M.J. (Eds.) (2014). *Handbook of youth mentoring*. 2nd ed. Thousand Oaks CA : Sage.

Hill, C.E., Thompson, B.G., & Williams, E.N. (1997). A guide to conducting consensual qualitative research. *The Counseling Psychologist*, 25, 517-572.

平澤紀子・神野幸雄・廣嶌　忍（2006）．小学校通常学級に在籍する軽度発達障害児の行動面の調査　―学年・診断からみた最も気になる・困った行動の特徴について―　岐阜大学教育学部研究報告 人文科学，55，227-232.

廣澤愛子・大西将史・笹原未来・粟原知子・松木健一（2018）．非専門家（大学生）による学校支援ボランティアが果たす役割　―教師への質問紙調査の質的分析―　臨床心理学，18，743-753.

石隈利紀（1999）．学校心理学　―教師・スクールカウンセラー・保護者のチームによる心理教育的援助サービス―　誠信書房

石隈利紀・田村節子（2003）．石隈・田村式援助シートによるチーム援助入門　―学校心理学・実践編―　図書文化

神林寿幸（2015）．周辺的職務が公立小・中学校教諭の多忙感・負担感に与える影響　―単位時間当たりの労働負荷に着目して―　日本教育経営学会紀要，57，79-93.

Karcher, M.J. (2008). The study of mentoring in the learning environment (SMILE) : A randomized evaluation of the effectiveness of school-based mentoring. *Prevention Science*, 9, 99-113.

黒沢幸子・日高潤子（2009）．臨床心理的地域援助としての学校支援学生ボランティア派遣活動のシステム構築　心理臨床学研究，27，534-545.

黒沢幸子・日高潤子・張替裕子・田島佐登史（2008）．学校教育支援ボランティアを体験した学生の変化・成長　―その様相とキャリア教育の視点からの考察―　目白大学心理学研究，4，11-23.

丸山啓史（2013）．学童保育における障害児の受け入れの実態　―大阪府および京都府の市町村対象調査から―　SNEジャーナル，19，93-108.

松木健一（2010）．16年目をむかえた大学生の不登校・発達障害児への支援事業（ライフパートナー）　教師教育研究，3，225-228.

文部科学省（2012）．通常の学級に在籍する発達障害の可能性のある特別な教育的支援を必要とする児童生徒に関する調査結果について　文部科学省　2012年12月5日〈https://www.mext.go.jp/a_menu/shotou/tokubetu/material/1328729.htm〉（2020年9月24日閲覧）

文部科学省（2020）．令和元年度 児童生徒の問題行動・不登校等生徒指導上の諸課題に関する調査結果について 2020 年 11 月 13 日 文部科学省 〈https://www.mext.go.jp/a_menu/shotou/seitoshidou/1302902.htm〉（2021年 3 月 15 日閲覧）

森下 覚・久間清喜・麻生良太・衛藤裕司・藤田 敦・竹中真希子・大岩幸太郎（2010）．学校支援ボランティアにおける省察的実践の支援体制と実習生の学習の関連性について ―大分大学教育福祉科学部『まなびんぐサポート』事業を通して― 大分大学教育福祉科学部研究紀要, 32, 261-275.

長沼 豊（2015）．日本の教育的文脈における Service Learning の意義とこれらの展望 ―既存のボランティア学習との関連から― ボランティア学研究, 15, 5-15.

NHK 放送文化研究所（編）（2003）．NHK 中学生・高校生の生活と意識調査 ―新しい今と不確かな未来― NHK 出版

野田 航・伊藤大幸・藤田知加子・中島俊思・瀬野由衣・岡田 涼・林 陽子・谷 伊織・高柳伸哉・辻井正次（2012）．日本語版 Strengths and Difficulties Questionnaire 親評定フォームについての再検討 ―単一市内全校調査に基づく学年・性別の標準得点とカットオフ値の算出― 精神医学, 54, 383-391.

杉本希映（2017）．大学生の小学校におけるメンタルサポート・ボランティアの体験プロセスとシステムの検討 学校心理学研究, 17, 29-43.

鈴木静香・織田安沙美・大西将史・廣澤愛子・笹原未来・松木健一（2016）．地域組織間連携による学校支援ボランティア事業の支援体制づくり ―非専門家（大学生）を支える発達障害支援アドバイザーの活動実践を事例として― 福井大学教育実践研究, 41, 37-49.

武田明典・村瀬公胤（2009）日本における大学生スクールボランティアの動向と課題 神田外語大学紀要, 21, 309-330.

辻井正次（2011）．特別支援教育 実践のコツ ―発達障害のある子の〈苦手〉を〈得意〉にする― 金子書房

渡辺かよ子（2009）．メンタリング・プログラム ―地域・企業・学校の連携による次世代育成― 川島書店

Wheeler, M.E., Keller, T.E., & Dubois, D.L. (2010). Review of three recent randomized trials of school-based mentoring : Making sense of mixed findings. *Social Policy Report*, 24, 1-27.

A Study of Support Activities for Children with Special Needs by Pre-Service Student Teachers : Children's Behavioral Features and Support Effects Assessed from the Viewpoint of Parents

Masafumi Ohnishi [1], Aiko Hirosawa [1], Miku Sasahara [1], Shizuka Suzuki [2], Asami Oda [2], Kenichi Matsuki [3]

1) University of Fukui, Faculty of Education, Humanities and Social Sciences
2) United Graduate School of Professional Development of Teachers, University of Fukui, Nara Women's University and Gifu Shotoku Gakuen University
3) University of Fukui

In this study, we conducted an assessment for behavioral features of children with special support needs who were provided support by pre-service student teachers, and we evaluated the effect of the support activities. Of the 83 parents who agreed to participate in the questionnaire survey, 79 provided data sufficient for analyses. From the quantitative analyses of SDQ, children overall, scored high on the four problematic behaviors sub-scales, especially in emotional and interpersonal problems, and males were more severely affected than females in all domains. About 80 % of children reached clinical level in one or more sub-scale. It was high rate. The effects of the support activities, and positive points and requests for the support program were analyzed both quantitatively and qualitatively, it was clarified that the children's behaviors relating to emotional stability and initiative were changed positively. Based on those findings, behavioral features of those children, and effects and problems of the support program were discussed.

Keywords : teacher training course, support activities, elementary and junior high school students, behavioral features, parents

原著論文

承認による応答が被共感体験に及ぼす効果の検討
模擬カウンセリングを用いた実証研究の試み

谷 千聖 [1]・三田村仰 [2]

1）立命館大学大学院人間科学研究科
2）立命館大学総合心理学部

　本研究の目的は，模擬カウンセリング場面における承認による応答がクライエント役の被共感体験に及ぼす影響を検討することであった。承認とは「クライエントに対し，クライエントの反応は現在の状況の中で当然のことであり，理解可能であると伝えること」（Linehan, 1993［大野監訳, 2007］）　と定義される。仮説として，クライエント役の他者から理解されないと感じる相談内容に対して承認を用いた場合，被共感体験はより高くなると想定された。模擬カウンセリングのクライエント役として大学生80名が実験に参加した。分析の結果，承認の有無および相談内容の理解されやすさのいずれの要因においてもクライエント役の被共感体験に有意な差は認められなかった。心理面接における承認の効果を検証するうえでの方法論に関する課題について考察を行った。

キーワード：承認，被共感体験，模擬カウンセリング

臨床へのポイント ••

- カウンセラーは面接において，特定のコミュニケーション技法を適用しようと意識するよりも，クライエントへの今，ここでの共感的な態度を意識することが大切である。

- カウンセラーがクライエントの話すペースに合わせて継続的に言語的応答を返すことで，クライエントは安心して話を続けることができるだろう。

- カウンセラーは，自身の非言語的表現がクライエントに与える影響を意識しておくことが重要である。特に，カウンセラー自身の発話内容と発話時の非言語的表現の矛盾に気を配ることが有用と考えられる。

••

Japanese Journal of Clinical Psychology, 2021, Vol.21 No.5 ; 608-617
受理日——2021 年 6 月 2 日

I　問題と目的

1　心理療法における共感

　心理面接を行う中で重要となるセラピストの態度のひとつに「共感」がある。共感とは来談者中心療法において中核となる概念であり，最もよく知られている定義として「クライエントの私的な世界をあたかも自分自身のように，しかし“あたかも”という性質を決して失わずに感じること」（Rogers, 1957, p.99, 筆者訳）というものがある。現在，共感の重要性は学派を超えて幅広く認められている。メタ分析の結果では，介入成績の分散の約9%が共感に帰されると見積もられており（Elliott, Bohart, Watson, & Greenberg, 2011），

アメリカ心理学会の第29分科会特別委員会は，共感がセラピー関係の“経験的に支持された”要素であると結論づけている（Steering Committee, 2002）。以上より，セラピストの共感は心理面接を効果的に進めるうえで極めて重要であると考えられる。

　来談者中心療法の創始者ロジャーズは，共感をクライエントに建設的な人格変化をもたらすための必要十分条件のひとつとして提示した（Rogers, 1957）。加えて，必要十分条件の第6の条件には「セラピストの共感的理解と無条件の肯定的配慮をクライエントに伝達することが最低限達成されている」（Rogers, 1957, p.96，筆者訳）とあり，共感がクライエントに知覚されることの重要性が強調されている。実際に，クライ

エントによるセラピストの共感の知覚は，第三者やセラピスト自身が評定する共感の程度よりも強く介入成績と結びついていることが示されている（Elliott et al., 2011；Greenberg, Elliott, Watson, & Bohart, 2001）。つまり，セラピストが共感するだけでは不十分であり，セラピストの表現によってクライエントに共感が伝わったときに，クライエントに良好な変化がもたらされると考えられる。

2　承認とは

　共感に関して行動療法の立場では，共感をより明示的に伝える方法として「承認（validation）」が提案されている。承認とは弁証法的行動療法（Dialectical behavior therapy：DBT）のなかで問題解決戦略とともに核となる戦略のひとつであり，「セラピストが患者に対して，患者の反応は現在の生活の状況において当然のことであり，理解可能なものだと伝えること」と定義される（Linehan, 1993［大野監訳, 2007, p.300］）。

　Linehan（1997）は，承認と共感の概念に重複はあるが，これら2つは異なるものであると述べている。ロジャーズは共感に関して，クライエントの体験を知覚しようとするセラピストの状態やプロセスであると考えた（Rogers, 1959, 1975）。つまり，共感はセラピストの内的な行為として位置づけられる（中田, 2013）。一方で承認は，クライエントの体験が妥当であると言葉や反応で伝えることであるという点で共感と異なる（Linehan, 1997）。すなわち，承認とは，クライエントに対して理解可能であると伝えるというセラピストの行動として位置づけることができる。

　承認の持つ機能として，クライエントの感情を落ち着かせること，セラピー継続へのモチベーションを高めること，クライエントが自分自身の反応を認められるようになることなどが挙げられている（Lynch, Chapman, Rosenthal, Kuo, & Linehan, 2006）。現在，承認の重要性は新たな認知行動療法と称されるアクセプタンス&コミットメント・セラピーや行動活性化，機能分析心理療法などでも広く認められており（三田村, 2017），久間（糟谷）・藤岡・隅谷・福島・岩壁（2016）は，承認を心理面接における "土台作り" の役割を果たすものとして位置づけている。

3　承認の効果に焦点を当てた先行研究

　心理面接において重要とされている承認であるが，その効果を検証した研究は限られている。Shenk, & Fruzzetti（2011）や Linton, Boersma, Vangronsveld, & Fruzzetti（2012）は実験的手法を用いて承認の効果を検証しており，承認は受け手のストレッサーからの影響を最小限に抑え，ポジティブ感情の維持に役立つ可能性を見出している。これらの研究は，計算課題などによって実験的に喚起されたストレスに対して承認を適用し，課題終了後における簡単な会話のなかで承認を行ったものである。また，承認を行う条件との比較として "あなたの感じていることは理解できない" と伝えるという非承認を行う条件を設定しており，承認が実験参加者にポジティブな影響をもたらすのか，それとも，非承認がネガティブな影響をもたらすのかは検討できていないという課題が存在している。

　心理面接の場面を取り上げ，カウンセラーによる承認の応答の効果を検証した研究として，細谷・福島（2016）が挙げられる。細谷・福島（2016）は，カウンセラーが共感を伝えるための言語的技術として "反射" "肯定" "承認" の3つに焦点を当て，それぞれの技法と，「クライエントがカウンセラーに共感されたと感じる体験」であるクライエントの被共感体験との関連を調査している。実験の手続きとして，事前にクライエント役を反射，肯定，承認の条件にランダムに割り当てた。次に，5分間の模擬カウンセリングにおいて，カウンセラー役はクライエント役が割り当てられた条件の言語的応答をそれぞれ行った。そして，実験後のクライエントの被共感体験に関する評定値において有意な群間差が認められなかったという結果や，実験後に実施されたインタビュー結果を踏まえて，カウンセラーの承認を含むすべての言語的応答がクライエントの被共感体験をもたらすと考察している。

　以上の先行研究を踏まえて本研究では，実験的な試みとして，心理面接におけるカウンセラーによる承認の効果について仮説検証型のアプローチを用いて検証することとした。具体的な方法として，まず，承認を "カウンセラー役が「～～（状況）を考えると，～～のように思いますよね」もしくは，「～～のように思うのも当然ですね」もしくは，「～～のように思うのも自然なことですね」と応答すること" と操作的に定義した。そのうえで，大学生をクライエント役とする模擬カウンセリングを用いた実験において，カウンセラー役が承認を行う群と行わない群を比較した。承認の効果を検証するための主な指標として，細谷・福島（2016）

と同様に被共感体験を用いた。1つ目の仮説として，承認を行う群は行わない群と比較して，クライエント役の被共感体験が高くなると想定された（仮説1）。

4 相談内容の理解されやすさと承認の効果

さらに，生物社会理論を手掛かりとして2つ目の仮説を生成した。生物社会理論とは，DBTの主な対象である境界性パーソナリティ障害（Borderline personality disorder：BPD）のクライエントに承認が有効である根拠を説明している理論である。それによると，情動制御システムの機能不全を抱えるBPDのクライエントは（Linehan, 1993［大野監訳，2007］），苦痛な感情反応に対して，引きこもり，怒りの爆発，自傷などさまざまな対処策をとる。しかし，それに対して他者からは「そのような反応は理解できない，受容できない」というメッセージが返ってくることが多く，そのような刺激がなお一層苦痛を伴う感情反応を起こす刺激となる。こういった悪循環を繰り返すうちに，クライエントは自身の体験を認められなくなり，なお一層傷つきやすさが強化される（遊佐，2014）。この悪循環を止めるために有効なアプローチが承認であり，DBTにおいて承認を用いるのは，クライエントが被ってきた不承認，つまり，「理解，受容できない」というメッセージに対抗するためであるとされている（Linehan, 1993［大野監訳, 2007］）。この理論を踏まえ，BPDを持つクライエントと非臨床群の大学生の間にはさまざまな違いがあるとは考えられるが，非臨床群においても，クライエントの「他者からは受け入れられないと感じているような感情や行動」に対して承認を用いたときに最も効果が発揮されるのではないかと考えた。よって，クライエント役の相談内容として，他者や社会的に理解されやすいと感じる相談内容と理解されないと感じる相談内容の2つを設定した。そして，相談内容の理解されやすさによって承認の効果が異なるかを検討した。仮説として，他者から理解されないと感じる相談内容に対して承認を用いた場合，クライエント役の被共感体験はより高くなると想定された（仮説2）。

II 予備実験

1 目的

承認の方法と実験環境を検討することおよびカウンセラー役（実験者）の訓練を兼ねたリハーサルを行う

ことを目的として予備実験を行った。

2 方法

1．実験参加者

関西地方の私立A大学にて心理学を専攻する大学生および大学院生を対象に，「模擬カウンセリング実験に関する効果の検討」と称して実験参加を募った。模擬カウンセリング実験のクライエント役として，大学生および大学院生3名（男性1名，女性2名）が実験に参加した。なお，実験参加者はいずれも実験者と面識があり，実験の仮説については把握していなかった。全ての実験において，実験者がカウンセラー役を行った。実験者は実験開始時点で修士課程1年目であり，臨床心理士および公認心理師資格取得に対応したコースに所属していた。実験開始前に，カリキュラムの授業内において約半年間の面接法の訓練を受けていた。

2．実験装置

実験の様子を録音するためにビデオカメラ1台（SONY製 HDR-CX680）を使用した。実験の様子を録音するためにICレコーダー（Panasonic製 RR-XS360-S）を使用した。

3．実験状況

実験の実施期間は2019年9月であった。場所は大学の面接実習室で行った。面接実習室には机1台と椅子4脚が設置されていた。実験参加者（クライエント役）と実験者（カウンセラー役）は机を挟んで向き合って着席した。実験参加者（クライエント役）の右側に，実験参加者（クライエント役）と実験者（カウンセラー役）の全身が映るようにしてビデオカメラを設置した。机上には，実験参加者（クライエント役）からみて右側に時計，左側にICレコーダーと筆記用具が置かれた。

4．承認の操作的定義

本研究では，承認を"カウンセラー役が「〇〇（状況）を考えると，□□のように思いますよね」もしくは，「〇〇（状況）を考えると，□□のように思うのも当然ですね」もしくは，「〇〇（状況）を考えると，□□のように思うのも自然なことですね」と応答すること"と操作的に定義した。

5．調査票

①知覚された共感尺度（田中，2006）

実験参加者（クライエント役）の被共感体験を測定するために使用した。本尺度は，クライエントの「カウンセラーは私を理解してくれた」という実感の程度を測定するものであり，Barrett-Lennard（1962）のThe Empathic Understanding Scale of Relationship Inventoryの質問項目の表現を田中（2006）が一部変更したことにより作成された。「私を理解してくれたと感じる」「私の内面の気持ちをきちんと読み取ってもらえたと感じている」などの項目を含む全11項目からなる。内部一貫性を示すα係数は.77であり，田中（2006）によって構成構念妥当性が確認されている。6件法（1．全くあてはまらない〜6．大変よくあてはまる）により回答を求めた。合計得点を被共感体験とした。

②役へのなりきり度

「先ほどの模擬カウンセリング実験において，あなたはどの程度クライエント役になりきれましたか？」という質問に対し，10件法（1．全くなりきれなかった〜10．非常になりきれた）により回答を求めた。

③自由記述欄

「模擬カウンセリング実験における印象や感想，良かった点や悪かった点などご自由にお書きください」と記載し，回答を求めた。

6．手続き

実験は個別に実施した。事前に，実験当日までに模擬カウンセリング実験のクライエント役として性別，年齢，相談内容を考えてくるように伝えた。相談内容は「他者から，もしくは社会的に理解されないと感じる相談内容」を考えてくるよう求めた。なお，クライエント役の設定は基本的には自由であるが，実験参加者自身が感情移入しやすいものを準備してくるように伝えた。

実験当日は，はじめに，実験の概要を説明した。実験参加への同意を得てから同意書へのサインを求めた。次に，話す内容をイメージするよう求めた。時間は3分間であった。その後，録音と録画を開始し，前半15分間の模擬カウンセリング実験を行った。前半において実験者（カウンセラー役）は，相づちや「そうなんですね」といった短い応答をしながら実験参加者（クライエント役）の話を聞いた。さらに，わからない事柄や気になる話題について自由に質問を行った。前半終了後，録音と録画を停止した。実験参加者に調査票を配布し回答するよう求め，実験者は一旦退出した。実験参加者の回答終了後，実験者は再び入室し調査票を回収した。その後，「あと15分面接を続けてもいいですか？」と尋ね，同意を得てから，前半と同じ話題で後半15分間の模擬カウンセリング実験を行った。後半において，実験者は前半と同様に話を聞きながら質問を行い，さらに承認を行った。後半終了後，前半と同じ手順で調査票への回答を求めた。調査票を回収し，実験を終了した。

表1　実験参加者3名の被共感体験の値

	前半（承認なし）	後半（承認あり）
参加者1	54	53
参加者2	57	63
参加者3	55	57
平均値	55.33 (1.25)	57.67 (4.11)

注：（　）の値は標準偏差を表す。

3　結果

実験参加者の役へのなりきり度の平均値は8.17（$SD=1.34$）であった。実験参加者3名の被共感体験を表1に示した。実験参加者3名中2名が後半において被共感体験の値が上昇した。値の上昇には時間の経過による慣れや話題の深まりの影響が考えられたため，本実験では承認を行う群と行わない群を設定し，参加者間計画を用いることとした。

実験参加者より「何回も"当然ですよね。"と言われると，本当に？と疑うような気持ちになる」という内省報告があった。そのため，本実験では，承認あり群におけるカウンセラー役の承認の応答を1〜3回に制限した。

模擬カウンセリング実験時の映像を検討したところ，カウンセラー役の質問の回数や内容がクライエント役の被共感体験に影響している可能性が考えられた。そこで本実験において，カウンセラー役は，前半では基本的に質問をせずに話を聞き，後半では承認のために必要な質問のみを行うようにした。

III　本実験

1　目的

　模擬カウンセリング場面における承認による応答がクライエント役の被共感体験に及ぼす影響について次の2つの仮説を検討することを目的として実験を行った。仮説はそれぞれ，仮説1：承認を行う群は行わない群と比較し，クライエント役の被共感体験が高くなる，仮説2：他者から理解されないと感じる相談内容に対して承認を用いた場合，クライエント役の被共感体験はより高くなる，であった。

2　方法

1．実験参加者

　関西地方の私立A大学にて心理学を専攻する大学生を対象に，「模擬カウンセリング実験に関する効果の検討」と称して実験参加を募った。模擬カウンセリング実験のクライエント役として，大学生80名（男性19名，女性61名，平均年齢19.73歳，$SD = 1.59$ 歳）が実験に参加した。全ての実験において，実験者がカウンセラー役を行った。

2．実験装置

　実験の様子を録画するためにビデオカメラ2台（SONY製 HDR-CX470 / SONY製 HDR-CX680）を使用した。実験の様子を録音するためにICレコーダー（Panasonic製 RR-XS360-S）を使用した。実験者が実験中に時間を把握するためにノートパソコン（NEC社 PC-GN12S88AD）を使用した。

3．実験状況

　実験の実施期間は2019年10月～12月であった。実験場所と着席箇所は予備実験と同様である。実験参加者（クライエント役）の右側と実験者（カウンセラー役）の背後の計2カ所に，実験参加者（クライエント役）と実験者（カウンセラー役）の全身と，実験参加者（クライエント役）の表情が映るようにしてビデオカメラを設置した。机上には，実験参加者（クライエント役）からみて右側に置時計，左側にICレコーダーと筆記用具が置かれた。実験者（カウンセラー役）の右側手元にノートパソコンを設置した。外見による影響を考慮し，実験者（カウンセラー役）は毎回同じ服装で実験を行った。

4．実験計画

　承認（あり，なし）×相談内容の理解されやすさ（他者や社会的に理解されやすいと感じる相談内容，理解されないと感じる相談内容）の参加者間2×2要因の実験計画を用いた。

5．承認の操作的定義

　予備実験に同じ。承認あり群，承認なし群を設定し，実験参加者をランダムに割り当てた。なお，承認あり群においてカウンセラー役が承認を行う回数は1～3回とした。

6．調査票

①知覚された共感尺度（田中，2006）
　予備実験に同じ。
②役へのなりきり度
　予備実験に同じ。
③相談内容が他者に理解されると感じる程度
　「先ほどの模擬カウンセリング実験において，あなたが演じたクライエント役の相談内容はどの程度他者や社会的に理解されやすいと感じるものでしたか？」という質問に対し，10件法（1．非常に理解されにくいと感じるものであった～10．非常に理解されやすいと感じるものであった）で回答を求めた。
④自由記述欄
　予備実験に同じ。

7．次回面接にとれる時間

　承認の効果を示す指標のひとつとして測定した。「また，この実験に参加していただけるとしたら，何分ぐらいいただけますか？」という質問に対し，0～60分間の間で回答を求めた。次回面接にとれる時間が長いほど，実験参加者が面接に満足し，また，この面接を受けたいと感じた程度が大きいことを意味すると想定した。

8．手続き

　実験は個別に実施した。実験の約1週間前に，実験参加者へメールで連絡をした。その内容は，模擬カウンセリング実験のクライエント役として性別，年齢，相談内容を考え，実験当日までに実験者へ報告するように求めるというものであった。相談内容は「他者から，もしくは社会的に理解されやすいと感じる相談内

容」を考えてくるように求める群と「他者から，もしくは社会的に理解されないと感じる相談内容」を考えてくるように求める群の2群を設定し，実験参加者をランダムに割り当てた。なお，クライエント役の人物の設定は基本的には自由であるが，実験参加者自身が感情移入しやすいものとし，20～30分程度話せるように設定を考えてくるよう伝えた。

実験当日は，はじめに，実験の概要を説明した。実験参加への同意を得てから同意書へのサインを求めた。次に，事前に考えてきたクライエント役の性別，年齢，相談内容の記述を求めた。時間は3分間とし，余った時間は話す内容をイメージするように伝えた。その後，録音と録画を開始し，約20分間の模擬カウンセリング実験を行った。模擬カウンセリング実験の前半10分間において，実験者（カウンセラー役）は基本的には質問を行わず，相づちや「そうなんですね」といった短い応答をしながら実験参加者（クライエント役）の話を聞いた。実験参加者（クライエント役）が発話に詰まり，沈黙が続いた際は，「○○について，もう少しお話を聞かせていただけますか？」など，話題をあまり焦点化しない形で質問を行った。後半10分において，実験者（カウンセラー役）は承認を行うための情報が足りないと感じた場合，質問をした。その後，承認あり群は承認を行った。承認なし群は質問のみ行った。実験終了後，録音と録画を停止した。実験参加者に調査票を配布し回答するよう求め，実験者は一旦退室した。実験参加者の回答終了後，実験者は再び入室し調査票を回収した。その後，実験参加者に次回面接にとれる時間を口頭で尋ね，実験者から見えないように回答を紙に書き，封筒に入れ，封をするよう求めた。実験参加者から封筒を受け取り，実験を終了した。

9．倫理的配慮

本研究は，筆者が所属する大学の研究倫理審査委員会により承認をうけて実施された（審査番号：2019-psy-013）。実験の目的や方法，実験の参加は強制ではないこと，データの取り扱いについて同意書に明記し，口頭でも説明した。実験終了後，研究解説書を用いて実験内容を解説した。次回面接にとれる時間に関して，デブリーフィングを行った。実際は2回目の面接は行わないこと，次回面接にとれる時間を指標として測定していたことを開示し，その研究上の必要性を説明した。

3．結果

1．データの処理

模擬カウンセリング実験において10秒以上の沈黙が5回以上あった14名のデータは，十分にクライエント役になりきれていなかったと判断し，分析から除外した。沈黙時間の測定にはELAN（EUDICO Linguistic Annotator）のソフトを用いた。さらに，実験中に中断があった3名のデータを分析から除外した。以上を除いた63名のデータを分析対象とした。各条件に割り当てられた実験参加者の性別に偏りがみられるかを検討するために，期待値5未満のセルが20％以上みられたことを踏まえてフィッシャーの正確確率検定を行ったところ，有意な結果は得られなかった（$p = .33$）。よって，各条件において性別に偏りはみられなかったことが示された。

2．操作チェック

各条件下において，実験参加者のクライエント役になりきれた程度が異なるかを検討するために，独立変数を承認の有無と相談内容の理解されやすさ，従属変数を役へのなりきり度とする2要因の分散分析を行った。その結果，承認の主効果（$F(1, 59) = 0.37$, n.s.），相談内容の理解されやすさの主効果（$F(1, 59) = 0.09$, n.s.），交互作用（$F(1, 59) = 0.37$, n.s.）はいずれも有意ではなかった。よって，条件によってクライエント役へのなりきり度に差は認められなかったことが示された。なお，役へのなりきり度の平均値は，「他者から理解されやすいと感じる相談内容」に割り当てられたクライエント役においては7.74（$SD = 1.91$），「他者から理解されないと感じる相談内容」に割り当てられたクライエント役においては7.68（$SD = 1.98$）であった。

相談内容の理解されやすさの実験操作が適切であったかを評価するために，独立変数を承認の有無と相談内容の理解されやすさ，従属変数を相談内容が他者に理解されると感じる程度とする2要因の分散分析を行った。その結果，相談内容の理解されやすさの主効果のみが有意であった（$F(1, 59) = 32.38$, $p < .01$）。「他者から理解されやすいと感じる相談内容」に割り当てられたクライエント役の相談内容が他者に理解されると感じる程度は「他者から理解されないと感じる相談内容」に割り当てられたクライエント役と比較して有意に高く，実験操作が適切に行われていたと判断され

表2　各条件における被共感体験の平均値および標準偏差

	承認	
	あり	なし
理解されやすいと感じる相談内容	$n=13$ 46.62 (8.27)	$n=16$ 49.69 (7.80)
理解されないと感じる相談内容	$n=16$ 47.06 (6.82)	$n=16$ 46.38 (9.44)

注：（　）の値は標準偏差を表す。

表3　各条件における次回面接にとれる時間の平均値および標準偏差

	承認	
	あり	なし
理解されやすいと感じる相談内容	$n=14$ 20.29 (10.22)	$n=17$ 24.24 (13.60)
理解されないと感じる相談内容	$n=16$ 25.00 (11.44)	$n=16$ 21.91 (9.39)

注：（　）の値は標準偏差を表す。

た。なお，相談内容の理解されやすさの平均値は，「他者から理解されやすいと感じる相談内容」に割り当てられたクライエント役においては7.19($SD=1.40$)，「他者から理解されないと感じる相談内容」に割り当てられたクライエント役においては4.66($SD=2.07$)であった。

　実験者による承認の介入が適切であったかを評価するために，心理学専攻の大学院生2名が評定を行った。分析に使用したデータ全体の約30％にあたる20名分の映像について承認の有無を評定させ，評定者間一致率を求めた。評定者間一致率は100％で，実際の実験操作とは100％一致していた。よって，承認の介入は適切に行われていたと判断された。

3．被共感体験

　回答に欠損があった2名のデータを除外して分析を行った。実験参加者の被共感体験の平均値と標準偏差を表2に示した。承認の有無と相談内容の理解されやすさによって被共感体験に差が認められるかを検討するために，独立変数を承認の有無と相談内容の理解されやすさ，従属変数を被共感体験とする2要因の分散分析を行った。その結果，承認の主効果($F(1, 57)=0.33$, $n.s.$, partial $\eta^2=.01$)，相談内容の理解されやすさの主効果（$F(1, 57)=0.47$, $n.s.$, partial $\eta^2=.01$），交互作用（$F(1, 57)=0.81$, $n.s.$, partial $\eta^2=.01$）はいずれも有意ではなかった。

4．次回面接にとれる時間

　実験参加者の次回面接にとれる時間の平均値と標準偏差を表3に示した。承認の有無と相談内容の理解されやすさによって次回面接にとれる時間に差が認められるかを検討するために，独立変数を承認の有無と相談内容の理解されやすさ，従属変数を次回面接にとれ

る時間とする2要因の分散分析を行った。その結果，承認の主効果（$F(1, 57)=0.02$, $n.s.$, partial $\eta^2=.00$），相談内容の理解されやすさの主効果（$F(1, 57)=0.17$, $n.s.$, partial $\eta^2=.00$），交互作用（$F(1, 57)=1.51$, $n.s.$, partial $\eta^2=.03$）はいずれも有意ではなかった。

IV　総合考察

　本研究は，実験的な試みとして，カウンセリング場面における承認による応答の効果について仮説検証型のアプローチを用いて検討することを目的とした。仮説1として，承認を行う群は行わない群と比較し，クライエント役の被共感体験が高くなると想定された。仮説2として，他者から理解されないと感じる相談内容に対して承認を用いた場合，クライエント役の被共感体験はより高くなると想定された。分析の結果，承認の有無および相談内容の理解されやすさのいずれの要因においてもクライエント役の被共感体験に有意な差は認められず，仮説1と仮説2のいずれも支持されなかった。これらの仮説が支持されなかった原因として，仮説を検証するのに適切な実験条件が設定できていなかった，つまり，実験の方法論に問題があったことが考えられた。よって以下の考察では，今回の実験を通して明らかになった方法論上の課題について検討する。

1　カウンセラー役に関連する課題

　本研究では，承認という技法の有無による効果の比較に焦点を当てて実験を実施したが，調査票の自由記述欄から得られた実験参加者の内省報告において承認に関する記述はほとんどみられず，承認以外のカウンセラー役の応答や全体的な印象についての感想が多く報告されていた。よって，承認の有無よりも，承認以外のカウンセラー役のさまざまな行動がクライエント

役の被共感体験に大きく影響していたと考えられる。中でも，実験参加者 80 名のうち 25 名が自由記述欄において "カウンセラー役の言語的応答の少なさ" についての感想を述べており，それによって話しづらくなったことや，不安が喚起されたことが報告されていた。以上の報告を踏まえると，実験参加者の多くがカウンセラー役の応答の少なさに不自然さを感じており，そのことで被共感体験が低下した可能性が考えられる。

　カウンセラー役の応答が少なくなった原因として，予備実験ではカウンセラー役が自由に質問を行っていたが，本実験では承認の効果をより厳密に検証するために "カウンセラー役からの質問を控える" という実験手続きを付け加えたことが影響していたと推測される。実際に，予備実験と比較して本実験におけるクライエント役の被共感体験の平均値はかなり低くなっていた。よって，カウンセラー役に関連する一つ目の課題として，承認以外のカウンセラー役の言語的応答を統制するという実験手続きを設けた影響でカウンセラー役の応答が少なくなり，自然なカウンセリング場面が再現できていなかった点が挙げられる。

　また，カウンセラー役の応答が少なくなったその他の原因として，カウンセラー役が承認の技法を適用することに集中し，クライエント役への注意や関心が損なわれていた可能性が考えられる。岩壁（2007）は，セラピストが技法を正しく用いることに注意を向けるときに，クライエントとの共感的接触を失いやすくなると述べている。実際に，特定の技法を厳密に適用しようとすることで同盟の問題が生じたり（Castonguay, Goldfried, Wiser, Raue, & Hayes, 1996），セラピストの温かさが欠如しているようにみなされたりすること（Henry, Strupp, Butler, Schacht, & Binder, 1993）が報告されている。よって，カウンセラー役に関連する 2 つ目の課題として，カウンセラー役が特定の応答技法を使用するという意図を持って模擬カウンセリングに臨んだ結果，クライエント役への関心が損なわれてしまい，対応に不自然さが生じていた点が挙げられる。

　カウンセラー役に関連する 3 つ目の課題として，カウンセラー役の非言語的な表現が統制できていなかった点が挙げられる。カウンセラーのミラーリングという技法の効果を実証している先行研究（青柳, 2013）は，模擬カウンセリングにおけるカウンセラー役の頭の位置や表情などの非言語的表現を統制していた点が本研

究と異なっており，本研究においてカウンセラー役の非言語的な表現がクライエント役の被共感体験に影響を及ぼしていた可能性は否定できない。また，本研究では，承認時のカウンセラー役の非言語的な表現についても指定をしていなかった。メラビアンは，人間は言語情報と非言語情報が矛盾したとき，非言語情報を優先すると述べており（Mehrabian, 1981 [西田・津田・岡村・山口訳, 1986]），カウンセラー役が言語的には承認を伝えていたとしても，発話時の表情や姿勢などの非言語情報が承認を伝えるようなものでなかったため，クライエントの被共感体験を上昇させるという効果を持たなかった可能性も考えられる。

2　クライエント役に関連する課題

　本研究では実験参加者の実際の悩みを扱わず，実験参加者にクライエント役の設定を考えてきてくるよう求め，そのクライエント役をイメージして模擬カウンセリングを実施するという方法を採用した。一方で，承認と類似した介入である肯定がクライエントにどのように受け取られるのかを調査した先行研究（細谷・福島, 2016；関口・岩壁, 2016）は，いずれもクライエント自身の悩みを扱っている。以上の点を踏まえると，本研究では，実験参加者自身が感情移入しやすい相談内容を考えてくるよう伝えてはいたものの，クライエントの実際の悩みを扱った場合と比較して悩みに対する深刻さが少なく，承認や肯定などのカウンセラーの応答が効果を発揮するような "悩みを他者に理解してほしい" というクライエント役のニーズがあまり存在していなかった可能性が考えられる。また，人間以外の人工物になりきり，その人工物が抱えている悩みを語るという "イヌネコ法" を用いて模擬カウンセリングを行った田中（2007）の研究における知覚された共感尺度得点の平均値は 3.20（$SD = 0.29$）であった。本研究の知覚された共感尺度得点を平均値に換算すると 4.32 であり，本研究のほうが平均値は高くなっていた。この理由としても，田中（2007）の研究では，人工物になりきって話すという設定によって，クライエント役の悩みの深刻さや理解してほしいというニーズがさらに少なかったという可能性が考えられる。以上の点より，クライエント役に関連する 1 つ目の課題として，架空のクライエントを想定して模擬カウンセリングを実施するという設定が適していなかった可能性が挙げられる。

また，本研究では非臨床群の大学生をサンプルとした。岩壁（2008）は，大学生などを対象とする数回の試行カウンセリングであったとしても，短期的に起こる変化や印象に関しては実際の心理療法とそれほど大きく異なることなく検討できると述べている。実際に高山（2013）は，大学生を対象とする試行カウンセリングにおいてクライエントの話が深まるプロセスを明らかにしている。また，カウンセラーの言語的技術や非言語的技術に焦点を当てた国内の研究の多くは大学生を対象として行われている（青柳，2013；田中，2006，2007）。一方で，非臨床群の大学生と臨床群との間では，相談内容の深刻さや心理的な健康の度合い，面接へのモチベーションなどさまざまな点が異なっているのも事実であると考えられる。特に，本研究における"他者に理解してもらえないと感じているような相談内容"は，非臨床群の大学生にとっては実感が伴いにくいものであった可能性も考えられる。以上の点より，クライエント役に関連する2つ目の課題として，非臨床群の大学生を対象とするサンプルの設定が適切ではなかったという可能性が挙げられる。

3　面接設定に関連する課題

今回の模擬カウンセリングは15分間かつ一度きりのものであった。しかし，本研究において承認が最も効果を発揮すると想定していた"他者に理解してもらえないと感じているような相談内容"は，複数回の面接を経て関係が深まった後，初めてクライエントから打ち明けられるような悩みであるとも考えられる。よって，面接設定に関連する課題として，承認の効果を一度きりの模擬カウンセリング場面で検討するという設定が適切ではなく，より長期的なカウンセリング場面を設定する必要があった可能性が考えられる。

4　まとめ

本研究で明らかになった方法論上の課題は，承認のみならず，さまざまなカウンセラー役の言語的応答について実証的に確かめる際に幅広くあてはまるものであると考えられる。カウンセラーの応答技法について実証的に検討することは，心理療法におけるセラピストの言葉かけについて実証研究に基づいた具体的な指針を提供できるという点で意義があるといえる。よって今後はこういった課題を踏まえ，カウンセラーの言語的応答がクライエントに与える影響についてさまざまな手法を用いて検討していくことが期待される。

▶ 文献

青柳宏亮（2013）．心理臨床場面でのノンバーバル・スキルに関する実験的検討　―カウンセラーのミラーリングが共感の認知に与える影響について―　カウンセリング研究，46，83-90.

Barrett-Lennard, G.T.（1962）. Dimensions of therapist response as causal factors in therapeutic change. *Psychological Monograph : General and Applied*, 76(43), 1-36.

Castonguay, L.G., Goldfried, M.R., Wiser, S., Raue, P.J., & Hayes, A.M.（1996）. Predicting the effect of cognitive therapy for depression : A study of unique and common factors. *Journal of Consulting and Clinical Psychology*, 64(3), 497-504.

Elliott, R., Bohart, A.C., Watson, J.C., & Greenberg, L.S.（2011）. Empathy. In J.C. Norcross（Ed.）, *Psychotherapy relationships that work*. 2nd ed. New York : Oxford University Press, pp.132-152.

Greenberg, L.S., Elliott, R., Watson, J.C., & Bohart, A.C.（2001）. Empathy. *Psychotherapy*, 38(4), 380-384.

Henry, W.P., Strupp, H.H., Butler, S.F., Schacht, T.E., & Binder, J.L.（1993）. Effects of training in time-limited dynamic psychotherapy : Changes in therapist behavior. *Journal of Consulting and Clinical Psychology*, 61(3), 434-440.

細谷祐未来・福島哲夫（2016）．カウンセリング場面におけるカウンセラーの反射・バリデーション・肯定とクライエントの被共感体験・心理的距離との関連　日本女子大学大学院人間社会研究科紀要，22，217-244.

岩壁　茂（2007）．心理療法・失敗例の臨床研究　―その予防と治療関係の立て直し方―　金剛出版

岩壁　茂（2008）．臨床心理学研究法第2巻　プロセス研究の方法　新曜社

久間（糟谷）寛子・藤岡　勲・隅谷理子・福島哲夫・岩壁　茂（2016）．セラピストによる肯定的発話の類型化　臨床心理学，16(1)，90-98.

Linehan, M.（1993）. *Cognitive behavioral treatment of borderline personality disorder*. New York : Guilford Press.
（リネハン，M. 大野　裕（監訳）（2007）．境界性パーソナリティ障害の弁証法的行動療法　―DBTによるBPDの治療―　誠信書房）

Linehan, M.（1997）. Validation and psychotherapy. In A. Bohart, & L. Greenberg（Eds.）, *Empathy reconsidered : New directions in psychotherapy*. Washington DC : American Psychological Association, pp.353-392.

Linton, S.J., Boersma, K., Vangronsveld, K., & Fruzzetti., A.（2012）. Painfully reassuring? The effects of validation on emotions and adherence in a pain test. *European Journal of Pain*, 16, 592-599.

Lynch, T.R., Chapman, A.L., Resenthal, M.Z., Kuo, J.R., & Linehan, M.M. (2006). Mechanisms of change in dialectical behavior therapy : Theoretical and empirical observations. *Journal of Clinical Psychology*, 62(4), 459-480.

Mehrabian, A. (1981). *Silent messages : Implicit communication of emotions and attitudes*. California : Wadsworth.

（マレービアン，A. 西田　司・津田幸男・岡村輝人・山口常夫（訳）(1986). 非言語コミュニケーション　聖文社）

三田村仰 (2017). はじめてまなぶ行動療法　金剛出版

中田行重 (2013). Rogers の中核条件に向けてのセラピストの内的努力　心理臨床学研究, 30(6), 865-876.

Rogers, C.R. (1957). The necessary and sufficient conditions of therapeutic personality change. *Journal of Consulting Psychology*, 21(2), 95-103.

Rogers, C.R. (1959). A theory of therapy, personality, and interpersonal relationships, as developed in the client-centered framework. In S. Koch (Ed.), *Psychology : A study of a science*. Study 1, Volume 3 : Formulations of the person and the social context. New York : McGraw Hill, pp.184-256.

Rogers, C.R. (1975). Empathic : An unappreciated way of being. *The Counseling Psychologist*, 5(2), 2-10.

関口祥子・岩壁　茂 (2016). セラピストの肯定介入に対するクライエントの主観的体験の検討　臨床心理学, 16(1), 79-89.

Shenk, C. E., & Fruzzetti, A. E. (2011). The impact of validating and invalidating responses on emotional reactivity. *Journal of Social and Clinical Psychology*, 30(2), 163-183.

Steering Committee (2002). Empirically supported therapy relationships : Conclusions and recommendations of the division 29 Task Force. In J.C. Norcross (Ed.), *Psychotherapy relationships that work : Therapist contributions and responsiveness to patients*. New York : Oxford University Press, pp.441-443.

高山由貴 (2013). クライエントの主観的体験からみたカウンセリング初期のプロセス　―試行面接における話の深まりに注目して―　臨床心理学, 13(5), 689-699.

田中伸明 (2006). 共感的理解の伝達を意図するカウンセラーの応答の特徴について　―クライエントへの影響も含めた検討―　カウンセリング研究, 39, 113-123.

田中伸明 (2007). 共感を示すカウンセラーの応答とクライエントに知覚された共感との関連性　―turn と back channel response の違いを考慮した検討―　カウンセリング研究, 40, 208-217.

遊佐安一郎 (2014). 承認（Validation）―感情調節困難な患者との治療的関わりにおいての承認の意義―　精神療法, 40(6), 851-857.

Effect of Counsellors' Validation on Clients Experiencing Empathy : An Empirical Study Using Simulated Counselling

Chisato Tani [1], Takashi Mitamura [2]

1) Graduate School of Human Science, Ritsumeikan University
2) College of comprehensive psychology, Ritsumeikan University

This study investigated the effects of counsellors' validation on clients experiencing empathy from them using simulated counselling sessions. Validation is when 'The therapist communicates to the client that their responses make sense and are understandable within their current life context or situation' (Linehan, 1993). It was hypothesised that the client's experience of the counsellor's empathy would be higher when the counsellor's validation was used for the client's consultation contents which clients felt was not understood by others. In all, 80 Japanese undergraduate students participated as clients in simulated counselling sessions. An ANOVA showed that there was no difference in clients' experience of the counsellors' empathy for both validation and consultation contents. Additionally, issues regarding the methods used to examine the effects of counsellors' validation in psychotherapy were discussed.

Keywords : validation, client's experience of counselor's empathy, simulated counseling

実践研究論文の投稿のお誘い

『臨床心理学』誌の投稿欄は，臨床心理学における実践研究の発展を目指しています。一人でも多くの臨床家が研究活動に関わり，対象や臨床現場に合った多様な研究方法が開発・発展され，研究の質が高まることで，臨床心理学における「エビデンス」について活発な議論が展開されることを望んでいます。そして，研究から得られた知見が臨床家だけでなく，対人援助に関わる人たちの役に立ち，そして政策にも影響を与えるように社会的な有用性をもつことがさらに大きな目標になります。本誌投稿欄では，読者とともに臨床心理学の将来を作っていくための場となるように，数多くの優れた研究と実践の取り組みを紹介していきます。

本誌投稿欄では，臨床心理学の実践活動に関わる論文の投稿を受け付けています。実践研究という場合，実践の場である臨床現場で集めたデータを対象としていること，実践活動そのものを対象としていること，実践活動に役立つ基礎的研究などを広く含みます。また，臨床心理学の介入の効果，プロセス，実践家の訓練と職業的成長，心理的支援活動のあり方など，臨床心理学実践のすべての側面を含みます。

論文は，以下の5区分の種別を対象とします。

論文種別	規定枚数
①原著論文	40枚
②理論・研究法論文	40枚
③系統的事例研究論文	40枚
④展望・レビュー論文	40枚
⑤資料論文	20枚

①「原著論文」と⑤「資料論文」は，系統的な方法に基づいた研究論文が対象となります。明確な研究計画を立てたうえで，心理学の研究方法に沿って実施された研究に基づいた論文です。新たに，臨床理論および研究方法を紹介する，②「理論・研究法論文」も投稿の対象として加えました。ここには，新たな臨床概念，介入技法，研究方法，訓練方法の紹介，論争となるトピックに関する検討が含まれます。理論家，臨床家，研究者，訓練者に刺激を与える実践と関連するテーマに関して具体例を通して解説する論文を広く含みます。④「展望・レビュー論文」は，テーマとなる事柄に関して，幅広く系統的な先行研究のレビューに基づいて論を展開し，重要な研究領域や臨床的問題を具体的に示すことが期待されます。

③「系統的事例研究論文」については，単なる実施事例の報告ではなく，以下の基準を満たしていることが必要です。

①当該事例が選ばれた理由・意義が明確である，新たな知見を提供する，これまでの通説の反証となる，特異な事例として注目に値する，事例研究以外の方法では接近できない（または事例研究法によってはじめて接近が可能になる），などの根拠が明確である。
②適切な先行研究のレビューがなされており，研究の背景が明確に示される。
③データ収集および分析が系統的な方法に導かれており，その分析プロセスに関する信憑性が示される。
④できる限り，クライエントの改善に関して客観的な指標を示す。

本誌投稿欄は，厳格な査読システムをとっています。査読委員長または査読副委員長が，投稿論文のテーマおよび方法からふさわしい査読者2名を指名し，それぞれが独立して査読を行います。査読者は，査読委員およびその分野において顕著な研究業績をもつ研究者に依頼します。投稿者の氏名，所属に関する情報は排除し，匿名性を維持し，独立性があり，公平で迅速な査読審査を目指しています。

投稿論文で発表される研究は，投稿者の所属団体の倫理規定に基づいて，協力者・参加者のプライバシーと人権の保護に十分に配慮したうえで実施されたことを示してください。所属機関または研究実施機関において倫理審査，またはそれに代わる審査を受け，承認を受けていることを原則とします。

本誌は，第9巻第1号より，基礎的な研究に加えて，臨床心理学にとどまらず，教育，発達実践，社会実践も含めた「従来の慣習にとらわれない発想」の論文の募集を始めました。このたび，より多くの方々から投稿していただけるように，さらに投稿論文の幅を広げました。世界的にエビデンスを重視する動きがあるなかで，さまざまな研究方法の可能性を検討し，研究対象も広げていくことが，日本においても急務です。そのために日本の実践家や研究者が，成果を発表する場所を作り，活発に議論できることを祈念しております。

（査読委員長：岩壁 茂）（2017年3月10日改訂）

臨床心理学 ✱ 最新研究レポート シーズン 3
THE NEWEST RESEARCH REPORT SEASON 3

第 **30** 回

社会的スティグマがセルフスティグマへと内在化するプロセス
——集団主義文化と個人主義文化の比較

Yu BCL, Chio FHN, Mak WWS, Corrigan PW & Chan KKY (2021) Internalization process of stigma of people with mental illness across cultures : A meta-analytic structural equation modeling approach. Clinical Psychology Review 87 ; 102029.

下津咲絵 *Sakie Shimotsu*
[京都女子大学発達教育学部]

I　はじめに

精神疾患へのスティグマは，世界中のどの地域においても精神疾患をもつ人々とその家族に影響を及ぼす大きな課題であり続けている。

本稿において紹介する研究（以下，本研究と呼ぶ）は，特にスティグマの内在化プロセスとリカバリーとの関連に注目し，変数間の関連性をメタ分析的構造方程式モデリング（meta-analytic structural equation modeling）によって明らかにしたものである。加えて，さまざまな文化圏において蓄積された研究を比較検討することを通じて，個人主義−集団主義という文化的背景がスティグマの内在化プロセスに及ぼす影響を明らかにしている。

本研究では，22 の文化圏で実施された，計19,928 人の精神疾患をもつ人々を対象とした 108の先行研究を用いて分析をおこなっている。精神疾患の種類は，双極性障害，大うつ病性障害，摂食障害，物質関連・依存性障害，パーソナリティ障害，PTSD，統合失調症スペクトラム障害などであった。

II　スティグマとは

精神疾患をとりまくスティグマの研究は過去数十年で飛躍的に発展してきた。その研究過程のなかでスティグマの定義は進化し，分類されてきた。

スティグマとは，"認知"，"感情"，"行動"の3 つの要素を含む包括的な概念であると捉えられている。スティグマには大きく分けて，"社会的スティグマ（public stigma）" と "セルフスティグマ（self-stigma）" があり，どちらのタイプのスティグマも精神疾患をもつ人々のさまざまな生活領域に悪影響を及ぼすこと，またメンタルヘルスのリカバリーの障壁となることが知られている。

社会的スティグマは，一般市民や世間が精神疾患をもつ人々に対して抱いているスティグマの認識である。この社会的スティグマを精神疾患をもつ人々が知覚すること，すなわち，世間が精神疾患をもつ人々に対して好ましくない信念，態度，行動をとっていると認識することは "知覚されたスティグマ（perceived stigma）" と定義されている。また，社会的スティグマによって実際に差別や制限を受けたという経験を "経験されたスティグマ（experienced stigma）" と呼ぶ。

セルフスティグマは，社会的スティグマの内在化プロセスを経て構成され，精神疾患をもつ人々が自分自身に対してスティグマの認識をもつ場合に生じる。内在化プロセスの起点となるものとしては，知覚されたスティグマと経験されたスティグマが想定されている。

これまでのメタ分析では（Livingston & Boyd, 2010），さまざまな精神疾患を対象としたセルフスティグマ研究を総括し，デモグラフィック変数，心理社会的変数，および精神医学的変数とセルフスティグマとの関連を検討している。その結果，年齢，性別を含むいずれのデモグラフィック変数もセルフスティグマとの相関を示さなかった。一方で，心理社会的変数（例えば，自尊感情，希望，エンパワーメント，セルフエフィカシー，QOL）とセルフスティグマとは，ほぼ一貫して負の中程度の相関が示された。特に，セルフスティグマと自尊感情の関連は，対象となった45研究のうち19研究において検討されており，それらの研究結果を統合した結果は $r = -0.55$ と報告されている。また，治療行動の遵守とセルフスティグマとの間では負の相関（$r = -0.38$），症状の重篤度とセルフスティグマとの間では正の相関が示されている（$r = 0.41$）。

III　スティグマの内在化プロセスのリカバリーへの影響

上述の Livingston & Boyd（2010）では，スティグマを統合的な概念として扱い，内在化プロセスの各変数を区別することなくメタ分析をおこなっている。本研究の新しい点は，社会的スティグマの内在化のプロセスとリカバリーの関連をメタ分析によって実証的に検討している点である。その際に内在化プロセスを，知覚されたスティグマ，経験されたスティグマ，セルフスティグマに明確に区別し，構造方程式モデリングを用いて各変数のリカバリーへの影響力を検討した点も注目すべき点である。

もう一つの本研究の特徴は，リカバリーのアウ

トカム変数をより詳細に，パーソナル・リカバリー，臨床的リカバリー，機能的リカバリー，ウェルビーイングの4つに分けて分析をおこなっている点である。パーソナル・リカバリーとは，自身のアイデンティティを取り戻し，自己実現的な人生と成長を目指すプロセス変数と定義づけられ，自尊感情や自己肯定感などの充実した意味のある人生へのリカバリープロセスに資する変数で構成されている。臨床的リカバリーは，臨床症状と心理的苦痛を測定した変数で構成されている。機能的リカバリーには，職業的機能，社会的機能，日常的機能に関する指標が含まれている。ウェルビーイングには，情緒的幸福，心理的幸福，社会的幸福が含まれている。なお，本研究の当初は機能的リカバリーについても検討すべき仮説の一部であったが，先行研究が少なく最終的には分析に含まれなかった。

本研究では，図のモデルに基づいて分析が実施された。その結果，知覚されたスティグマおよび経験されたスティグマは双方ともセルフスティグマに正の関連性があったが，経験されたスティグマの方がより強い関連を示していた。また，経験されたスティグマは，セルフスティグマを媒介せず，直接的にリカバリーに関わるすべての変数と負の関連があった。一方で，知覚されたスティグマはセルフスティグマを媒介せずに直接的な関連を示したのは臨床的リカバリーへの負の関連のみであった。

つまり，社会的スティグマによりもたらされる知覚されたスティグマと経験されたスティグマは，双方とも内在化プロセスを経てセルフスティグマを媒介しリカバリーに影響を及ぼし，かつ独立して直接的にもリカバリーにネガティブな影響を与えるということが示されたといえる。また，その影響力は経験されたスティグマの方がより強いことも明らかとなった。

これらのことは，スティグマの外的影響（例：社会的スティグマ）と内的影響（例：セルフスティグマ）が相乗的に作用して，精神疾患をもつ人々

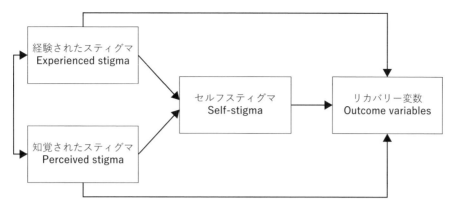

図　スティグマの内在化プロセスモデル

のリカバリーと幸福に影響を与えていることを示唆している。

IV　集団主義文化の内在化プロセスへの影響

精神疾患へのスティグマの異文化モデルの先行研究では，より集団主義的な文化（例えば，香港や日本）に住む人々は，より個人主義的な文化（例えば，イギリスやオーストラリア）に住む人々よりも，精神疾患をもつ人々に対して強いスティグマを表明していることが示されている。

集団主義文化の人々が個人主義文化の人々よりも集団のまとまりや一致性を重視することから，精神疾患をもつ人が集団規範から逸脱していると考えられる場合，集団規範を維持し，家族の恥を避けるために，集団主義文化の人々は精神疾患をもつ人に対してより多くのスティグマを表明する傾向がある。したがって，集団主義的な文化の人々は，集団主義的でない文化の人々よりもスティグマを内在化する可能性が高いと推測される。

本研究では，個人主義－集団主義の文化的背景がスティグマの内在化プロセスに及ぼす影響を検討している。検討にあたっては，Global Leadership and Organizational Behavior Effectiveness（GLOBE）研究プロジェクトに基づく個人主義－集団主義の文化的指標を用いている。

本研究の結果，仮説通りに，親族のつながりや家族志向をより重視する集団主義的な文化圏で実施された研究では，経験されたスティグマと知覚されたスティグマの両方が，セルフスティグマとより強い相関を持つことが明らかとなった。逆に言えば，集団主義ではないことが，経験されたスティグマや知覚されたスティグマがセルフスティグマへと内在化することを緩和していた。

このことは，集団主義的な文化で差別を受けた経験があり，差別されることを予期している精神疾患をもつ人々は，集団主義的ではない文化の人々よりもスティグマを内在化する可能性が高いことを示している。

V　本研究の結論と提言

本研究の結果から，より包括的なリカバリーを目指すためには，社会的スティグマとセルフスティグマの両方に同等の注意を払って取り組む必要があることが示された。本研究では，精神疾患をもつ個人だけでなく，地域社会におけるスティグマ軽減の効果を最大化するためには，反世論的なスティグマキャンペーンや個人に焦点を当てたセルフスティグマへの介入を並行して行う必要があることが提言されている。また原著者らは，セルフスティグマに取り組む過程で，臨床家は，経験されたスティグマや知覚されたスティグマがリカバリーに直接影響を及ぼしうることを認識する必要があることも指摘している。

VI　紹介者からのコメント

精神疾患へのスティグマは，認知，態度，アイデンティティ形成などのプロセスといった個人レベルだけでなく，文化的，制度的，経済的，社会的な事象が強い影響力をもっている（Hinshaw, 2007［石垣 監訳, 2017］）。そのため，セルフスティグマの低減を目指す際には，患者への関わりだけではなく，社会的スティグマの低減を目指した介入や制度の変革のような，より広く大きなレベルにおける介入も同時に必要であることが指摘されている（Link et al., 2002）。このような指摘は，日々患者と出会う実践家にとってももっともな意見であり，腑に落ちるものである。これらの経験的意見を，本研究では蓄積された数多くの研究をもとに実証的に裏付けた点で大変意義のあるものである。

加えて，集団主義文化ではよりスティグマの内在化が顕著になるという結果からは，集団主義文化に位置づけられる本邦におけるスティグマへの取り組みが重要となることが示されたといえる。この結果も一般的な予想と違わないものであるが，データから実証的に示されたことが意義深い。

一方で，本研究で示された結果を受けて，臨床に携わる者は何ができるのだろうか（何をすべきであろうか）とも改めて考えさせられる。目の前の患者への関わりに加えて，社会の変化を促すようなより大きなレベルの活動や関わりができるだろうか。

個人レベルでの実践的活動が社会的レベルに影響できる可能性の一つとして"Honest, Open, Proud（HOP）"というアプローチを最後に紹介したい。このアプローチは，自身のメンタルヘルスに関する課題について周囲に開示する（あるいは開示しない）決定を支援するプログラムである。専門家が主体となった介入ではなく，専門家はファシリテーターとして当事者の相互交流を促

し，プログラムでの活動を通じてセルフスティグマの低減を目指すものである。米国をはじめ10カ国以上で取り組まれ，その効果についていくつか発表がされている。精神疾患をもつ人と直接接触することが社会的スティグマ低減の効果的な手法の一つであることから，HOPのようなプログラムに参加した結果，精神疾患をもつ人々の周囲への自己開示が増えれば，最終的には社会的偏見の減少に貢献できるのではないかと指摘されている（Scior et al., 2020）。

精神疾患にかかわるスティグマというテーマは，広範な学問分野における関心事である。社会学，精神医学，公衆衛生学，心理学においても，社会心理学や臨床心理学などの多岐にわたる領域で研究が重ねられてきた。それらはすべてスティグマの低減を最終的に目指したものであるといっても過言ではなく，本稿で紹介した研究もそれに連なるものである。さまざまな分野における成果を共有し合い，さらに学際的なアプローチに基づく取り組みを通じて，広くスティグマに対するアプローチが実を結ぶことを願っている。

▶文献

Hinshaw SP（2007）The Mark of Shame : Stigma of Mental Illness and an Agenda for Change. Oxford : Oxford University Press.（石垣琢麿 監訳，柳沢圭子 訳（2017）恥の烙印─精神的疾病へのスティグマと変化への道標．金剛出版）

Link BG, Struening EL, Neese-Todd et al.（2002）On describing and seeking to change the experience of stigma. Psychiatric Rehabilitation Skills 6 ; 201-231.

Livingston JD & Boyd JE（2010）Correlates and consequences of internalized stigma for people living with mental illness : A systematic review and meta-analysis. Social Science and Medicine 71 ; 2150-2161.

Scior K, Rüsch N, White C et al.（2020）Supporting mental health disclosure decisions : The Honest, Open, Proud programme. British Journal of Psychiatry 216 ; 243-245.

♫ 主題と変奏——臨床便り

第51回

イエスの受難物語と
サイコセラピー

竹井夏生
［産業技術短期大学］

　新約聖書には福音書と呼ばれる箇所があって，そこにはイエスの生涯が描かれている。そこでイエスは人々の病いを回復させたり，たくさんの食料を得させたり，あるいは自然に働きかけて嵐を鎮めたりもする。現代人にとってそれはとっつきにくい。

　ただ福音書は，人々に「救い」や「回復」の道のりを与えるものとして，時代を経て読み継がれてきた。やはりそこには人々の，人々が取り結ぶ関係の，またその関係が広がるところの社会の「救い」や「回復」が描かれていると考えて然るべきだろう。そしてとりわけ心や関係性の「回復」ということを営みとする私たちセラピストにとって，そこに何がしかのヒントを見出そうとすることもあながち的外れではないだろう。筆者は現代を生きる一介のセラピストとして，目下そのようなことを研究テーマにしている。小さな面接室と2,000年前のパレスチナ——どうやらそこには秘密の通路があるように思うのだ。

　福音書の世界では「信頼」がほとほと成り立たない。社会全体が不信に満ちているし，人々はそれをさまざまな危機や病いとして感受し表現している。成り立つものも成り立たない世界の中で，イエスは「でもやっぱり信じることを大切にしよう。そこからしか始まっていかないのだから」と至る所で触れ回る。ちなみに福音書における「信仰」の語は，πίστις（ピスティス）というギリシャ語で，本来もっとありていに「信頼」とか「信じること」と翻訳されるべき語である。

　そんなイエスとの関係の中にも「信頼」の危機が起こる。ユダという男は，弟子として終始イエスに付き従いながら，最後には為政者にイエスを引き渡してしまい，それがイエスの十字架刑の引き金となる。福音書の「受難物語」と呼ばれる箇所である。「信頼」の希求と揺れ動き，そしてその破綻——それは極めて臨床的なテーマであるし，そのような臨床的危機をどう生き抜くかは，セラピストがセラピストであるための存在基盤に関わることだろう。結果としてこの「ケース」は破局する。そしてイエスは十字架の受難を蒙る。ところが福音書はこの受難に「福音」が引き続くと教える。だから駄目だったという終わり方はしていないのだ。

　臨床関係では「信頼」の激しい揺れ動きの中で，その関係が不本意にも破綻することがある。それはセラピストにもクライエントにも傷つきの体験となる。けれどもそれが無意味だったとは言い切れない。イエスはこの「信頼」をたびたび「種」に譬える。土中に眠る種は今は見えないし，いつ発芽するかも分からない。今ここにおけるセラピーの関係は，いつかどこかでクライエントの中に「信頼」が芽生えるのを願ってなされるものである。それはすぐに見えるものではないし，セラピストも知らぬ今ここを超えたずっと先において初めて萌芽するものかもしれない。福音書は私たち現代を生きるセラピストにそんなことを教えてくれているように思うのだ。

書評 BOOK REVIEW

諸富祥彦 [著]

カール・ロジャーズ
── カウンセリングの原点

KADOKAWA・四六変形判並製
2021年3月刊
定価2,530円（税込）

評者＝**本山智敬**（福岡大学）

　これまであるようでなかった，全く新しいロジャーズの本が出版された。本書は決してロジャーズの「解説本」ではない。本書から伝わってくるのは，著者が理解したロジャーズの「本質」はこれだ，この点が面白いという熱いメッセージである。

　本書全体では，著者の40年にわたる「ロジャーズ研究」をもとに，『オン・ビカミング・ア・パーソン』論（第2章），ロジャーズの生涯（第3章），ロジャーズのカウンセリング／心理療法と傾聴（第4～5章），ロジャーズとジェンドリン（第6章），静かなる革命／結婚・恋愛論／教育論（第7～9章）と，ロジャーズに関する重要なトピックが全て詰まっている。しかもそれらをロジャーズに関する公開／非公開の膨大な資料やケースをもとにまとめてあるので，ロジャーズの全貌を知る上で非常に貴重な参考書でもある。ロジャーズを語る上で重要な1955年を起点に，ロジャーズとジェンドリンをはじめとする仲間たちによる「チーム・ロジャーズ」の仕事が描かれている。

　しかしながら，著者は「ロジャーズは決して，現代カウンセリングの礎を築いた人物とか，ましてやクライエント中心療法の創始者，と理解されていい人物ではない。それは著しい矮小化である」（pp.275-276）と言い切る。ロジャーズの一つひとつの功績だけでなく，それを通してロジャーズは何をしたかったのか，その全体から立ち現れてくる本質や現代的意義に注目しているのである。本書のタイトルをあえてシンプルに『カール・ロジャーズ』としていることからも，著者のこうした姿勢が感じられる。

　果たしてロジャーズの思想と方法の「本質」は何か。その点についてロジャーズの言葉の紹介ではなく著者

自身の見解が語られているのが第1章であり，本書の最もオリジナルなところである。自分の内側（パーソン・インサイド）と深くつながって生きていくときに人は自分らしく「自由」になっていくこと，そしてそのときにその探究の同伴者として深く耳を傾ける他者の存在が重要であること。著者はこの文脈の中で改めて，人が変化していくときの「本質」を問い直すのである。長年のロジャーズ研究から紡ぎ出された著者の言葉である。

　読者の中には，もしかしたら著者の「深い，ほんものの傾聴」という表現に違和感を覚える人がいるかもしれない。著者は決してロジャーズの傾聴だけが本物ですよ，と言いたいのではない。「受容・共感」の名のもとに表面的に理解されがちなロジャーズの傾聴を，実際には「何のために」行っているのか。ロジャーズに立ち返って，改めて傾聴とは何かを見直そうという意図がある。この著者の論が非常に分かりやすい。日頃から傾聴を大事にしている対人援助の専門家はもちろんのこと，相手の話を丁寧に聴く態度を職場や日常の人間関係に生かしていきたいと考える多くの方に読んでいただきたい。

　さて，皆さんはロジャーズの「本質」あるいは「傾聴」をどのように表現するだろうか。コロナや自然災害といった予測不可能な事態に耐え，人や国同士の分断や排除が進む世の中において，ロジャーズの本質はますます重要さを増すだろう。著者の言葉を借りるならば，「今こそ，ロジャーズを学ぶ時である」。

蘭 信三・小倉康嗣・今野日出晴 [編]

なぜ戦争体験を継承するのか
── ポスト体験時代の歴史実践

みずき書林・A5判並製
2021年2月刊
定価7,480円（税込）

評者＝**森 美緒**（一橋大学大学院）

　臨床家にとって，戦争体験を直接取り扱う機会は稀である。しかし，心理臨床はおおよそクライエントの体験についての語りから始まり，臨床家は聴き手としてその体験を理解しようと努めてきた。語りは一方的な情報の伝達ではなく，聴き手との関係性のなかで繰り返され，再編されていくが，自らが体験しえない苦痛や悲惨な出来事についての語りを「聴く」ことの困難は，誰もが肌で感じた経験があるだろう。本書は，現代において直接的な語り手が失われつつある「戦争体験の継承」を主題として，こうした「体験の非共有性」に向き合おうとするものである。

　本書の第1部は，戦争体験の非共有性についての複数の論考や研究からなる。第2部には，継承の実践としての国内15施設の平和博物館の紹介と考察が収められている。これらへの導入として，まず序章において，現代に至るまでの日本の戦争責任論の流れを解説するとともに，戦争体験をめぐる歴史研究と実践の動向が明快に整理されている。読み手が戦争論に精通していなくても，本書の提起する課題とその背景がいかなるものかがわかるだろう。

　社会の世代交代が進んだ「ポスト戦争体験時代」で問われようとしているのは，戦争体験の継承についての方法論そのものではない。戦争体験の継承は，当事者の語りによる自然な継承が困難になりつつある一方，そのあり方は多様な広がりをみせ，なかには，戦争の記憶を過剰なナショナリズムと接続しようとする動きや，単なる「モノ」化して娯楽的に消費しようとする動きまでもが生じている。こうした問題を明らかにした上で，現代を生きるわれわれは「なぜ」戦争体験の継承を行うのかという，根源的な問題意識が本書を貫いている。

　第1部では，主には戦争非体験者たちが，戦争体験をいかに「聴き手」として体験しえるかが論じられる。第1章で描かれる語り手と聴き手の関係性の生成，第

5章のトラウマの証言不可能性など，それぞれ臨床的にも興味深く読まれるであろう。第2部は，多数の博物館の取り組みが並列される構成上，それぞれがやや断片的に感じられるかもしれない。しかしそこに，戦争体験の継承という営みは単なる反戦平和の促進剤という一枚岩ではない，という現実が読み取れる。むしろ，非体験世代の想像力を呼び起こす工夫や，植民地支配の加害性を浮かび上がらせる試みなど，多様な継承実践のもつ輻輳性こそが，「あの戦争」に限らない戦争や暴力，排除の歴史における痛みや苦悩をどのように掬い上げるのかという，普遍的な問題につながっていく。こうした取り組みは，当事者の直接的な「聴き手」の立場につくことが多い臨床家には馴染みが薄くなりやすい。だからこそ，個々の物語が容易にドミナントな物語に回収されてしまいかねない現実や，それを阻む「継承」のあり方を視野に入れることが，複雑化した現代社会の事例に対応する上で有用になる。本書はそのための重要な一冊だといえる。

斎藤　環 [解説]　水谷　緑 [まんが]

まんが やってみたくなるオープンダイアローグ

医学書院・A5判並製
2021年3月刊
定価1,980円（税込）

評者＝黒木俊秀（九州大学大学院人間環境学研究院）

　近年，精神医療のコメディカルの間で注目されてきたオープンダイアローグ（OD）のエッセンスを2時間でつかめるようにと実践事例の漫画と解説により構成された本書は，今年出版されたメンタルヘルス分野の書籍の中で最も話題を呼んだ一冊である。その「世界一わかりやすいOD入門書」という宣伝文句にいつわりはなく，ODの魅力と可能性を伝える格好のガイドブックであり，同時に解説者の斎藤が提唱する「対話実践」の視座は，単に精神医療の改革にとどまらず，今日の心理臨床全般の在り方にも創造的なリフレクティングをもたらすだろう。それゆえ，さまざまな臨床の現場で長年支援にたずさわってきたような，いわゆるベテランの専門家にこそ本書は読まれるべきではないかと思う。ひょっとすると，「対話実践という名の下に理念を述べているだけではないか」とか，「ODって非構成的エンカウンターグループと同じね」という感想もあるかもしれない。しかし，そうした批判や無視も折込み済みであるのが本書の巧妙さであり，さすが漫画ならではの仕掛けがよく効いている。斎藤も「事例紹介に漫画はうってつけですね」と称える通りである。

　実際，評者は本書を通読した際に止めどない連想に酔ったものだが，ここではODがわが国に紹介された時から漠然と感じてきたことを述べておきたい。それは，異なる文化圏で発祥した心理支援の理論と実践がわが国に導入され，やがて臨床の現場に浸透してゆく際に，わが国固有の治療文化に馴染むように多少とも修正され，変容してゆくという経験則が，ODにも当てはまるのではないかという予感のようなものであった。本書の第10章では，漫画家の水谷が実際にフィンランドのケロプダス病院でODの研修会に参加した体験が描かれているが，海外で同様の機会を経験したことがある者にはいかにも「あるある」シーンの描写が面白い（例えば，リフレクティングの際に相談者と

目を合わせないマネキンのような心理職を「不自然だし，茶番は茶番」と感じたり，研修会終了の定刻になると彼らは一目散に帰宅する）。この章は，ODの開発者たちがパロアルトグループをはじめ米国の家族療法に影響を受け，恐らく高度に訓練された専門家であることを示唆している点でも興味深いが，先の評者の予感を支持しているように感じた。ODも，わが国特有の治療構造や対人関係において現地のそれとは少し異なる形で受容されつつあるのだろうし，その適応がひきこもりや夫婦関係の問題等へ拡大しているのも不思議ではない。同様に，米国におけるODの展開もフィンランドや日本とはまた少し異なる特色があるように思われる（Olson, 2019）。

　本書の第9章で，斎藤自身が自らのOD体験を開陳していることも話題となった。最後に彼が「集団の中で1人でいられる……やっと精神科医になれた気がする」と呟くシーンに，かつて同氏も論じた人気SFアニメのテレビ版最終回を連想する読者もいるだろう。しかし，かような私小説的展開こそ日本の心理療法家には共感を呼びやすい。私小説といえば，本書を上梓直後，同氏は長年寄り添った愛猫を亡くし，その喪失体験を当事者研究としてネット上に報告した（それを読んだ評者は不覚にも涙した）。その後，同氏宅には家族の悲嘆からの回復を補完すべく二匹の保護猫が迎えられた。その名をダイアンとローグという。和的ODの戦略もなかなか巧みである。

江口重幸 [著]

病いは物語である
── 文化精神医学という問い

金剛出版・A5判上製
2019年11月刊
定価5,720円（税込）

評者＝**村瀬嘉代子**（大正大学）

　本書を読み進むうちに，書かれていることに首肯
し，感銘を受けるうちに，自ずと，昨今ではあまり目
にしない言葉であるが「紙背を読む」という心持ちに
なった。各章はそれぞれに独自性のある主題をもとに
書かれていて，気づきを考える刺激となる。その上に
この書からは，一貫して貴重な提案が通奏低音として
伝わってくるように思われた。

　それは文章にも書かれているが（pp.131〜），患者
のいわゆる症状や問題性を外在化させ，それらを治療
対象としようとする基本的に生物学的アプローチの現
代精神医療と，より広く人間諸科学の知見を取り入れ
て，患者に対して個別に即応した理解とアプローチを
すること，これらを対立的にではなく，両者が裏打ち
しあって，より個人がそれぞれ自分の病の経験を他な
らないこの自分の生の事実だと，苦しみや惑いはあり
つつも受け止めようとするように，この二つのアプ
ローチを繋ごうとする提案が為されている。この考え
方は理念レベルのものではなく，著者の底厚い確かな
臨床やフィールドワークの実践に基づく裏打ちによっ
て為されている。このことこそ，人の精神保健，生き
方に関わる領域において現在，そして今後の切実な基
本的課題であろう。この発想はこの書物の基底に声高
ではないが一貫して流れているように思われる。

　この容易ならざる課題に静かに果敢に実証性を持っ
て応えようとする試みが，博覧強記の文化論，民族
学，哲学，その他幅広い領域の文献を渉猟してなされ
た考察と，他方，読者もその患者の枕辺に座り，心身
共に苦しみの多い，その患者の語りを自分も直に聴い
ているような，その患者と出会っているような心持ち
になって，あたかも筆者と共に考えるようになるよう
な事例記述によって果たされている。

　人は誰しもその人としての個別性を持つが，それは
その人の属する文化や歴史と密接に関連して，その人
らしさの生きている姿があり，それがその人によって

語られることで生成されていく。聴く相手との関係の
中で語りの内容は変化していく。聴き手のありかたに
ついて自ずと考えることになる。

　著者を最初に存じ上げたのは「滋賀県湖東1山村に
おける狐憑きの生成と変容──憑依表現の社会−宗教
的，臨床的文脈」（国立民族学博物館研究報告 12-4；
1113-1179（1987）」の抜き刷りを知人に手渡された三十
数年前であった。精神医学の視点と腰を据えたフィー
ルドワークによる文化人類学的視点とを統合させた事
実をして語らしめるという論文であり，本書で為され
ている提案が胚胎していたと思われる。荻野恒一の，
都会で統合失調症を発症した患者が生まれ育った郷里
に帰郷して療養する場合と都会に止まり療養するのと
では，前者の経過が良好であるという説や，同様に精
神疾患の治癒過程のあり方が患者の居住する社会，経
済，文化的環境特性と関連するという海外の文献が想
起された。

　「病の語りを聴く」ということについては聴く側の
あり方についての議論もあり，大切な視点ではある。
語りを聴く者は実は自身のあり方も問われているとい
う自覚が欠かせない。前出の論文を拝読したことが契
機で，私の担当していた大学院博士課程のゼミで著者
に幾度か講義をしていただいた。いずれの機会もそう
であったが，とりわけ，強いインパクトを与えられた
講義があった。著者は手押し車に一冊で重量が15キ
ロの萬年 甫 著『猫脳ゴルジ染色図譜』（英文解説付き
／岩波書店（1988））（170 枚を超える図譜，精密な手
書き）を積み，ご自身で押して来校され，萬年博士と
その業績，それを支えた奥様について，話された。問
題意識に向かって純粋誠実に向き合って生きる意味を
聴き手は深く再認させられた鮮烈な講義であった。土
居健郎先生の言葉「言葉をこころのアリバイにしては
いけない」を著者は早くから座右の銘とされていたが，
「書家にあの言葉を書いてもらい，額装して何時も眺
めているのです」と微笑んでおっしゃった。若いこれ
からという方々から熟達した方まで，広く多くの方に
読んでいただきたい書物である。

村瀬嘉代子 [著]

新訂増補 子どもの心に出会うとき
―― 心理臨床の背景と技法

金剛出版・四六判上製
2020年12月刊
定価3,740円（税込）

評者＝黒木俊秀（九州大学大学院人間環境学研究院）

　本書は，1996年に初版が上梓された同タイトルの著書の新訂増補版である。初版が世に出た頃は，スクールカウンセラー派遣事業や阪神淡路大震災後の「心のケア」における臨床心理士の活躍が注目され，その養成を目的とした指定大学院の設立も始まっていた。かように心理専門職に対する期待が高まっていた。そのような時代に本書（初版）の登場は，強いインパクトを与えたと記憶する。それまでの凡百の専門書とは明らかに一線を画し，心理臨床家のリアリティとインテグリティを見事に体現していたからである。

　まず，特定の学派や理論に拘泥せず，極めて平易な文章によって心理臨床の実践にあるべき所作を鮮やかに描き出している。例えば，巻頭の「治療関係における言語表現」と題する一編では，心理専門職の間で共有されていることばの多く（例えば，「支える」など）が，一見正論ではあるものの，実は臨床の現場ではクライアントに届かず，対話がなりたっていないと指摘する。そして，クライアントとの対話において適切なことばを選ぶ留意点として，①具体的な話を選ぶこと，②類語の知識や語彙を豊富にして，微妙な意味の違いを的確に表すこと，③臨床心理学のことばではなく，治療者自身のことばを使うこと，④誰にでも通じる通用範囲の広いことばを使うことなどを挙げている。これを，「多層的コミュニケーションの技法について具体的に述べている」などと，業界用語で要約してしまうのは野暮というものである。

　しかしなにより驚かされるのは，重い情緒障害児や非行少年，機能不全家族，さらには殺人事件の被疑者など，従来の臨床心理学研究ではあまり報告されてこなかった相当に深刻な事例への対応を，著者が臆することなくつまびらかにしたことであろう。なかでも，「ピノキオから少年へ」と題する一編は，精神科医療の関係者の間でも話題になった。これは，激しい苛立ちと虚しさに突き動かされ，家庭や学校での反抗と暴力が止まらない14歳の少年の心の成長を，著者との交流を軸に描いた記録であるが，まるで講談師のような著者の滑らかな語り口に魅了される。例えば，少年の母親は，次のように描写される。

　「家業は近所に進出してきた大手の店舗に押されがちな上，サラリーマン家庭育ちの母親は商家の主婦になりきれず，殊に家業の朝の早さが苦痛。[…] 母親は夫の実直さを認めつつも，素朴で短気な人物にあきたりない想いを抱く」

　わずか3行足らずの表現に，少年の家庭のひんやりとした空気が感じられるのではなかろうか。読者は良質のドラマを観終えたような深い読後感を抱くに違いない。

　新訂増補版では，初版収録の各論文に著者自身の附記が追加され，新たに最近の論考4編も加わり，心理臨床のあり方に対する著者の提言がより明確になっている。初版の出版より四半世紀を経て，心理臨床をとりまく状況は大きく変わった。なにより支援が必要な多くのクライアントの背景が様変わりしている。初版刊行当時は，あまりに自由闊達な著者のアプローチに対して，「心理臨床の枠を逸脱している」というような無粋な批判もあったと聞くが，前述のピノキオ少年事例のように「周囲の人々から上手に助力を得る」ことは，今日，多職種連携・多機関連携として広く認知されている。今般，改めて読み返す機会を与えられ，評者は本書が心理臨床の専門性を明示していることに気づいた。その意味でも，今後，臨床経験を積んでゆく若い世代にこそ，本書を是非読んでほしいと思う。新しい表紙絵の少年――スペインの画家，ムリーニョの作品――の表情が，子どもの話を聴き入る著者そのものであることを申し添えておきたい。

アーロン・T・ベック［著］　井上和臣［監訳］

愛はすべてか
── 認知療法によって夫婦はどのように誤解を克服し，
　　 葛藤を解消し，夫婦間の問題を解決できるのか

金剛出版・A5判並製
2021年5月刊
定価4,180円（税込）

評者＝三田村仰（立命館大学）

　本書は，いわずとしれた認知療法の創始者 Aaron T Beck による一般向け書籍，"Love Is Never Enough : How Couples Can Overcome Misunderstanding" の全訳である。全体にわたって，実際の事例を挙げながらのわかりやすい解説がなされている。現代の認知・行動療法の源流の一つである認知療法の多彩な技法が余す所なく紹介されていて，読者はパートナーとの関係向上に役立つアイデアを何かしら見つけることができるだろう。

　このように創造性とパワーに溢れた本書であるが，実は，英語のオリジナル版が発行されたのは今から33年前，1988年のことである。このことに関しては，「あとがき」でも，監訳者の井上和臣氏が，発売当時，米国ペンシルベニア州の書店で平積みされた本書にであったエピソードに触れている。当然のことながら，2021年（日本語版発行年）にいる評者としては，その後，認知療法とその関連領域がどのように発展するのか，そして，カップルセラピーがその後どのような展開を迎えるかを知っている。そういったわけで，本書を読んでいると，ふと，「80年代という過去から，未来（2021年）を見ている」かのような感覚になったりする。反対に，本書のオリジナルが出版されたとき，評者は小学校1年生だったわけで，こうして今，書評のご依頼を頂戴していること自体で「未来にやってきた感覚」になったりもする。

　いずれにせよ30年を超える時を飛び越えてやってきたという意味で本書の内容は，現代にいる評者からすると少々，古めかしく感じられる部分があることも否めない。ここ数十年での大きな変化として，「考えや感情をいかに変化させるか」という古典的な認知療法や行動療法の発想から，「それらをいかにして受け入れるか（アクセプタンスとマインドフルネス）」という発想（いわゆる「第3世代」）への変化が生じている。この変化は認知・行動療法全体での変化でもあ

るし，カップルセラピー自体においても，「変化の技法」の限界が実証的に示され，「アクセプタンス」の重要性が強調されるようになってきている。

　そのように見ると，本書は必ずしも「現代的」ではないものの，本書の刊行には重要な意味も感じられる。2012年，井上氏は認知療法を「触媒」に喩える記述をされている（井上，2012）。触媒とは，それ自体は変わらなくとも，他の物質の化学変化を促進するような物質である。カップルに対する認知療法のあり方を示した本書は，それ自体の変わらなさはあれど，今あるさまざまな方法論にさらなる変化を促すかもしれない。少なくとも，現在の日本においてカップルを支援するための方法論は依然不十分であると言わざるを得ない（三田村，2021）。そうした，今日の日本の文脈において，この本が多くのカップルを支え，さらにはカップルセラピーの発展を加速させることを期待したい。

▶ 文献

井上和臣（2012）認知療法の理論的展開．In：東斉彰 編（2012）統合的方法としての認知療法．岩崎学術出版社，pp.33-53.

三田村仰（2021）夫婦（カップル）の危機!?［連載＝カップルセラピーは夫婦を危機から救えるか（1）］．こころの科学 218；10-15.

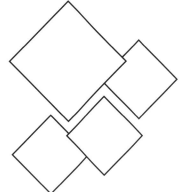

金剛出版オンラインイベント

アーカイブ動画 レンタル配信

金剛出版主催の過去のオンラインイベント（一部）のレンタル配信サービスをスタートいたしました。Vimeo（動画配信サイト）よりお申込み・視聴頂けますのでぜひご利用ください。

充実の講師陣でお届けする、オンラインイベントの熱気を再び！

◆配信イベント

収録日	イベント名
【2021年】	
7月12日	関係精神分析への招待：米国の新しい精神分析の潮流を知る 【演者】吾妻 壮・岡野憲一郎・横井公一
6月20日	心理療法のさまよい方 ——カルトとエビデンスを巡る、精神分析×認知行動療法の対話 【演者】上田勝久・三田村仰・山崎孝明
6月 5日	精神分析は生き残れるか? ——愛と批判が燃え盛る炎のブックトーク 【演者】藤山直樹・東畑開人・山崎孝明
5月24日	子どもの心理療法とセラピストの成長 【演者】吉沢伸一・松本拓真・小笠原貴史・若佐美奈子
5月17日	複雑性PTSDの重要性と危険性 ——[対人支援者の傷つき]の実態と対策をふまえたディスカッション 【演者】飛鳥井望・神田橋條治・高木俊介・原田誠一
4月 5日	クラインとビオンから学ぶ：現代精神分析への招待 【演者】松木邦裕・清野百合
3月20日	性のお話・隠さず・飾らず・あっけらかんと 【演者】小栗正幸・國分聡子
2月11日	「コミュニケーションが不自由」って? 【演者】鈴木大介・山口加代子
1月23日	児童思春期臨床で一番大事なこと：発達障害をめぐって 【演者】青木省三・本田秀夫
【2020年】	
12月 2日	回復（リカバリー）を巡る対話 ——当事者と専門家の「共通言語」を求めて 【演者】信田さよ子・倉田めば
9月12日	文化＝物語×社会 【演者】江口重幸・東畑開人

Ψ金剛出版

東京都文京区水道1-5-16　電話 03-3815-6661　FAX 03-3818-6848
https://www.kongoshuppan.co.jp/

QRコードから
Vimeo金剛出版
オンデマンドページに
アクセスできます。

投稿規定

1. 投稿論文は，臨床心理学をはじめとする実践に関わる心理学の研究における独創的で未発表のものに限ります。基礎研究であっても臨床実践に関するものであれば投稿可能です。投稿に資格は問いません。他誌に掲載されたもの，投稿中のもの，あるいはホームページなどに収載および収載予定のものはご遠慮ください。

2. 論文は「原著論文」「理論・研究法論文」「系統的事例研究論文」「展望・レビュー論文」「資料論文」の各欄に掲載されます。「原著論文」「理論・研究法論文」「系統的事例研究論文」「展望・レビュー論文」は，原則として 400 字詰原稿用紙で 40 枚以内。「資料論文」は，20 枚以内でお書きください。

3. 「原著論文」「系統的事例研究論文」「資料論文」の元となった研究は，投稿者の所属機関において倫理的承認を受け，それに基づいて研究が実施されたことを示すことが条件となります。本文においてお示しください。倫理審査に関わる委員会が所属機関にない場合，インフォームド・コンセントをはじめ，倫理的配慮について具体的に本文でお示しください。

★ 原著論文：新奇性，独創性があり，系統的な方法に基づいて実施された研究論文。問題と目的，方法，結果，考察，結論で構成される。質的研究，量的研究を問わない。

★ 理論・研究法論文：新たな臨床概念や介入法，訓練法，研究方法，論争となるトピックやテーマに関する論文。臨床事例や研究事例を提示する場合，例解が目的となり，事例の全容を示すことは必要とされない。見出しや構成や各論文によって異なるが，臨床的インプリケーションおよび研究への示唆の両方を含み，研究と実践を橋渡しするもので，着想の可能性およびその限界・課題点についても示す。

★ 系統的事例研究論文：著者の自験例の報告にとどまらず，方法の系統性と客観性，および事例の文脈について明確に示し，エビデンスとしての側面に着目した事例研究。以下の点について着目し，方法的工夫が求められる。
　①事例を選択した根拠が明確に示されている。
　②介入や支援の効果とプロセスに関して尺度を用いるなど，可能な限り客観的な指標を示す。
　③臨床家の記憶だけでなく，録音録画媒体などのより客観的な記録をもとに面接内容の検討を行っている，また複数のデータ源（録音，尺度，インタビュー，描画，など）を用いる，複数の研究者がデータ分析に取り組む，などのトライアンギュレーションを用いる。
　④データの分析において質的研究の手法などを取り入れ，その系統性を確保している。
　⑤介入の方針と目的，アプローチ，ケースフォーミュレーション，治療関係の持ち方など，介入とその文脈について具体的に示されている。
　⑥検討される理論・臨床概念が明確であり，先行研究のレビューがある。
　⑦事例から得られた知見の転用可能性を示すため，事例の文脈を具体的に示す。

★ 展望・レビュー論文：テーマとする事柄に関して，幅広く系統的な先行研究のレビューに基づいて論を展開し，重要な研究領域や臨床的問題を具体的に示す。

★ 資料論文：新しい知見や提案，貴重な実践の報告などを含む。

4. 「原著論文」「理論または研究方法論に関する論文」「系統的事例研究論文」「展望・レビュー論文」には，日本語（400 字以内）の論文要約を入れてください。また，英語の専門家の校閲を受けた英語の論文要約（180 語以内）も必要です。「資料」に論文要約は必要ありません。

5. 原則として，ワードプロセッサーを使用し，原稿の冒頭に 400 字詰原稿用紙に換算した枚数を明記し，必ず頁番号をつけてください。

6. 著者は 5 人までとし，それ以上の場合，脚注のみの表記になります。

7. 論文の第 1 枚目に，論文の種類，表題，著者名，所属，キーワード（5 個以内），英文表題，英文著者名，英文所属，英文キーワード，および連絡先を記載してください。

8. 新かなづかい，常用漢字を用いてください。数字は算用数字を使い，年号は西暦を用いること。

9. 外国の人名，地名などの固有名詞は，原則として原語を用いてください。

10. 本文中に文献を引用した場合は，「…（Bion, 1948）…」「…（河合，1998）…」のように記述してください。1) 2) のような引用番号は付さないこと。
   2 名の著者による文献の場合は，引用するごとに両著者の姓を記述してください。その際，日本語文献では「・」，欧文文献では '&' で結ぶこと。
   3 名以上の著者による文献の場合は，初出時に全著者の姓を記述してください。以降は筆頭著者の姓のみを書き，他の著者は，日本語文献では「他」，欧文文献では 'et al.' とすること。

11. 文献は規定枚数に含まれます。アルファベット順に表記してください。誌名は略称を用いず表記すること。文献の記載例については当社ホームページ（https://www.kongoshuppan.co.jp/）をご覧ください。

12. 図表は，1 枚ごとに作成して，挿入箇所を本文に指定してください。図表類はその大きさを本文に換算して字数に算入してください。

13. 原稿の採否は，『臨床心理学』査読委員会が決定します。また受理後，編集方針により，加筆，削除を求めることがあります。

14. 図表，写真などでカラー印刷が必要な場合は，著者負担となります。

15. 印刷組み上がり頁数が 10 頁を超えるものは，印刷実費を著者に負担していただきます。

16. 日本語以外で書かれた論文は受け付けません。図表も日本語で作成してください。

17. 実践的研究を実施する際に，倫理事項を遵守されるよう希望します（詳細は当社ホームページ（http://www.kongoshuppan.co.jp/）をご覧ください）。

18. 掲載後，論文の PDF ファイルをお送りします。紙媒体の別刷が必要な場合は有料とします。

19. 掲載論文を電子媒体等に転載する際の二次使用権については当社が保留させていただきます。

20. 論文は，金剛出版「臨床心理学」編集部宛に電子メールにて送付してください（rinshin@kongoshuppan.co.jp）。ご不明な点は編集部までお問い合わせください。

（2017 年 3 月 10 日改訂）

編集後記 Editor's Postscript

　私の師匠の下山晴彦先生（東京大学）は編著が多い方です。その昔，研究室の飲み会の時に，編著の新刊を出された先生に，「先生，また本出てますね」と言ったところ，「編集案を考えるのはね，楽しいんだよ。あの人にこれを書いてもらおうとか，そういうのがね」といった趣旨のことをおっしゃっていました。その時の私には（おそらく，博士課程1年くらいだったと思いますが），その意味は全くわかりませんでした。自分で論文を書くのが楽しくて仕方なかったからです。今回，ゲスト編集者という貴重な機会をいただき，はじめて雑誌の特集の編集に関わりましたが，上記の言葉を思い出し，そして，その意味が少しわかったように思いました。今後もこのような「楽しい」機会をいただけるよう頑張っていきたいと感じました。そして，それが他者の役に立つことがあれば，なお素晴らしく，そのような生き方こそが，自殺のリスクを低めるのだろうと感じた次第です。

（末木　新）

❘編集委員（五十音順）………　石垣琢麿（東京大学）／岩壁 茂（お茶の水女子大学）／上田勝久（兵庫教育大学）
　　　　　　　　　　　　　　大嶋栄子（NPO法人リカバリー）／黒木俊秀（九州大学）／橋本和明（花園大学）
　　　　　　　　　　　　　　三田村仰（立命館大学）／村瀬嘉代子（大正大学）／森岡正芳（立命館大学）

❘編集同人（五十音順）　伊藤良子／乾 吉佑／大塚義孝／大野博之／岡 昌之／岡田康伸／神村栄一／亀口憲治／河合俊雄／岸本寛史／北山 修／倉光 修／小谷英文／下山晴彦／進藤義夫／滝口俊子／武田 建／田嶌誠一／田中康雄／田畑 治／津川律子／鶴 光代／成田善弘／長谷川啓三／馬場禮子／針塚 進／東山紘久／平木典子／弘中正美／藤岡淳子／藤原勝紀／松木邦裕／村山正治／山上敏子／山下一夫／山田 均／山中康裕／吉川 悟

❘査読委員（五十音順）　岩壁 茂（査読委員長）／金子周平（査読副委員長）／相澤直樹／青木佐奈枝／新井 雅／石井秀宗／石丸径一郎／石盛真徳／梅垣佑介／川崎直樹／串崎真志／末木 新／田中健史朗／能智正博／野田 航／板東充彦／松嶋秀明／明翫光宜／本岡寛子／山口智子／山根隆宏

臨床心理学 第21巻第5号（通巻125号）

発行＝2021年9月10日
定価1,760円（10%税込）／年間購読料13,200円（10%税込／含増刊号／送料不要）

発行所＝㈱金剛出版／発行人＝立石正信／編集人＝藤井裕二
〒112-0005　東京都文京区水道1-5-16
Tel. 03-3815-6661／Fax. 03-3818-6848／振替口座 00120-6-34848
e-mail rinshin@kongoshuppan.co.jp（編集）eigyo@kongoshuppan.co.jp（営業）
URL https://www.kongoshuppan.co.jp/

装幀＝岩瀬 聡／印刷・製本＝音羽印刷

JCOPY 〈出版者著作権管理機構 委託出版物〉　本誌の無断複製は著作権法上での例外を除き禁じられています。複製される場合は，そのつど事前に，出版者著作権管理機構（電話 03-5244-5088，FAX 03-5244-5089，e-mail: info@jcopy.or.jp）の許諾を得てください。

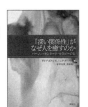

マインドフルネス認知療法を教えるということ

ー実践の体現と瞑想的対話ー　S．L．ウッズ・P．ロックマン・E．コリンズ著　高橋美保監訳　A5・324頁・定価4290円（税込）　マインドフルネス8週間プログラムの本質をいかに実現するか。新人も熟練講師も，教える際の有益な枠組み等とともに実践の神髄を学べる明解なガイド。

ACT実践家のための「コンパッションの科学」

ー心理的柔軟性を育むツールー　デニス・ターシュほか著　酒井美枝・嶋 大樹・武藤 崇訳　伊藤義徳監修　A5・336頁・定価3960円（税込）　刺激に対するクライエントの感情・認知・行動的柔軟性を高めるACT。そこにコンパッションを取り入れた治療の新たな可能性を臨床例やワークシートと共に紹介。

認知行動療法における治療関係

ーセラピーを効果的に展開するための基本的態度と応答技術ー　S．ムーリー＆A．ラベンダー編　鈴木伸一監訳　A5・364頁・定価3740円（税込）　CBTのセラピストにとってこれまで意識の低かった治療関係について，セラピストの温かさ，誠実さ，共感性等が治療成績に及ぼす最新の知見を提示し，認識の変革を迫る。

鬱は伝染る。

ー最もありふれた精神疾患は，どのように蔓延ったのか，どうすれば食い止められるのかー　M．D．ヤプコ著　福井義一監訳　定政由里子訳　A5・352頁・定価3960円（税込）　投薬は最善策か。抑うつの社会的文脈に着目し，洞察や行動パターンの変化こそが回復や予防になると説く。実践的エクササイズ付。

心理臨床の親面接

ーカウンセラーの基本的視点ー　永井 撤著　四六・208頁・定価2640円（税込）　心理臨床の親面接では，子どもの問題解決のために親と協力関係を結びつつ，時として親自身の課題や病理にも向き合う複雑な対応がカウンセラーに求められる。流派にとらわれない基礎を説き，初心者から熟練者まで実践の視野を広げる必携の書。

メンタライジングによる子どもと親への支援

ー時間制限式MBT-Cのガイドー　N．ミッジリー・K．エンシスト・N．リンクビスト・N．ミューラー著　上地雄一郎・西村 馨監訳　A5・320頁・定価4180円（税込）　短時間で効果をあげることが可能な時間制限式MBT-Cについて子どもの発達課題を考慮し体系的なサイコセラピーの全体像を詳述。

臨床心理 公認心理師のための「心理査定」講義
フロンティア

下山晴彦監修・編著　宮川 純・松田 修・国里愛彦編著　B5・224頁・定価3410円（税込）　心理的アセスメントの技法全体を包括的に学ぶ。パーソナリティ検査，症状評価尺度，発達検査をはじめ，様々な心理検査法の概要を整理。更には知能検査と神経心理学的検査を臨床場面でどう活用するのかも示す。

公認心理師・臨床心理士のための福祉心理学入門

塩谷隼平・吉村夕里・川西智也著　A5・272頁・定価2750円（税込）　福祉の現場を児童・障害者・高齢者の三領域から概観し，各現場で働く心理職に役立つ手引書として，多職種連携による実践を成すための教養書として必須の知識や心得を網羅。かつ各現場における実践の魅力ややりがいを伝える。

新刊案内

Ψ金剛出版　〒112-0005　東京都文京区水道1-5-16　Tel. 03-3815-6661　Fax. 03-3818-6848
e-mail eigyo@kongoshuppan.co.jp　URL https://www.kongoshuppan.co.jp/

セルフ・コンパッション 新訳版
有効性が実証された自分に優しくする力

[著] クリスティン・ネフ
[監訳] 石村郁夫　樫村正美　岸本早苗　[訳] 浅田仁子

セルフ・コンパッションの原典を新訳！　セルフ・コンパッション（自分への思いやり）について，実証研究の先駆者であるK・ネフが，自身の体験や学術的な知見をもとにわかりやすく解説。随所に設けられたエクササイズに取り組みながらページをめくれば，自然とセルフ・コンパッションを身につけることができる。めまぐるしく変わる社会情勢やさまざまなストレスにさらされる「疲れたあなた」を労わるバイブルが新訳新装版で登場。

定価3,740円

コーピングのやさしい教科書

[著] 伊藤絵美

一生使える・スラスラわかるストレスと対処法の楽しい教科書！　ふつうに生活していてもストレスは避けられません。ストレスをためて心と体の不調にはまりこむまえに，ストレスへの意図的な対処＝コーピングのレパートリーを増やして自分を助けてください。ストレスのしくみを知って要点を身につければ，コーピングはもっと効果的に，もっと楽しい習慣になります。ストレスとコーピングのメカニズムから「最強のコーピング」マインドフルネス，ストレス反応に深くかかわる「スキーマ」まで，ストレス心理学と心理療法のポイントをやさしく解説したこの教科書を，ひとりで・みんなで使って使って使い倒してください。

定価2,420円

愛はすべてか
認知療法によって夫婦はどのように誤解を克服し，
葛藤を解消し，夫婦間の問題を解決できるのか

[著] アーロン・T・ベック　[監訳] 井上和臣

夫婦の関係を維持するために必要なものとは何か？　本書には多くの登場人物により全編にわたって多くの日常的なケースが紹介されている。結婚生活やパートナー関係には絶えず危機があり，その多くが離婚という結末を迎える。本書では，普通の夫婦間の不和についてその特質を正確に定義し，根本的な原因を明らかにしたうえで，問題をどのように解決するか，問題に対する洞察へのヒントが述べられている。全米でベストセラーを記録したベック博士の夫婦認知療法待望の邦訳である。

定価4,180円

価格は10%税込です。

CRAFT
ひきこもりの家族支援ワークブック
改訂第二版

共に生きるために家族ができること

［編著］境 泉洋　［著］野中俊介　山本 彩　平生尚之

「日々の生活を共に生きる」という安心に基づく家族支援の視点から，安心できる関係づくりをめざし，加えて対応困難とされる発達障害のあるケースにも論及している。臨床心理士，公認心理師，精神科医，教育関係の援助職，あらゆる職種の方々が家族のコミュニケーション改善に取り組む際に有用な援助技法を解説したワークブック。　　　　　　　　　　定価3,300円

アスペルガー症候群との
上手なつきあい方
パートナーを理解してつながる

［著］シンディ・N・アリエル　［訳］あさぎ真那

ふたりの関係を改善して楽しめるものにするために，特性を学び，お互いの理解を深め，長所を活かして助け合うことが必要であると説き，そのための実行しやすいツールやテクニック，ふたりで取り組むワークなどを読者に紹介する。視覚的な記入シートや評価尺度を使用する手法が採り入れられ，どちらかにアスペルガー症候群をもつカップルだけでなく，パートナーとの親密な関係を望むすべての人に役立つ内容となっている。　　定価3,080円

テキスト家族心理学

［編著］若島孔文　野口修司

人生において出会う関係のなかでも，家族関係は，個人の成長や生き方を左右する影響因のひとつであるだけでなく，家族は一様ではなく個別特殊なものでもあり，家族メンバーの成長や時代・社会・文化・風潮によってさまざまに変化する。家族というこの謎めいた集団・関係に，どのようにアプローチすべきか？　どのような研究法が，そしてどのような支援法が，実利的なアプローチを可能にするのか？　家族療法＋ブリーフセラピーに基づく家族支援に携わる執筆陣によって著わされた本書は，家族心理学の基礎研究を踏まえながら，心理療法への実践応用までが語られた，家族心理学研究の成果を網羅した決定書。　　　　　　　　　　　　　　　定価4,620円

価格は10%税込です。

新刊案内

Ψ金剛出版　〒112-0005　東京都文京区水道1-5-16　Tel. 03-3815-6661　Fax. 03-3818-6848
e-mail eigyo@kongoshuppan.co.jp　URL https://www.kongoshuppan.co.jp/

認知行動療法
ケース・フォーミュレーション

[著] ジャクリーン・B・パーソンズ
[監訳] 坂野雄二　本谷 亮

認知行動療法（CBT）におけるケース・フォーミュレーションは，それぞれの患者のニーズに応じて柔軟に認知行動療法を提供するためのフレームワークであり，クライエントの症状を理解し，介入と問題解決に導く道筋を臨床家にもたらす枠組みのことである。不安障害，うつ病の事例を多く取り上げ，ケース・フォーミュレーションを軸とした治療の枠組みを解説，さらに治療の進み具合を検証することにまで言及している。　　定価4,620円

もう一歩上を目指す人のための
集団認知行動療法
治療者マニュアル

[編著] 中島美鈴　藤澤大介　松永美希　大谷 真

当初うつ病患者を対象にした集団認知行動療法の普及を目指し定期的に治療者の基本的なスキル提供のために研修会が開かれていた。その際に他の疾患を持った患者にも対応できるようにとの声が数多く寄せられ，治療に際して必要最低限の技能習得と治療者の質向上のための評価尺度を作ろうという目的で編まれたのが本書である。治療者の職種を限定せずどのような立場の方でも活用することができる。　　定価3,520円

不安症および関連症群
面接マニュアル（ADIS-5）
DSM-5に準拠した構造化面接

[著] ティモシー・A・ブラウン　デイビッド・H・バーロウ
[監修] 日本不安症学会　[監訳] 有光興記　貝谷久宣

日常の臨床において，クライエントの心の状態を正確に聞き取って診断と治療につなげることは大切だが，DSM診断を行うには多くの質問をしていく必要がある。本書ADIS-5は，DSM-5に準拠して，不安症，うつ病，双極性障害，強迫症，PTSD，また，それらに関連した物質使用障害や身体症状症といった障害を診断するために設計された構造化面接である。　定価4,620円

価格は10%税込です。

新刊案内

Ψ金剛出版　〒112-0005　東京都文京区水道1-5-16　Tel. 03-3815-6661　Fax. 03-3818-6848
e-mail eigyo@kongoshuppan.co.jp　URL https://www.kongoshuppan.co.jp/

精神分析の歩き方

[著] 山崎孝明

「難しそう」「敷居が高い」──。とかく近づきがたい印象を与えがちな精神分析。その印象を払拭するため、「観光客」に向けて懇切丁寧に書かれた精神分析ワールドツアーガイド。日本精神分析の100年にわたる歴史の中で、かつてこれほどにやさしく、そしてこれほどに危険な精神分析の書があっただろうか？　精神分析をこれから学ぶ「観光客」に向けて懇切丁寧に書かれたガイドブックでありながら、精神分析を相対化するような痛烈な批判が織り込まれている。さらには現代メンタルヘルスの大きな潮流である当事者概念・エビデンス概念と渡り合いながら、新世代の精神分析的思考を展開。他ならぬ「いま」における精神分析の存在意義を問うた一冊。　定価3,740円

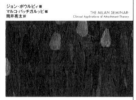

アタッチメントと親子関係

ボウルビィの臨床セミナー

[著] ジョン・ボウルビィ　[編] マルコ・バッチガルッピ
[訳] 筒井亮太

1985年にイタリアのミラノで開催されたボウルビィのセミナーの記録を中心に構成される。加えて、編者と長年にわたって続けられた往復書簡や、セミナーの共同企画者によるアタッチメント理論を応用した体験−力動心理療法についての寄稿など、ボウルビィの仕事と人物像を知るうえで欠かせない貴重な資料も添えられている。ボウルビィの鋭い洞察力と卓見に加えて、ケースで提示される患者への深い思いやりに触れることで、読者はその臨床の一端を垣間見ることができるであろう。　　定価4,180円

現代精神分析基礎講座 第5巻

治療論と疾病論

[編者代表] 古賀靖彦
[編] 日本精神分析協会　精神分析インスティテュート福岡支部

1996年から始まり今も続く精神分析インスティテュート福岡支部主催の精神分析セミナーを基にそれらの講演をまとめたものである。最終巻となる本巻は、治療論と疾病論の講によって構成されている。一般的な精神分析治療の始まりから維持・進展、そして終結までが紹介され、また、フロイトが精神分析を適用した領域である「神経症」をはじめ、「心身症」「統合失調症」「感情障害」「摂食障害」「パーソナリティ障害」「自閉症」「トラウマ」と、疾病ごとの精神分析的理解とアプローチが論じられる。　　定価4,180円

価格は10%税込です。

好評既刊

Ψ金剛出版　〒112-0005　東京都文京区水道1-5-16　Tel. 03-3815-6661　Fax. 03-3818-6848
e-mail eigyo@kongoshuppan.co.jp　URL https://www.kongoshuppan.co.jp/

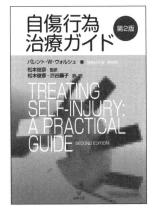

自傷行為治療ガイド 第2版

[著] バレント・W・ウォルシュ
[監訳] 松本俊彦　[訳] 松本俊彦　渋谷繭子

本書では，リネハンの弁証法的行動療法（DBT）を踏まえた具体的な治療論が展開されている。自傷行為の定義からはじまり，初回面接，アセスメント，認知（行動）療法，家族療法，薬物療法や，トラウマ被害を持つ自傷者に対する持続曝露療法（PET），認知再構成（CR）までがより詳細にマニュアル化した形で書かれており，また，伝染の問題，学校における自傷，矯正施設における自傷などの個別の論題も本書の特徴の一つである。臨床の合間に必要な項目のみ参照して活用でき，初学者のみならず，中級者にも自傷臨床への有益な着想が得られるだろう。　　　　　　　　　　定価4,620円

自傷の文化精神医学

包囲された身体

[著] A・R・ファヴァッツァ　[監訳] 松本俊彦

リストカットなどの自傷行為の増加，タトゥやボディピアッシングの世界的な流行にみられるように，自らの身体を傷つけ変形させることは，いまや広く見られる行動である。本書においては，「自らの身体を傷つけ，変形させる」という現象を，膨大な資料と症例を用い，歴史，民族，文化，そして生物学・精神医学という多次元的視点から，徹底的に検討する。自傷行為の臨床と研究を志す者にとって避けて通ることのできない現代の古典であり，その包括性と多次元的視座ゆえに精神医学というアカデミズムの枠を超えた，自傷行為に関する比較文化論の大著である。　　　　　　　定価7,480円

学校における自傷予防

『自傷のサイン』プログラム実施マニュアル

[著] D・ジェイコブ　B・ウォルシュ　M・マックデイド　S・ピジョン　[監訳] 松本俊彦

「Acknowledge（気づき）」，「Care（かかわり）」，「Tell（つなぎ）」というメッセージが繰り返し強調され，自傷が，苦痛を抱え助けを求めていることのサインであることを示し，それに気づくことで適切なかかわりをもち，信頼できる大人や専門家につなげることが重要だと説く。米国のマサチューセッツ州の自殺予防教育プログラムで有名なNPO法人により開発された『自傷のサイン』プログラムの実施マニュアルと，具体的な内容を収録したDVDの全訳。自傷に対する従来の道徳教育とは一線を画す実践的な対処方法を身につけることができる。　　　　　　　　　　定価3,080円

価格は10%税込です。

好評既刊

Ψ金剛出版　〒112-0005　東京都文京区水道1-5-16　Tel. 03-3815-6661　Fax. 03-3818-6848
e-mail eigyo@kongoshuppan.co.jp　URL https://www.kongoshuppan.co.jp/

自殺の危険 第3版
臨床的評価と危機介入
［著］高橋祥友

自殺の危険を評価するための正確な知識と自殺企図患者への面接技術の要諦を多くの症例を交えて解説した本書は，初版以来，多くの読者に受け入れられてきた。改訂にあたり，9.11同時多発テロ，3.11東日本大震災以降，注目を集めるリジリエンス（回復力）や遺された家族へのポストベンションなど，内容を大幅に書き改めた。本書はまさに自殺予防に関する臨床的知見の宝庫であり，専門的研究の決定版である。医学・心理学・看護等，すべての心の専門家，また，自殺の危険の高い人を理解しようとする家族や周囲の人に多くの示唆を与えるであろう。　　　　　定価6,380円

十代の自殺の危険
臨床家のためのスクリーニング，評価，予防のガイド
［著］シェリル・A・キング　シンシア・E・フォスター　ケリー・M・ロガルスキー
［監訳］高橋祥友　［訳］高橋晶　今村芳博　鈴木吏良

現在世界の自殺者数は，年間約百万人を超えており，日本においても特に若い世代では自殺が死因のトップという深刻な状況がみられる。さらに近年，いじめ，不登校・ひきこもり，非行などの学校問題と結びついた子どもの自殺が相次いでいる。本書は，自殺の危険の高いティーンエイジャーについてのスクリーニング，アセスメント，管理に関する長年にわたる臨床経験，コンサルテーション，応用研究を集大成した臨床家のためのガイドブックである。　　　　　定価3,080円

患者の自殺
セラピストはどう向き合うべきか
［著］K・M・ワイナー　［訳］高橋祥友

本書では，不幸にして患者の自殺が起きてしまったときに，セラピストにはどのような心理的な反応が生じ，その事態にどのように対応すべきかといった問題に焦点を当て，その後に臨床家がとるべき遺された家族や周囲の人々への心理治療的行為，法的対処について多くの事例を交えて解説される。患者の生と死に対する願望を明確に評価すること。患者の自殺というセラピストにとっての個人的トラウマ，悲嘆をどのように乗り越えるか，心理療法の核心ともいえるテーマを真っ正面から取り上げた本書は多くのセラピストに読んでいただきたい。　　　　　定価3,080円

価格は 10％税込です。

好評既刊

Ψ金剛出版　〒112-0005　東京都文京区水道1-5-16　Tel. 03-3815-6661　Fax. 03-3818-6848
e-mail eigyo@kongoshuppan.co.jp　URL https://www.kongoshuppan.co.jp/

新訂増補 子どもの心に出会うとき
心理臨床の背景と技法
[著] 村瀬嘉代子

「心理臨床で一番大切なこととは？」厳しいプロフェッショナリズム的視点をもつ，村瀬嘉代子という稀有な臨床家の思想の秘密を探る——。村瀬嘉代子の「心理臨床」は，我が国の臨床心理学において他に比較しがたい重さを持っている。本書には，心理臨床の技術的側面を考える優れた論考を収録した。卓抜な着想，迸るような臨床センスの煌めきが溢れ，このうえもなく現実的な臨床的治験が全編に亘ってちりばめられており，本書の各論考からは，仕事を通してよく生きることと学ぶこととは不可分であることが伝わってくる。　　　　　　　　　　　　　　　　　　　　　　定価3,740円

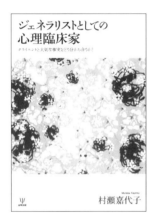

ジェネラリストとしての心理臨床家
クライエントと大切な事実をどう分かち合うか?
[著] 村瀬嘉代子

人の自尊心を大切にしつつも，その生き方にかかわる心理臨床とは，人の内面，時に秘匿性に触れざるを得ないこともある。さらに近年はさまざまな要因が輻輳して生じている困難な心理的問題が多く，生物・心理・社会モデルを基本にしたアプローチが求められる。本書は，現実原則に基づいた支援者としての自覚と責任，社会の変容を受けて全体状況と焦点を同時に的確に捉えて支援するための理論や技法の適用の仕方，バランス感覚ある心理支援者の姿勢について解りやすく述べている。　　　　　　　　　　定価3,300円

心理療法の基本 完全版
日常臨床のための提言
[著] 村瀬嘉代子　青木省三

本書は，全8回，20時間近い対談の記録であり，それはかけがえのない一回限りのものでもある。ここでは，通じ合い，そこにささやかでも新たに何かが気づかれ，生じる対談とは外見は静謐にみえても，実は極めてダイナミックな営みで，そこには「生きられた時間」が流れているのである。初級者からベテランまで，治療者のセンス・資質・心理療法に求められる基本的条件を二人の卓越した臨床家が論じる。「村瀬嘉代子の心理療法」を読み解くための最適な副読本であり，心理療法家をめざすすべての人に送る，不朽の名作の定本。　　　　　　　　　　　　　　　　　　　　　　定価3,960円

価格は10%税込です。

好評既刊

Ψ金剛出版　〒112-0005　東京都文京区水道1-5-16　Tel. 03-3815-6661　Fax. 03-3818-6848
e-mail eigyo@kongoshuppan.co.jp　URL https://www.kongoshuppan.co.jp/

病いは物語である
文化精神医学という問い
[著]江口重幸

精神療法は文化とどこで出会うのか。心的治療の多様性を明らかにし，臨床民族誌という対話的方法を日常臨床に活かす実技として捉えようとする試み——。"専門分化した現代医療は患者を癒すのに必ず失敗する"とA・クラインマンは半世紀前に論じた。そこから出発した臨床人類学や文化精神医学はどこまでたどり着いたのだろうか。治療における物語（ナラティヴ）と対話，臨床民族誌的方法，力動精神医学史や治療文化，ジャネの物語理論，民俗学への架橋，そして今日の精神医療の変容。21の論文とコラムで現代精神科臨床の全体像をたどるライフワークである。　　定価5,720円

トラウマにふれる
心的外傷の身体論的転回
[著]宮地尚子

心は震え，身体はささやき，そして人は生きていく。
薬物依存，摂食障害，解離性同一性障害，女性への性暴力，男児への性虐待をはじめとした臨床現場の経験知から，中井久夫，エイミー・ベンダー，島尾ミホ・敏雄との対話からなる人文知へ。傷を語ることは，そして傷に触れることはできるのか？　問われる治療者のポジショナリティとはいかなるものか？　傷ついた心と身体はどのように連動しているのか？——傷ついた心と癒されゆく身体，その波打ち際でトラウマと向き合う精神科医の，思索の軌跡と実践の道標。　　定価3,740円

ヘルマン医療人類学
文化・健康・病い
[著]セシル・G・ヘルマン
[監訳責任]辻内琢也　[監訳]牛山美穂　鈴木勝己　濱 雄亮

今日ほど健康と病いへの，そして医療への文化的，社会的要因の影響が注目される時代はない。医療人類学は，現代社会において医療従事者に求められる「文化を理解し対処する能力」の基盤である。「健康・病い・医療・文化」にかかわるあらゆる領域をカバーし，人類学の理論と世界各地の膨大な事例研究が平易な記述でまとめられた本書は，あらゆる臨床における患者理解の手引きとして，現代の医療と文化・社会を考えるための重厚な入り口として参照されるべき大著である。　　定価13,200円

価格は10%税込です。

精神療法

増刊第8号 2021 Japanese Journal of Psychotherapy

平木典子＋「精神療法」編集部（編） B5判 212頁 定価3,080円

アサーション・トレーニング活用術 さまざまな現場での臨床応用

Ψ金剛出版

東京都文京区水道1-5-16　電話 03-3815-6661　FAX 03-3818-6848
https://www.kongoshuppan.co.jp/

価格は10%税込です。